应用技术型高等院校物流管理与工程学科统编系列教材

仓储管理与库存控制

（第2版）

主　编　张亚贞

副主编　汪俊枝　张大利

中国财富出版社有限公司

图书在版编目（CIP）数据

仓储管理与库存控制 / 张亚贞主编. —2 版. —北京：中国财富出版社有限公司，2023.6

（应用技术型高等院校物流管理与工程学科统编系列教材）

ISBN 978-7-5047-7866-6

Ⅰ.①仓…　Ⅱ.①张…　Ⅲ.①仓库管理—高等学校—教材　Ⅳ.①F253

中国国家版本馆 CIP 数据核字（2023）第 036502 号

策划编辑 水源宋　**责任编辑** 白　昕　水源宋　**版权编辑** 李　洋

责任印制 尚立业　**责任校对** 杨小静　**责任发行** 敬　东

出版发行	中国财富出版社有限公司		
社　　址	北京市丰台区南四环西路 188 号 5 区 20 楼	**邮政编码**	100070
电　　话	010-52227588 转 2098（发行部）		010-52227588 转 321（总编室）
	010-52227566（24 小时读者服务）		010-52227588 转 305（质检部）
网　　址	http://www.cfpress.com.cn	**排　　版**	义春秋
经　　销	新华书店	**印　　刷**	宝蕾元仁浩（天津）印刷有限公司
书　　号	ISBN 978-7-5047-7866-6/F·3520		
开　　本	787mm×1092mm　1/16	**版　　次**	2023 年 6 月第 2 版
印　　张	16.5	**印　　次**	2023 年 6 月第 1 次印刷
字　　数	412 千字	**定　　价**	49.90 元

前　言

企业的经营管理者在企业日常运行中主要解决两方面的问题，一是激励问题，二是约束问题，归纳起来是管理与控制的问题。一个物流企业要想在激烈的市场竞争中立于不败之地，仓储管理与库存控制越来越成为一个重要条件。中国“油门”很足的物流企业很多，但真正懂得现代化仓储管理与库存控制的重要性，并且有严密运行方案的物流企业并不多见。鉴于上述原因，很有必要对2016年出版的《仓储管理与库存控制》一书进行修订。

《仓储管理与库存控制》第1版自出版以来，既有作为高校教材使用的，也有作为企业培训教材使用的；既有作为研究生、本科生教材及参考书使用的，也有作为高职高专教材和参考书使用的。总之，有较大的发行量并受到读者的喜爱。但是，近年来，物流业发生了很大的变化，新的知识不断涌现，科技创新成果日新月异，特别是进入数字化时代后，现代化信息技术在物流企业得到推广应用，这些必须及时补充到新教材中，已过时的传统理念必须尽快从教材中删除，否则将会误导广大读者。本次对第1版教材的修订，具有以下特点。

一、坚持创新性、实用性和系统性的原则，将理论与实践相结合，充分体现了培养应用型人才的教学特色。

二、采用了大量数学模型，并进行实证分析，引导企业从传统的、单一的储存保管向动态管理转变，将“先进先出”的动态管理和“快进快出”的内部控制结合。

三、注重“由浅入深”“循序渐进”的原则，适用范围较广。

本教材由郑州财经学院和郑州升达经贸管理学院联合组织编撰，由张亚贞任主编，汪俊枝、张大利任副主编。其中，第一章、第二章由汪俊枝编写，第三章由李媛媛编写，第四章、第五章由张大利编写，第六章、第八章由张亚贞编写，第七章由务鑫编写，全书由河南工业大学物流研究所所长孙宏岭教授主审。

在编写过程中，我们参阅了大量的文献和企业案例，由于编者水平有限，书中难免存在不当之处，敬请各位读者指正。

编　者

2022年12月

前言

目　录

第一章　仓储管理概述 …… 1

第一节　仓储及仓储管理 …… 2

第二节　仓储的主要功能 …… 9

第三节　仓储与现代物流 …… 12

第四节　案例分析及实习实训指导 …… 16

第二章　仓储设施与设备 …… 20

第一节　仓库的概念与分类 …… 21

第二节　自动化立体仓库 …… 25

第三节　仓储设备 …… 29

第四节　案例分析及实习实训指导 …… 44

第三章　仓储规划 …… 49

第一节　仓储规划概述 …… 51

第二节　仓库选址 …… 53

第三节　仓库规模设计 …… 65

第四节　仓库布局设计 …… 68

第五节　货位编号与布局 …… 76

第六节　案例分析及实习实训指导 …… 85

第四章　仓储作业管理 …… 94

第一节　入库作业 …… 95

第二节　储存作业管理 …… 110

第三节　盘点作业 …… 124

第四节　出库作业 …… 128

第五节　温控仓库作业 …… 135

第六节　案例分析及实习实训指导 …… 138

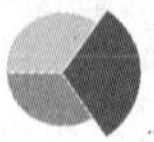

第五章　现代仓储经营管理 …… 142
第一节　仓储经营管理概述 …… 143
第二节　仓储合同及仓单管理 …… 144
第三节　仓储成本管理 …… 156
第四节　仓储绩效管理 …… 161
第五节　保税仓储管理 …… 166
第六节　案例分析及实习实训指导 …… 169

第六章　仓储安全管理 …… 173
第一节　仓库安全管理 …… 174
第二节　仓库安全生产管理 …… 180
第三节　特殊物品的管理与控制 …… 186
第四节　案例分析及实习实训指导 …… 196

第七章　库存管理及库存控制 …… 202
第一节　库存的基本理论 …… 203
第二节　库存管理 …… 207
第三节　“牛鞭效应”与“零库存”技术 …… 211
第四节　案例分析及实习实训指导 …… 218

第八章　库存控制方法及应用 …… 223
第一节　ABC 分类法 …… 224
第二节　经济订货批量控制法 …… 227
第三节　定量订货法与定期订货法 …… 229
第四节　MRP、JIT 库存控制法 …… 235
第五节　供应链管理环境下的库存控制 …… 242
第六节　案例分析及实习实训指导 …… 250

参考文献 …… 256

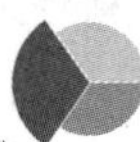

第一章　仓储管理概述

知识目标

1. 掌握仓储的概念和功能。
2. 了解仓储管理的概念和对象。
3. 了解我国仓储业的发展趋势。
4. 理解仓储在现代物流运行中的作用。

能力目标

1. 掌握仓储在流通管理中的作用，并进行仓储管理分析。
2. 能够熟练利用仓储的相关知识，进行仓储管理实践运用。
3. 了解仓储行业的发展现状，会分析简单案例。

导入案例

仓储的变革——云仓

1. 云仓的“需求规律”

云仓是仓储业的战略升级。随着互联网及大数据等科技要素在物流领域的不断应用，“云”技术最终“外溢”到仓储板块，成就了云仓储在物流领域的探索。随着社会消费品零售总额快速增长，市场对仓配的需求持续升温，但是受城市规划等相关因素的影响，仓储设施建设放缓，很多城市需求大于供给。

云仓在新零售的推动下浮出水面。云仓通过资源整合，把市场上闲置的仓库与运力利用起来，优化资源配置，从而降低运输成本和仓储成本，通过中央运营，让物流的每一个环节都更专业、更简单、更高效。与此同时，新零售作为物流不断优化整合的动力源之一，同样为物流带来了新的优化空间。譬如，新零售将物流库存管理做到极致，充分发挥了大数据的魔力，实现了智能的仓货协同化，减少重叠的浪费，优化库存管理，实现数据的效能。

新零售重新优化了线下载体的操作效率，完全采用了物流库房敞开式的管理模式，快进快出，充分发挥数据的特性，优化零售过程，提升配送效率。

新零售成为重新梳理线下载体布局的推动力，但由于不同区域需求的差异化，波峰波谷区别明显，使得共享成为必然。

2. 云仓的实践

一类云仓的代表是电商平台类云仓，包括京东云仓、菜鸟云仓和苏宁云仓等。京东云仓是仓配全部自营，服务更加细分。与此相反，菜鸟云仓将仓库外包给心怡科技，联合各个快递企业进行配送。其核心在于利用大数据算法和云仓优化方案为电商提供综合服务。

以京东物流为例，京东物流开放云仓服务，携手全国优质仓储资源商共建千万平方米仓网，与符合京东物流服务要求的第三方仓储资源商强强联手，为资源商输出京东物流强大的库内管理系统和库内操作标准，并为其提供一体化的物流解决方案。

另一类云仓的代表是快递企业。例如，顺丰、百世、韵达、中通等纷纷建立自己的云仓体系，凭借自身健全的全国网络，嫁接原有运力优势，进行云仓布局，实现仓—干—配网络的高效结合。全国云仓布局通过大数据驱动，嫁接到原有运力网络，为客户提供高效、整体的供应链策略。

与此同时，资本对电商供应链也早有关注，尤其是第三方仓储物流也在这个领域试水，如中联网仓、发网等物流企业，通过云仓模式，开始布局全国，笼络了一大批快递企业，为电商供应链提供高效率的仓配一体化服务。国内电商供应链运作形成了三种整合方式，分别是物流快递类、电商平台类和互联网化第三方仓储云仓。

（资料来源：中国储运）

第一节 仓储及仓储管理

仓储是随着物品的存放和保存而产生，又随着生产力的发展而不断完善的。仓储作为商品流通的重要环节之一，已经成为物流活动的重要组成部分。在社会分工、社会分化及专业化生产的背景下，社会化大生产与再生产过程的顺利进行就需要仓储作后盾，保存一定量的物品，及时满足社会生产和消费的正常需要。

一、仓储的概念

“仓”即仓库（Warehouse），是存放、保管、储存物品的建筑物和场地的总称，可以是房屋建筑、洞穴、大型容器或特定的场地等，具有存放和保护物品的功能。“储”即储存（Storing）、储备，表示收存以备使用，具有收存、保管、交付使用的意思。根据国家标准《物流术语》（GB/T 18354—2021），仓储是指利用仓库及相关设施设备进行物品的入库、储存、出库的活动。狭义的仓储仅指通过仓库等场所实现对在库物品的储存与保管，是一种静态仓储，可喻为“蓄水池”。广义的仓储是指除了对物品的储存、保管，还包括物品在库期间的装卸搬运、分拣组合、包装、流通加工等各项增值服务，是一种动态仓储，可喻为“河流”。

仓库是集中反映企业物质流通和经营状况的综合场所，是连接生产、供给、销售的重要“驿站”，对维持正常生产和提高企业效率起着重要作用。仓储是商品生产、

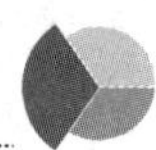

流通过程中因订单前置或市场预测前置而使商品暂时存放的活动。围绕着仓储实体活动，对单据账目、报表等的核算也一并进行着，因此，仓储是物流、信息流、单证流的统一体。

仓储是现代物流的重要环节。仓储设施是物流基础设施之一。随着我国现代物流业的深入发展，特别是《物流业调整和振兴规划》的出台，各级政府更加关注各类仓储设施的建设与物流园区的规划，生产制造企业与商贸流通企业更加关注内部资源的整合与供应链的优化，广大仓储物流企业更加关注仓储经营方式的创新与各类配送中心的发展。

二、仓储管理的概念

根据国家标准《物流术语》（GB/T 18354—2021），仓储管理是指对仓储及相关作业进行的计划、组织、协调与控制。所管理的对象是“一切库存物品”，其手段涉及经济管理科学和工程与应用技术两个层面。

仓储管理是一门介于经济管理科学和工程与应用技术的现代学科，属于边缘性的交叉学科。仓储管理的对象和内容随着生产力的不断提高和其在经济社会领域中的作用不断扩大而不断演变。进行仓储管理，既能调节生产与供求的作用，也能降本增效。传统企业的仓储管理从作业上有物品的装卸搬运、分拣组合、包装、流通加工等活动；从作业流程上有入库、保管和出库等内容。现代流通企业的仓库逐渐发展成为物流中心，现代物流更加强调仓储的实时性与动态性。例如，农产品流通企业要适应现代流通和消费的需求，应有冷冻仓库和保鲜仓库等设施，加强产地预冷、保鲜加工、保鲜运输、销售终端冷藏等能力。

三、仓储业的发展历史

人类社会自从有了物品的剩余，就产生了储存。成语“积谷防饥”就有“储存粮食，防备饥荒”的意思。

（一）仓储业的概念

仓储业是流通领域的重要行业，是流通产业得以运行的前提条件。没有仓储业的存在和发展，流通产业的运行和发展也就无从谈起。当前，仓储业发展正处在一个变革的时期，现代仓储业已突破传统的“存货保管”概念，成为现代物流的核心环节与运营中心。加速仓储业的发展是实现流通产业快速发展的关键。

仓储在中国可以追溯到史前文化的“窖穴”，历史学家普遍认为窖穴的功用就是储藏，考古发现的窖穴遗迹也多与储粮有关。中国仰韶文化时期的袋状储粮窖穴可认为是现代粮食仓库的雏形。而西汉时建立的“常平仓”政策主要是运用价值规律来调剂粮食供应，可以起到稳定粮食的市场价格的作用。随着商品经济和国际贸易的迅速发展，现代意义上的仓储已不是简单意义上的仓库了，其行业的发展日渐成熟，内涵发生了深刻的变化。

新冠肺炎疫情的突发使消费者的消费行为发生了变化，本质上会对仓储物流的形态产生显著的影响。第一，从消费端来看，更多的消费品将线上化，而且商品品类有了明显的扩充，消费者对购物体验有更高的要求，生鲜、日用百货等品类的需求显著提升。第二，从仓储物流端来看，对智能、柔性、敏捷、少人化的服务能力的要求越来越高。

从仓储的调配网络来看，一体化的智能网络更加强调时效性、准确性；从仓库内的作业环境来看，渠道、品类、人群以及作业场景需要协同发展；从人力资源的配备来看，少人化或者无人化的舱内配送作业会成为消费品仓储物流的另外一个模式。正因为仓储物流形态的变化受这些消费行为的影响，所以对仓配一体化的数字化和智能化的能力提升的要求就更加明显。

从仓储网络的角度来说，通过5G信号指引，实现跨渠道、跨地域的智能网络的人工智能调度能力，更快速地全网到货、退货和调换货的能力及更高的瞬时巨量订单的通过能力都需要进一步提升，比如，传统意义上认为的“双11”“618”，甚至未来可能还会有某一品类或某一平台的单一促销行为，这些都会要求企业在仓储网络能力上进一步提升。

（二）我国仓储业的发展历史

从仓储活动的发展过程来看，我国仓储业的发展历史可以分为中国古代仓储业、中国近代仓储业和中国现代仓储业三个阶段。

1. 中国古代仓储业

随着社会分工、大宗商品远距离交易的发展，中国古代仓储业逐渐形成和发展。我国货栈的历史比较悠久，最早“以物易物”的社会里就有它的雏形。唐代甚至还开有“波斯邸店”。“邸店”亦称“邸舍”“邸阁”“邸肆”“邸铺”，是兼营旅店、货栈的场所。随着社会分工的发展和商业贸易的进一步扩大，宋代出现了寄存商旅货物的场所，即专门储存商品的“塌房（坊）”，该场所是具有企业性质的商业仓库。

2. 中国近代仓储业

民国前仓储业主要是洋商仓储，大多始于码头仓储。堆栈业的发展与交通运输业、工商业的发展，以及与商品交换的深度和广度关系极为密切，堆栈经营者将资金投入堆栈业，并配备一定的设施，专事于存放他人的货物，收取栈租。20世纪初期，最具代表性的洋商仓储是蓝烟囱码头仓库。该仓库是由蓝烟囱轮船公司投资兴建的，共建了十一座仓库，其中四层楼仓库两座，由钢筋混凝土建成，内设两台升降机，仓库四周安装防火设施，是当时设施最先进的仓库。在我国工商业较为发达的内地，其堆栈业也较发达，在民国初年兴起的汉口堆栈业，其发展经历了“兼业”“专业”“并业”三个发展时期，特别是在1927年以后，堆栈业与银行业的合作为客商资金周转提供了便利，也为现代金融仓储业务的开展提供了参考。

3. 中国现代仓储业

中华人民共和国成立后，上海各国营专业外贸公司先后接管和租赁了一部分仓库，这些仓库基本是私营厂号、行栈仓库或转运堆栈。其特点是零星分散、面积大小不等、建筑设备各异，大多以砖瓦木石结构为主，单位面积4650m^{2}以上的占少数，半数以上不到930m^2，且设备简陋。1952年，国家开始兴建新的仓库。1953年3月，上海市国营商业仓储公司成立，专门从事仓储业务，为我国现代仓储业的发展奠定了基础。

20世纪70年代，我国开始建设自动化仓库，并采用计算机网络和信息技术辅助仓库管理，中国仓储业进入了自动化的新时期。在经济发达的地区，现代化的仓储物流设施开

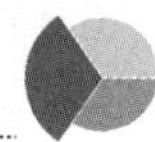

始发展起来，包括高密度储存的货架系统、（超）高层货架系统、自动分拣系统、仓库管理系统（Warehouse Management System，WMS）等，也包括射频识别（Radio Frequency Identification，RFID）、云计算、移动互联网等技术。伴随着互联网经济的发展和电子商务企业的不断增多，物流业得到了较大发展，仓储作为物流过程的重要环节，在国民经济中占据重要地位。与此同时，伴随着信息技术的发展与人工智能的热潮，当前仓储业面临新科技带来的新的转型挑战，未来仓储业的运转效率很可能进一步提高，仓储管理流程大部分交给计算机处理。以京东物流为代表的生活消费品智能仓储业龙头，不仅为行业树立了发展标杆，也带动了整个仓储业智能化水平的提升。在这样的背景下，仓储业应当为深化转型做好充分的准备。

数字化：仓储业务的必经之路

2020 年，新冠肺炎疫情加速了数字化进程，因疫情催生的大量新需求倒逼了传统产业转型升级。与此同时，数字化技术、智能化技术与供应链的深度融合，推动着供应链智慧化发展。生产、运输、仓储、分拣、装卸、配送等的无人化进程加快。

信息化是数字化仓储的一个前提，信息化技术可以提高仓储作业流程管理的效率，让物流作业中的信息更加透明，并且可以为物流作业的分析提供基础数据支撑。数字化是在信息化的基础上，提取数据并进行分析，比如对拣货效率、入库效率、装车效率等进行分析，得出过去一定周期内或者当前的仓储作业能力，为后续的改善提供支持。数字化仓储主要是以物联网、大数据为核心技术，通过可编程无线扫码枪对仓库到货检验、入库、出库、调拨、移库移位、库存盘点等各个作业环节的数据进行自动化采集，保证企业及时准确地掌握库存的真实数据，高效地跟踪与管理客户订单、采购订单及库存信息，从而最大限度地提升仓库管理效率和效益。

长期以来，由于传统企业仓储业务缺乏统一的仓储数据标准及作业标准，企业的协同和管理效率较低，行业的数字化、智能化水平也较低。同时，基于中心化的数据库无法确保仓储数据的真实性，数据的真伪成为阻碍行业信用发展的难题。现实中，在企业的交易过程中，很难单纯因为某个人去信任不熟悉的交易对象，只能通过业务数据选择合作伙伴。而数字化仓储就是利用现有的智能技术，为企业提供货物出入库管理、货物存放、货物状态实时追踪、仓单管理等全周期的仓储管理服务，使企业能对仓储实行智能化、数字化、可视化管理。

总之，企业供应链在传统运营模式下存在诸多找货、拣货、盘点、决策和融资的难题，数字化技术能帮助企业避免传统仓储管理的各种漏洞，实现降本增效。数字化是企业仓储业务的必经之路。

（资料来源：竹聆科技数字化）

商贸物流高质量发展专项行动计划（2021—2025年）

商贸物流是指与批发、零售、住宿、餐饮、居民服务等商贸服务业及进出口贸易相关的物流服务活动，是现代流通体系的重要组成部分，是扩大内需和促进消费的重要载体，是连接国内国际市场的重要纽带。推进商贸物流高质量发展，有利于更大范围把生产和消费联系起来，提高国民经济总体运行效率。为贯彻落实中共中央、国务院关于畅通国民经济循环和建设现代流通体系的决策部署，加快提升商贸物流现代化水平，促进商贸物流降本增效，服务构建新发展格局，制订本行动计划。

一、总体要求

（一）指导思想。

以习近平新时代中国特色社会主义思想为指导，全面贯彻党的十九大和十九届二中、三中、四中、五中全会精神，立足新发展阶段，贯彻新发展理念，深化供给侧结构性改革，注重需求侧管理，加快提升商贸物流网络化、协同化、标准化、数字化、智能化、绿色化和全球化水平，健全现代流通体系，促进商贸物流提质降本增效，便利居民生活消费，推动经济高质量发展，为形成强大国内市场、构建新发展格局提供有力支撑。

（二）基本原则。

市场主导，政府引导。充分发挥市场在资源配置中的决定性作用，激发商贸物流企业内生动力和发展活力；更好发挥政府作用，加强商贸物流规划引导，完善激励和保障政策，推动有效市场和有为政府更好结合。

创新驱动，转型升级。坚持发挥创新在商贸物流高质量发展中的引领作用，积极推动技术创新、业态创新和模式创新，促进商贸服务业和物流业深度融合，提升商贸物流运行效率和服务质量。

因地制宜，有序推进。综合考量各地商贸物流发展水平和基础条件，对标国内国际先进，补短板、强弱项，着力缩小城市与农村、东中西部、我国与发达国家商贸物流发展差距。

（三）发展目标。

到2025年，初步建立畅通高效、协同共享、标准规范、智能绿色、融合开放的现代商贸物流体系，培育一批有品牌影响力和国际竞争力的商贸物流企业，商贸物流标准化、数字化、智能化、绿色化水平显著提高，商贸物流网络更加健全，区域物流一体化加快推进，新模式新业态加快发展，商贸物流服务质量和效率进一步提升，商贸服务业和国际贸易物流成本进一步下降。

二、重点任务

（四）优化商贸物流网络布局。

加强商贸物流网络与国家综合运输大通道及国家物流枢纽衔接，提升全国性、区域性商贸物流节点城市集聚辐射能力。统筹推进城市商业设施、物流设施、交通基础设施规划建设和升级改造，优化综合物流园区、配送（分拨）中心、末端配送网点等空间布局。加强县域商业体系建设，健全农村商贸服务和物流配送网络。（商务部、国家发展改革委、

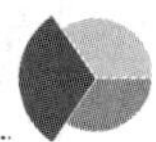

交通运输部、自然资源部、住房和城乡建设部按职责分工负责）

（五）建设城乡高效配送体系。

强化综合物流园区、配送（分拨）中心服务城乡商贸的干线接卸、前置仓储、分拣配送能力，促进干线运输与城乡配送高效衔接。鼓励有条件的城市搭建城乡配送公共信息服务平台，推动城乡配送车辆“统一车型、统一标识、统一管理、统一标准”。引导连锁零售企业、电商企业等加快向农村地区下沉渠道和服务，完善县乡村三级物流配送体系，实施“快递进村”工程，促进交通、邮政、商贸、供销、快递等资源开放共享，发展共同配送。（商务部、交通运输部、国家邮政局、中华全国供销合作总社按职责分工负责）

（六）促进区域商贸物流一体化。

围绕国家区域重大战略、区域协调发展战略实施，支持京津冀、长三角、粤港澳大湾区、成渝地区双城经济圈等重点区域探索建立商贸物流一体化工作机制，提升区域内城市群、都市圈商贸物流规划、政策、标准和管理协同水平。优化整合区域商贸物流设施布局，加强功能衔接互补，减少和避免重复建设，提高区域物流资源集中度和商贸物流总体运行效率。（商务部、国家发展改革委、交通运输部、自然资源部、住房和城乡建设部按职责分工负责）

（七）提升商贸物流标准化水平。

加快标准托盘（1200mm×1000mm）、标准物流周转箱（筐）等物流载具推广应用，支持叉车、货架、月台、运输车辆等上下游物流设备设施标准化改造。应用全球统一标识系统，拓展标准托盘、周转箱（筐）信息承载功能，推动托盘条码与商品条码、箱码、物流单元代码关联衔接。鼓励发展带板运输，支持货运配送车辆尾板改造。探索构建开放式标准托盘、周转箱（筐）循环共用体系，支持托盘、周转箱（筐）回收网点、清洗中心、维修中心等配套设施建设。积极推荐标准化工作成绩突出的商贸物流企业及个人参与国家标准化工作有关表彰和激励。（商务部、交通运输部、住房和城乡建设部、市场监管总局、国家邮政局按职责分工负责）

（八）推广应用现代信息技术。

推动5G、大数据、物联网、人工智能等现代信息技术与商贸物流全场景融合应用，提升商贸物流全流程、全要素资源数字化水平。探索应用标准电子货单。支持传统商贸物流设施数字化、智能化升级改造，推广智能标签、自动导引车（AGV）、自动码垛机、智能分拣、感应货架等系统和装备，加快高端标准仓库、智能立体仓库建设。完善末端智能配送设施，推进自助提货柜、智能生鲜柜、智能快件箱（信包箱）等配送设施进社区。（商务部、交通运输部、住房和城乡建设部、国家邮政局按职责分工负责）

（九）发展商贸物流新业态新模式。

鼓励批发、零售、电商、餐饮、进出口等商贸服务企业与物流企业深化合作，优化业务流程和渠道管理，促进自营物流与第三方物流协调发展。推广共同配送、集中配送、统一配送、分时配送、夜间配送等集约化配送模式，完善前置仓配送、门店配送、即时配送、网订店取、自助提货等末端配送模式。支持家电、医药、汽车、大宗商品、再生资源回收等专业化物流发展。（商务部、交通运输部、国家邮政局按职责分工负责）

（十）提升供应链物流管理水平。

鼓励商贸企业、物流企业通过签订中长期合同、股权投资等方式建立长期合作关系，将物流服务深度嵌入供应链体系，提升市场需求响应能力和供应链协同效率。引导传统商贸企业、物流企业拓展供应链一体化服务功能，向供应链服务企业转型。鼓励金融机构与商贸企业、物流企业加强信息共享，规范发展供应链存货、仓单、订单融资。（商务部、国家发展改革委、中国人民银行、中国银保监会按职责分工负责）

（十一）加快推进冷链物流发展。

加强冷链物流规划，布局建设一批国家骨干冷链物流基地，支持大型农产品批发市场、进出口口岸等建设改造冷冻冷藏仓储设施，推广应用移动冷库、恒温冷藏车、冷藏箱等新型冷链设施设备。改善末端冷链设施装备，提高城乡冷链设施网络覆盖水平。鼓励有条件的企业发展冷链物流智能监控与追溯平台，建立全程冷链配送系统。（国家发展改革委、商务部、交通运输部、中华全国供销合作总社按职责分工负责）

（十二）健全绿色物流体系。

鼓励使用可循环利用环保包材，减少物流过程中的二次包装，推动货物包装和物流器具绿色化、减量化、可循环。大力推广节能和清洁能源运输工具与物流装备，引导物流配送企业使用新能源车辆或清洁能源车辆。发展绿色仓储，支持节能环保型仓储设施建设。加快构建新型再生资源回收体系，支持建设绿色分拣中心，提高再生资源收集、仓储、分拣、打包、加工能力，提升再生资源回收网络化、专业化、信息化发展水平。（商务部、国家发展改革委、交通运输部、国家邮政局按职责分工负责）

（十三）保障国际物流畅通。

支持优势企业参与国际物流基础设施投资和国际道路运输合作，畅通国际物流通道。推动商贸物流型境外经贸合作区建设，打造国际物流网络支点。引导和支持骨干商贸企业、跨境电商平台、跨境物流企业等高质量推进海外仓、海外物流中心建设，完善全球营销和物流服务网络。积极培育有国际竞争力的航运企业，持续增强航运自主可控能力。（商务部、国家发展改革委、交通运输部、国家邮政按职责分工负责）

（十四）推进跨境通关便利化。

深入推进口岸通关一体化改革，巩固压缩整体通关时间成效。全面推进“两步申报”“提前申报”等便利化措施，提高通关效率。推进经认证经营者（AEO）国际互认合作，鼓励符合条件的企业向注册地海关申请成为AEO企业。（海关总署、商务部、交通运输部按职责分工负责）

（十五）培育商贸物流骨干企业。

支持和鼓励符合条件的商贸企业、物流企业通过兼并重组、上市融资、联盟合作等方式优化整合资源、扩大业务规模，开展技术创新和商业模式创新。在连锁商超、城乡配送、综合物流、国际货运代理、供应链服务、冷链物流等领域培育一批核心竞争力强、服务水平高、有品牌影响力的商贸物流骨干企业。（商务部、国家发展改革委、交通运输部、国资委、证监会按职责分工负责）

三、保障措施

（十六）构建良好营商环境。

深化物流领域“放管服”改革，全面推行运输领域资质证照电子化、线上签注。全面推广高速公路差异化收费，坚决整治违规设置妨碍货车通行的道路限高限宽设施和检查卡

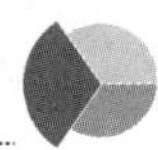

点，深入整治交通运输执法领域乱收费、滥罚款等问题。改善城市配送货车通行和停靠条件，落实配送货车通行差异化管理措施，综合解决配送货车“通行难、停靠难、装卸难”等问题。（交通运输部、公安部、住房和城乡建设部、商务部按职责分工负责）

（十七）加大政策支持力度。

完善物流设施用地规划，促进城市物流规划与国土空间规划相衔接，保障商贸物流基础设施用地需求。鼓励地方政府合理设置物流用地绩效考核指标，多渠道整合盘活存量土地资源用于商贸物流设施建设。鼓励有条件的地方政府加大财政支持力度，引导社会资金投入商贸物流高质量发展项目建设。引导银行业金融机构规范发展供应链金融、普惠金融，加大对中小微商贸物流企业的信贷支持。（自然资源部、财政部、中国人民银行、中国银保监会按职责分工负责）

（十八）完善重点企业联系制度。

建立商贸物流重点联系企业名单，加强与重点企业日常工作联系，实施动态管理。支持名单内企业参与供应链创新与应用、物流标准化等商贸物流相关试点示范工作。鼓励银行业金融机构在风险可控的基础上，按照市场化、商业可持续原则，提高对名单内企业的金融服务效率。（商务部、中国人民银行、中国银保监会按职责分工负责）

（十九）发挥行业组织作用。

支持批发、零售、仓储、运输、物流、供应链管理、国际货运代理等行业协会加强自身建设，完善政府购买行业协会服务制度，充分发挥有关行业协会在行业统计监测、标准拟定与宣传贯彻、课题研究、咨询服务、资质认证、人才培训等方面积极作用，引导行业健康发展。支持行业协会围绕商贸物流高质量发展组织召开举办全国性、区域性的会议、展会及论坛。（各有关部门按职责分工负责）

（二十）加强商贸物流行业统计。

完善社会物流统计报表制度，研究建立物流重点行业统计分类标准，加强商贸物流领域统计分析。完善地方商贸物流统计监测制度，依托重点行业协会和重点联系企业，加强商贸物流运行监测及信息发布工作。（国家发展改革委、商务部、国家统计局、中国物流与采购联合会按职责分工负责）

各地区、各有关部门要坚持以习近平新时代中国特色社会主义思想为指导，坚决贯彻党中央、国务院决策部署，充分认识提升商贸物流现代化水平、加快建设现代流通体系的重大意义，注重加强与国家出台各项物流政策措施衔接配套落实，扎实推进专项行动，加大政策支持力度，持续优化商贸物流发展环境，推动各项政策措施落地见效。

（资料来源：中国政府网）

第二节　仓储的主要功能

仓储有效衔接上游生产和终端消费，在物流系统中起“蓄水池”“调节阀”的作用。仓储作为物流过程中重要的服务节点，在流通作业中发挥着无可替代的作用。它是产业链持续、稳定运行的平衡剂，是供应链管理中各环节无缝衔接、快速反应的关键因素。

一、仓储的基本功能

对于物流而言，仓储功能是其赖以发展的基础。在互联网的调度下，利用仓储的基本功能，可以完成仓储物资的智能化处理，进一步保证物流系统的运行稳定性。随着社会经济的发展，为了进一步适应现代市场的供需模式，仓储已经从以往简单的储存功能模式，逐渐向集养护功能、流通加工功能、整合功能、分类和转运功能、支持企业市场形象的功能、作为市场信息传感器的功能、提供信用保证的功能、提供现货交易场所的功能及作为电子商务的分拣中心的功能于一体的模式转型。

1. 储存功能

现代社会化大生产既有专业化和规模化生产，也有多品种、小批量生产。劳动生产率极高、产量巨大的产品，必须通过储存来保障生产的连续性。在生产过程中，适当的原材料、半成品的储存，可以防止因缺货造成的生产停顿；在销售过程中，季节性储存可以为企业创造新的市场营销机会。

2. 养护功能

在储存过程中需要对商品进行有效的养护和管理。例如，粮食若受潮发霉，其使用价值就会降低，因此，在粮食储存过程中，应选择适宜的储存场所和养护措施。

3. 流通加工功能

在商品储存期间，可根据存货人或客户的要求，对商品进行适当分装、除杂等加工，比如大米，仓库可按客户要求把大包装转换成适合现代家庭需求的小包装。

4. 整合功能

整合是仓储的重要经济功能之一。例如，通过零配件的整合，仓库可以将来自多个制造商的产品或零配件整合成集装单元，这既可以降低运输成本，又可以减少由多个供应商向同一客户供货带来的烦琐程序。

5. 分类和转运功能

分类就是将来自供应商的组合订货分割成个别订货，然后安排适当的运力运送到制造商指定的地点。转运就是仓库收到从多个制造商处运来的整车货物后，按照客户要求进行分类配载，然后运往指定的地点。

6. 支持企业市场形象的功能

从满足市场需求的角度看，从一个距离较近的仓库供货远比从生产厂商处供货方便得多，同时，仓库也能提供更为快捷的快递服务。例如，牛奶企业在多个区域建立冷储保鲜基地，这样会减少因长距离运输导致牛奶保质期缩短所造成的损失，并能对市场需求做出快速反应，为企业树立良好的市场形象。

7. 作为市场信息传感器的功能

仓储的变化是了解市场需求的重要途径之一。现代制造业特别强调仓储环节信息的作用。储量减少、周转量加大，表明社会总需求旺盛；反之，表明社会总需求不足。商家存货增加，表明产品需求减少，其原因可能是市场竞争力下降或生产规模不适应市场经济发展要求。虽然仓储环节所获得的市场信息比较滞后，但更为准确和集中，且信息成本较低。

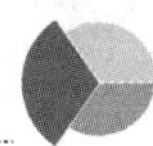

8. 提供信用保证的功能

市场经济条件下，买方需要检验货物、确定货物的存在和货物的品质才会购买。买方可以到仓库查验货物，货物仓单可作为实物交易的凭证。因此，货物仓单可以作为现代融资工具，并且可以进行质押。

9. 提供现货交易场所的功能

卖方要转让其在某仓库存放的商品时，买方可以直接到该仓库查验商品并取样化验，双方可以进行仓库交割。国内众多的批发交易市场，既有商品存储功能，又有商品交易功能。比如，螺纹钢指定交割仓库是指期货交易所为进入交割期的合约实现实物交割，在螺纹钢主产区或主消费区专门设立的商品储存区域，以方便合约的买卖双方实现货款对付，完成交易。

10. 作为电子商务的分拣中心的功能

电子商务已经渗透到人们日常生活的方方面面。作为经济发展的新动能、新业态和新方式，电子商务已成为促进产业转型、拉动国民消费、推动服务业升级的重要抓手，在我国经济发展中占据重要的位置。电子商务仓储是网络经济和现代物流一体化的产物，既要实现传统的仓储功能，又要满足电子商务发展的需要。从电子商务全产业链看，已由初期的工厂、电商平台、快递公司各自为政，转向以仓储为中心，连接工厂、电商平台、快递公司的全产业链模式。根据接受的订单，商品在仓库进行分拣、包装等作业，然后由快递公司送至用户手中。

二、动态仓储技术的特点与重要性

1. 动态仓储技术

动态仓储技术是指利用仓储商品自身的重力和一定的设备实现储位（又称为货位、库位等）变化、自动补货等功能的技术。仓储是物流与供应链中的库存控制环节，直接影响供应链的效率和反应速度。动态仓储技术使商品快速、高效地流动起来，商品由静态管理变为动态管理，从而满足客户的多样化需求。

2. 动态仓储技术的特点

动态仓储是集绿色、精益、节能于一体的集约型存储方式，相对于粗放型的存储方式而言，该方式可以提高60%～100%的仓库空间使用率。动态仓储系统的设计遵循先进先出、快进快出的原则，以使仓储物品保质、保鲜，并提高仓储周转率。动态仓储符合短距离的搬运和输送要求，能够提高近30%的工作效率，并且能够减少仓储作业人员体力劳动量。由智能机器人构成的智能化的动态仓储系统已成为现代物流产业不可或缺的重要组成部分。一端存放，另一端取货，动态仓储把存取通道有效分开，使仓库管理井然有序，既避免视觉上的死角，又保障了作业人员的安全。

3. 实现动态仓储的重要性

动态仓储使制造企业与商品流通企业在仓库设计之初有了更多选择方案。对于少品种、大批量产品生产企业而言，动态仓储的集约型存储方式是最好的选择。

信息化技术水平的提高和电子商务的发展，推动现代仓储业不断发展，企业原有的仓容已经不能满足实际需要。这时很多企业首先想到，以买代租，甚至重金拿地自建仓库，这无形中造成了巨大的浪费，使企业的生产成本居高不下。因此，企业可以利用 80/20 法则或 ABC 分类法将商品进行归类储存，有效利用仓容。

动态仓储的自动补货功能是现代制造企业采用准时制供应的最佳选择。仓库管理员通过数据采集 App（应用程序）现场采集仓库名称、现场图片、地理位置等仓库信息，并上传到系统，上级管理者对采集的仓库信息进行审核确认，从而完成整个信息工作流程。动态仓储系统利用 GIS（地理信息系统），将已采集的仓库信息展示在电子地图上，从而让管理者直观地看到区域内仓库的分布情况，再辅以库存物资的存量及变动数据，进而构建以地理位置为基础的信息对象，一旦遇到紧急情况，可以实现精准的“就近取材、应急而动”的管理效果。另外，在应对突发事件时，借助移动端应用还可以定位检索到周边的物资储备点，就近调用物资，处置突发事件，保障物资供应。在生产流水线的周边配置动态仓储设备，可以使作业区便于管理、便于拣选、便于查找货物，从而提升作业效率，大大节省劳动力。

第三节　仓储与现代物流

仓储是现代物流系统中的重要环节，是以满足供应链上下游的需求为目的，在特定的有形或无形的场所，运用现代技术对商品的入库、分拣、包装、配送等流程进行有效的计划、执行和控制的物流活动。如何在生产与消费的时空分离中，保持商品完好无损和快速流转，是现代仓储业所要面对的问题。现代物流的发展颠覆了传统意义上的物流管理模式，更好地实现了“零库存”的管理模式、整合化的管理策略与信息化管理的结合，从根本上提高了仓储的管理效率，在一定程度上推动了我国现代物流的发展。

一、仓储在流通管理中的正向作用

1. 仓储是现代物流过程中的重要环节

运输和仓储是现代物流过程中的两个主要环节，正好是“一动”“一静”，实现供需的有效衔接。运输靠改变商品的空间属性来达到降本增效的目的，而仓储则靠改变商品的时间属性来达到降本增效的目的。

2. 仓储可保证社会再生产过程顺利进行

商品的仓储过程不仅是商品流通的必要保证，也是社会再生产过程得以进行的必要条件。商品的顺利生产需要原材料、零部件的有效供应，如果缺少了仓储环节，商品的再生产过程也就难以连续、稳定地进行下去。

3. 仓储可优化商品流通，节约流通费用

物流过程中的仓储环节是商品流通系统中的重要节点，通过储存、分拣等过程，可以实现货畅其流，有效降低商品流通成本。

4. 仓储可保证商品在流通过程中的质量

通过仓储环节，强化对商品的检验，可以最大限度地防止不合格商品流入市场。因此，做好商品进出库的验收工作并养护好在库商品是仓储管理的重要任务。

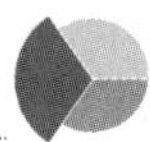

5. 为商品进入市场做好准备

在仓储环节，可以进行商品的质检、整理、包装、分拣、贴标签等作业。在运营成本越来越高的情况下，尽可能利用仓库集中作业，为下一个流通环节提供方便，实现提质增效。

6. 为逆向物流提供场所

现代物流更加强调速度、成本、服务及效率，向着可持续发展方向发展。因此，商品的包装物及其使用后的回收越来越受到人们的重视。特别是由退货所产生的逆向物流量越来越大，商品流通对逆向物流提出了新的要求，仓库作为逆向物流必不可少的通道和场所，发挥着重要作用。

二、仓储在流通管理中的反向作用

1. 固定费用和可变费用的支出

仓储要求企业在仓库建设、仓库管理、仓库工作人员工资等方面支出大量的费用。

2. 机会损失

库存物资将占用大量的资金，企业失去资金利息的同时也失去了投资机会。如果将该部分资金用在其他的项目上，可能会有更好的收益。

3. 陈旧损失与跌价损失

随着储存时间的增加，库存物资随时都有可能变质，严重的更会完全丧失价值及使用价值。同时，一旦错过有利的销售期，库存物资必须低价贱卖，这就不可避免地出现跌价损失。

4. 保险费用支出

为了分担风险，很多企业为仓储物资购买了财产险，保险费用的支出在仓储物资总值中占了相当大的比例。随着社会保障体系和安全体系的日益完善，保险费用的支出比例还会呈上升趋势。

在物流系统中，仓储作为一种必要活动也经常有冲减物流系统效益、恶化物流系统运行的趋势。由此可见，仓储既有积极的一面，也有消极的一面。只有考虑到仓储的两面性，尽量使仓储合理化，这样才能有利于物流活动的顺利开展。

三、现代仓储管理的基本特点

1. 实现“零库存”管理

现代仓储管理的特点在于其智能化。现代仓储管理过程中使用的自动化设备及物联网技术既能降低制造商的生产成本，又能帮助其实施“零库存”管理，避免其因为不能够及时规避市场风险而造成巨大损失。所谓的“零库存”并不是指制造商在运行的过程中不设置库存商品，而是在生产与流通领域按照准时制组织商品供应，使整个过程库存最小化，以构建较为完备的仓储管理体系，减少了商品的大量堆积，有效降低不必要的库存。

2. 实施整合化管理策略

在“互联网＋”背景下，企业的渠道、资源方面得到进一步的整合。一方面，核心企业将供应链中的相关供应商、制造商、批发商和零售商，甚至客户都进行资源整合，实现供应链管理背景下的仓储管理，构建完善的动态仓储体系。另一方面，在满足客户需求的基础上，企业需要各部门的协同配合，以实现物流反应的快速化及物流功能的集成化，尽可能降低仓库的储存量，从根本上改善供应链的整体效益，集中商品管理、订单管理（订单打印、订单拣选、订单包装、订单称重）、商品配送等功能。对卖家来说，基础服务与增值服务解放了整个供应链后端，有利于其更专注于自己的核心业务。

3. 仓储信息化管理

在推动现代仓储业的发展过程中，结合时代发展的特点和用户需要来制定适合的发展模式，可以将信息技术融入仓储管理过程中，不断提升我国物流产业的综合实力，更好地实现物流产业的信息化、智能化、精准化。在建立完善的现代仓储管理体系时，结合全球定位系统、自动识别技术及大数据技术来推进物流产业的高质量发展。全球定位系统和地理信息系统能够实现实时记录物流的流向，实现物流全程的透明化管理，在一定程度上降低了运输过程中的风险。同时，计算机强大的信息储存及处理技术，能够实现在仓库进行自动识读并将商品的信息储存在“云端”，方便后台在线查询、实时追踪，用户可以通过快递软件查询自己的包裹信息，更好地了解商品运输的相关信息。仓储管理的信息化大大减少了仓库操作环节，在提高服务水平、降低库存、节约时间等方面有明显的效果，推动了物流作业的规范化和标准化，有效地降低了工作人员的工作强度，从根本上提高了仓储管理的精准化。

4. 仓库作业标准化流程管理

在物流信息一体化的推动下，企业通过仓配一体化系统，可从前端到末端对仓配全生命周期进行监控，实现仓配标准化管理。通过质检流程规范化、条码统一化和采购流程标准化等来最大程度提高出货配送的效率和准确率。同时，企业也可提供个性化定制服务，利用仓配一体化系统收集数据，提供各类仓配的分析报表。通过仓配一体化系统，整个物流过程被分割成跨区间的信息流动过程和同城之间的包裹流动过程，也就是说顾客在下单后，商家接单，然后快递公司可利用信息系统与前置仓库对接，实现分拣和配送。

四、我国仓储业的发展前景

商务部等9部门联合印发的《商贸物流高质量发展专项行动计划（2021—2025年）》指出，发展绿色仓储，支持节能环保型仓储设施建设。加快构建新型再生资源回收体系，支持建设绿色分拣中心，提高再生资源收集、仓储、分拣、打包、加工能力，提升再生资源回收网络化、专业化、信息化发展水平。推广共同配送、集中配送、统一配送、分时配送、夜间配送等集约化配送模式，完善前置仓配送、门店配送、即时配送、网订店取、自助提货等末端配送模式。与此同时，随着仓储业的转型，以及相关投融资的放缓，仓储业也呈现内部竞争加剧，行业向智能化仓储、绿色仓储等转型的局面。

1. 服务功能不断完善，向仓配一体化发展

社会化分工是生产力发展的必然结果，又是促进生产力发展的动力。社会对仓储的需要也同对其他社会资源的需要一样，向着专业化、特性化、功能化、个性化的方向发展。仓储企业通过与工商企业、零售企业与连锁商超企业、电子商务企业等的有机融合，逐渐向仓配一体化的配送中心发展。

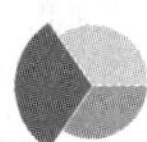

2. 资源整合速度加快，向仓储经营网络化发展

仓储信息化和信息网络化对现代仓储企业显得尤为重要。面对工商企业供应链的一体化物流需求，仓储企业与货运企业、快递企业、货代企业之间以及各类仓储企业之间将会加快推进资源整合、兼并重组等。有条件的仓储企业将会依托自身优势，以城市共同配送为基础，通过转变经营方式与资源整合，发展区域配送网络甚至全国范围内的仓储配送网络。

3. 市场进一步细分，向仓储专业化发展

面对工商企业供应链的不断优化与创新，有条件的仓储企业必将改变同质化的经营策略，转向各类专业仓储。温控仓储、化学危险品仓储、医药仓储的管理与服务将更加集约化、精细化。

4. 仓储标准化广泛实施，向仓储精细化管理发展

随着国家有关部门对物流标准化工作力度的加强，市场竞争的加剧，标准化必将成为引领仓储业转型升级和现代化建设的主要力量，仓储企业经营管理必将向规范化发展。仓储标准化主要包括：包装标准化、标识标准化、托盘成组标准化、容器标准化、计量标准化、条码标准化、作业工具标准化、仓储信息标准化，以及单证报表、合同、仓单等标准化。

5. 加强仓储规范化管理，不断提升仓储管理现代化水平

仓储管理的内容包括仓储的管理体制、治理结构、管理方法和管理目标等几方面。根据管理体制的不同，仓储活动可以分为向社会提供仓储服务的商业仓储和为企业生产和经营提供服务的企业自营仓储。无论管理体制如何，仓储管理都需要进行科学化的管理，以实现高效率、高效益的仓储。为此，仓储企业内部应实行现代化的企业管理制度，采用高效化的组织机构，实行规章化的岗位责任制，建立和健全促进生产率提高的动态的奖惩分配制度，实施有效和系统的职工教育培训制度，采取科学化的管理方法，形成积极向上的优秀企业文化，从而提高仓储企业的核心竞争力。

6. 技术改造加快推进，绿色环保成为新趋势

机械化、自动化与信息化成为仓储业转型升级的重要内容。在国家政策推动与企业自身降低成本的内在驱动下，绿色环保的仓库建筑材料、节能减排的仓储设备、冷库节能技术等将会逐步在仓储业得到应用。

7. 仓储智能化水平持续提升，配送效率得到提高

随着国内互联网技术的日益发展，仓储业也得以借此提升发展效率与水平。以京东物流为例，它不仅为行业树立了发展标杆，也带动了整个仓储业智能化水平的提升。

截至 2022 年 5 月 20 日，京东物流在全国共运营 43 座“亚洲一号”大型智能物流园区，以北京、上海、广州、成都、武汉、沈阳、西安、杭州为主的八大物流枢纽，面向二线到五线城市基建下沉。同时，京东物流加快快递进镇、进村，大力推广云仓模式、厂仓合一、店仓合一等创新业态，实现京东物流和品牌商物流资源共享。

第四节　案例分析及实习实训指导

案例分析

物流配送提速 快递“爆仓”已成过去时

2018年“618”电商大促期间，南京特殊教育师范学院的小彭抽中了由618件快递组成的大礼包，包括HR赫莲娜绿宝瓶、vivo新品手机、618只红功夫小龙虾、480瓶矿泉水等。

这些商品横跨美妆、生鲜、母婴、快消等多个品类，来自几十个不同的商家，如果分别下单发货，小彭得陆续取上几十趟。幸运的是，这些商家全部使用菜鸟仓库服务，订单可以直接下到菜鸟仓库后台，并迅速派发给距离小彭最近的菜鸟南京仓库。南京仓库接单后，立即开始根据算法自动拣选、打包商品，仅用了40分钟就把超级大礼包送到了小彭手里。

“这就是电商大促对物流行业的提升磨砺，电子面单、智慧仓储、智慧路由分单等技术的应用，基本上已经让大促造成的爆仓成为过去时。”菜鸟“618”项目负责人周轩榕表示：“练兵一时，用在千日，大促期间磨合出的配送能力，也让消费者日常的快递收发变得更加方便。”

2018年6月19日早上6点，中通快递上海徐汇网点负责人方荣成来到了快递站。“担心快递包裹来得太多，会不会积压。”方荣成一直守到9点多，发现包裹数量虽然比平日大增，但从接单到派送的流程还算平稳。“我2004年开始做快递，遇到大促，快递员真的要从清晨送到晚上10点多，站里恨不得一家子都上场。”方荣成回忆起那时的“爆仓”经历，把原因归结为“快递量太大，一天赶得上一个月”，同时也因为“信息化程度不高、物流堵点太多”。

“双11”始于2009年，“618”开始于2010年，起初成交量不过几千万元。直到2011年，大促迈入高潮，当年“双11”销售额达到52亿元，包裹量也攀升至2200余万件。包裹洪流冲垮了靠电商起家的“四通一达”，让全国人民都知道了“爆仓”这个词。

“那时候还是一张张手写面单，扫码的靶枪设备也没有普及，公司的系统也不完备，包裹到了分拨中心就是下不来，我们在站里干等，结果来的时候就是好几车一起来，一下就把站里给‘爆’了。”方荣成记得，直到2013年，阿里巴巴联合多家快递成立了菜鸟，信息化才成了快递站的依仗。

2014年5月，菜鸟推出公共电子面单平台，与各家快递公司和商家系统打通匹配，并向全行业开放免费申请接入。京东、亚马逊等企业也开始使用自己的电子面单。电子面单的行业使用率迅速从不足5%提升至目前的约80%。

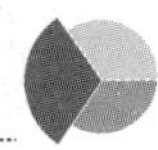

在同等发货量情况下，使用电子面单可以使操作人员减少30%，同时打印速度提升4倍至6倍，还不容易出错，从源头上提升了商家的发货速度。目前，各平台从消费者下单到商家完成拣货、打包，短的只要一两分钟，长的也不过1小时左右。

基于电子面单，人工智能加持的智能路由分拣系统和分拣机也开始在各个分拨中心"上岗"，由机器取代分拣员，自动分派各个快递件。以申通的"小黄人"为例，它在1秒内就能读取目的地信息，迅速分析生成最优路线，"不撞车、不打架，一秒能跑3米"，精准率达99.9%以上，可减少70%的分拣人力，也降低了包裹破损率。

除了自动化的流水线，机器人也进入了各家快递企业的仓库，从消费者下单到出库的整个过程，自动导引车、智能缓存机器人、360度运行的拣选机器人、带有真空吸盘的播种机器人流水作业，堪称机器人总动员，处理一个包裹最快只需要3分钟。

物流智能化的提升，让快递越来越多，送得却越来越快，而且今年（2018年）快递行业还出现了同城配送增量提速的明显趋势。国家邮政局数据显示，2018年前5个月，全国快递同城业务量累计完成41.1亿件，同比增长27.1%，与异地快递的速度差也由去年的8.8%降为今年的1%。同城快递的增量，很大一部分来自线下门店的线上发货。

"618"期间，大润发超市的100家门店加入了天猫大促，实现3公里内1小时送达。大促一周以来，线上订单数量增长了20%，线下客流也比上周环比增加近30%。

在菜鸟网络公布的数据中，包括屈臣氏、361度在内的知名品牌数千家门店接入门店配送系统，目前平均用时40分钟就能送货上门。京东到家与沃尔玛1小时达的合作推进也相当顺利。分钟级超强的配送能力，让实体商家享受到了意想不到的红利。

物流业的发展，甚至还催生了崭新的商业模式，如爆红的拼多多。拼多多商家、以果感恩负责人张银杰告诉记者，借助物流，他可以让合作社农户的大蒜、香梨跳过贩子、批发市场、超市等环节，从田间直发餐桌，从原本每个环节省下来的加价都让利给消费者，同时还把自己的快递成本压缩到每斤0.7元。因此，他的大蒜售价仅相当于超市的四分之一，利润还有每斤0.37元。

"2000亩的订单，相当于几十个大型超市同时采购，批量采购和运输能让成本直线下降。"张银杰这样总结自己的"诀窍"。但是如果没有这些年物流基础设施的完善，不要说低价，可能连瞬间爆发的几万份订单都接不过来，也运不出去，农产品只能烂在田头了。

（资料来源：经济日报）

案例思考题

结合所学知识，谈谈缓解"快递爆仓"现象的对策。

实习实训

一、实训名称：仓储业发展现状调查

二、实训目的

本次实训的目的是让学生能够零距离接触仓储企业，近距离接触自己未来的工作岗位，更加明确自己未来努力的方向。

三、实训操作指导

（1）设计调研问卷。学生 7～8 人一组，针对仓储企业进行调研问卷的设计，设计的问题以 20 个为佳，目的是对所在城市的物流市场（仓储业）进行调研，为未来创立物流公司做前期准备。

（2）实地调研。为了使不同小组调研的问卷有所差异，各小组可以实行差异化的调研活动，如分行政区进行调研。

（3）完成一项调研报告，并以幻灯片的形式进行课堂展示与讨论。

四、实训考评

实训考评表如表 1－1 所示。

表 1－1　　实训考评表

考评人		被考评人	
考评地点			
考评内容		分值（分）	得分（分）
准确、完整写出调研方案		25	
调研记录内容全面、准确性高		25	
调查报告书面总结及时、认真		20	
调研报告的格式、内容的完整性和创新性		20	
PPT 制作良好，报告演讲流利		10	
合计		100	

一、单项选择题

1. 狭义的仓储仅指通过仓库等场所实现对在库物品的储存与保管，是一种静态仓储，可喻为“（　　）”。

A. 河流　　B. 蓄水池　　C. 邸店或塌房　　D. 都不是

2. 广义的仓储是指除了对物品的储存、保管，还包括物品在库期间的装卸搬运、分拣组合、包装、流通加工等各项增值服务，是一种动态仓储，可喻为“（　　）”。

A. 河流　　B. 蓄水池　　C. 邸店或塌房　　D. 都不是

3. 根据电子商务接受的订单，在仓库进行分拣、包装等作业，然后由快递公司送至用户手中属于仓储的（　　）功能。

A. 分类和转运功能　　B. 支持企业市场形象的功能

C. 作为市场信息传感器的功能　　D. 作为电子商务的分拣中心的功能

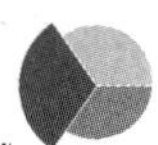

二、多项选择题

1. 仓储的功能包括（　　）。

A. 储存功能　　B. 养护功能　　C. 整合功能　　D. 流通加工功能

2. 纵观中国仓储活动的发展历史，大致经过了（　　）阶段。

A. 中国古代仓储业　　B. 中国近代仓储业

C. 社会主义仓储业　　D. 中国现代仓储业

三、名词解释

1. 仓储　　2. 仓储管理　　3. 动态仓储

四、简答题

1. 简述仓储的基本功能。

2. 简述仓储业的发展趋势。

3. 简述仓储在流通管理中的正向作用及反向作用。

4. 简述现代仓储管理的基本特点。

第二章　仓储设施与设备

知识目标

1. 了解仓库的基本概念和功能。
2. 了解仓库的基本分类和特点。
3. 熟悉仓储设备的特点和功能。
4. 掌握叉车的结构特点和操作规范。

能力目标

1. 能够分析不同仓库的基本功能。
2. 能够对自动化立体仓库的优缺点进行分析。
3. 能够规范操作叉车。

前置仓：仓配模式的变革

2020年注定是不平凡的一年，突如其来的新冠肺炎疫情，对我国公共卫生体系和相关政府的应急管理是一次“大考”。为了控制疫情，党中央做出了武汉“封城”的决定，为打赢新冠肺炎疫情这场“战役”提供了重要的支撑。由于没有先例和应急预案，武汉紧急“封城”后的物资供应出现严重的不足。比较而言，由于粮食与冷冻肉制品具有储备体系，供应情况相对较好，而生鲜农产品由于缺乏相应的储备体系，供应严重不足，导致生鲜农产品短缺，价格上涨，给居民生活带来极大不便。如何实现生鲜农产品的应急供应，引起了政府与研究者的关注，构建生鲜农产品储藏与应急供应体系可能是解决这一问题的有效途径。生鲜农产品易腐败，不易保存，储藏难度与成本较高，构建储备体系比较困难，这也是长期以来国家没有构建生鲜农产品应急储备体系的一个原因。近年来，随着生鲜电商的发展，线上线下相结合的销售模式逐渐成为生鲜农产品的发展趋势，京东生鲜、盒马鲜生等生鲜电商企业在发展过程中，逐渐摸索出了“中央大仓＋前置仓”的模式，能够有效实现鲜活农产品1小时的及时送达，并逐步形成覆盖2～3km范围内的生鲜农产品供应的布局。前置仓是一种仓配模式，是将仓库从城市远郊的物流中心，前移到离消费者

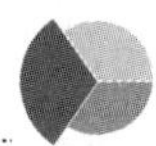

更近、更快送达地点的一种解决方案，不受应急封闭管理的影响。随着保鲜技术的不断发展，前置仓能够储藏7天左右的生鲜农产品供应量。

（资料来源：农村经济与科技）

讨论：前置仓的营运效益同仓库设施与设备的关系。

第一节　仓库的概念与分类

仓库由储存物品的库房、输送设施设备、出入库房的装卸搬运系统及消防设施、管理用房等组成。其主要作用是储存物品、集散物品、调节供需、中转、配送、流通加工、信息传递等。

一、仓库的概念

根据国家标准《物流术语》（GB/T 18354—2021），仓库是指用于储存、保管物品的建筑物和场所的总称。仓库的概念可以理解为用来存放物品，包括生产资料、工具或其他财产，以及对其数量和价值进行保管的建筑物和场所等设施。从社会经济活动看，无论是生产领域还是流通领域，都离不开仓库。

物流中仓库的功能已经从单纯的物品储存、保管，发展到担负物品的接收、分类、计量、包装、分拣、配送等多种功能。

二、仓库的主要功能

仓库最基本的功能是储存货物，并对储存的货物实施养护。随着社会经济发展的需要，仓库承担着货物的配送和流通加工、集散和中转、信息处理和传递等功能。

1. 储存和养护的功能

储存和养护是仓库最基本的功能。仓库具有一定的空间，用于储存货物，并根据货物的特性，配备相应的设备，以保持储存货物的完好性。例如，储存精密仪器的仓库需要防潮、防尘、恒温等，应设置空调等恒温控制设备。在仓库作业时，要不断改进和完善搬运方法，防止搬运和堆放时碰坏、压坏货物，使仓库真正起到储存和养护的作用。

2. 配送和流通加工的功能

现代仓库已由保管型向流通型转变，即由原来的储存、保管货物的中心向流通、配送的中心转变。现代仓库不仅具有储存、保管货物的设备，而且还增加了切分、洗净、分装等流通加工环节。这样，既扩大了仓库的经营范围，提高了原料利用率和加工效率，又方便了消费者，提高了服务质量。

3. 集散和中转功能

集散和中转功能细分为集货转运功能、中转分拨功能及分拣配送功能。

（1）集货转运功能。集货转运是把同一企业分布在不同地区的生产厂的产品或不同企业（特别是中小企业）的产品集中到仓库内，然后再利用大型运输工具运送到同一顾客，进而降低运输成本。这种情况下，仓库一般设在供应地，而且距离需求地较远。

（2）中转分拨功能。中转分拨是将从供应商那里整车（船或飞机）运送到仓库的商品，根据不同的顾客进行分拨运送。这种情况下，仓库一般设在销售地（或消费地），距离供应商较远。

（3）分拣配送功能。分拣配送是将来自不同供应商的商品，按客户订单进行分拣，并按客户规定的时间、数量、质量和地点等要求进行送货。这样可以缩短前置期，提高库存周转率，减少库存，从而节约费用，降低成本。

4. 信息处理和传递功能

信息处理和传递功能总是伴随着以上三个功能而发生的。在处理有关仓库管理的各项事务时，需要及时而准确的仓库信息，例如，仓库利用水平、进出货频率、仓库的地理位置、仓库的运输情况、顾客需求状况以及仓库人员的配置等，这对仓库管理能否取得成功至关重要。

目前，在仓库的信息传递方面，越来越多地依赖计算机和互联网，通过使用电子数据交换（EDI）系统、条码技术和射频识别技术（RFID）来提高仓库货物的信息传递速度和准确性，通过互联网来及时地了解仓库的使用情况和货物的储存情况。

三、仓库的分类

仓库是物流系统的基础设施，按其营运形态、储存形态、建筑形态和功能等可划分为不同的类型。

1. 根据营运形态分类

（1）营业仓库。营业仓库是仓库业主专门为了经营储运业务而修建，根据相关法律法规取得营业资格的仓库。这类仓库面向社会服务，或者以一个部门的物流业务为主，并且兼营其他部门的物流业务，如商业、外贸等系统的储运公司的仓库等。营业仓库由仓库所有人独立经营或者由分工的仓库管理部门独立核算经营。

（2）自营仓库。自营仓库是由企业或各类组织自主经营和自行管理，对自身的物品进行储存和保管的仓库。这类仓库只储存本企业的原材料、燃料、产品等，一般工厂企业、商店的仓库及部队的后勤仓库，多属于这一类。

（3）公共仓库，又称公用仓库。公共仓库是面向社会提供物品储存服务，并收取费用的仓库，属于公用服务的配套设施，如铁路车站的货场仓库、港口的码头仓库、公路货场的货栈仓库等。

2. 根据储存形态分类

（1）普通仓库。普通仓库是指常温下的一般仓库，用于存放一般性货物，具有一般通用的库房和堆场，如一般的金属材料仓库、机电产品仓库等。仓库设施较为简单，但储藏的货物种类繁杂，作业过程与保管方法和要求均不同。

（2）恒温仓库。恒温仓库是指能够调节温度、湿度的仓库，用于储存对湿度、温度等有特殊要求的货物，如用于粮食、水果、肉类等货物储存的仓库。这类仓库的建筑要有隔热、防寒等功能，并配备专门的设备，如空调、制冷机等。

（3）特种仓库。特种仓库是用来储存危险品、高压气体的仓库，如油罐仓库、化学危险品仓库等。特种仓库的储藏物单一，保管方法一致，但需要特殊的保管条件。

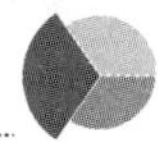

（4）水面仓库。水面仓库是指漂浮在水面的储存货物的趸船、囤船、浮驳或者其他水上建筑，或者在指定水面保管木材的特定水域，沉浸在水下保管货物的水域。近年来，由于国际运输油轮的超大型化，许多港口因水深限制，大型船舶都不能直接进港卸油，往往需要在深水区设立大型水面油库作为仓库。

（5）露天仓库。露天仓库采用露天堆放的方式储存货物，用于存放体积比较大、价格比较低的货物。露天仓库多用于保存不易变质的货物，比如煤炭、钢材等。

3. 根据建筑形态分类

（1）按建筑构造的不同，仓库可分为平房仓库、楼房仓库、地下仓库、浅圆仓库、立筒仓库等。

平房仓库即单层仓库，单层建筑结构的有效高度一般为5～6m，特点是结构简单、建造成本低、作业方便。

楼房仓库即多层仓库，是具有两层或两层以上建筑结构的仓库。有依靠垂直输送机械进行出入库作业的楼房仓库，也有以坡道相连进行出入库作业的楼房仓库。其优点是单位土地面积利用率高，缺点是物品要在楼层间上下移动作业，作业效率低。

地下仓库，即在地面下建造的仓库，具有不占耕地、节约能源、隔热等优点。

浅圆仓库，即平面为圆形的储存散料的直立容器。容纳储料部分为仓体，储料计算高度与内径之比小于1.5。浅圆仓库只能单体布置。

立筒仓库，即平面为圆形、方形、矩形、多边形或其他几何外形的储存散料的直立容器。储料计算高度与圆形筒仓库内径或矩形筒仓库短边之比大于或等于1.5。立筒仓库可单体、单排或群体布置。

（2）按建筑结构的不同，仓库可分为钢筋混凝土结构仓库、砖混结构仓库、钢结构仓库等。

4. 根据功能分类

（1）储存仓库。储存仓库主要对货物进行储存，以解决生产和消费的时空不均衡问题。例如，大米等农产品到第二年再卖是通过储存来解决的。

（2）流通仓库。流通仓库除具有储存功能外，还具有装配、流通加工、包装、理货及配送等功能，具有周转快、附加值高等特点，可减少在连接生产和消费的流通过程中因货物停滞而产生的费用。

（3）配送仓库。配送仓库直接向消费者或市场配送货物，通常要进行货物包装拆除、配货组合等作业，具有存货种类多、存货量较少的特点。

（4）保税仓库。保税仓库是指经海关批准设立的专门存放保税货物及其他未办结海关手续货物的仓库。也就是说，保税仓库是获得海关许可的，可以在2年内储存外国货物的本国国土上的仓库。

（5）出口监管仓库。出口监管仓库是指经海关批准设立的，对已办结海关出口手续的货物进行储存、保税物流配送、提供流通性增值服务的海关专用监管仓库。

（6）虚拟仓库。虚拟仓库是建立在计算机和网络通信技术基础上，将地理上分散的、属于不同所有者的、对物品进行储存、保管和远程控制的物流设施进行整合，形成具有统一目标、统一任务、统一流程的暂时性物品储存与控制仓库，可实现不同状态、空间、时间、货主的有效调度和统一管理。

“中国绿色仓库认定”简介

由中国仓储与配送协会、机械工业第六设计研究院有限公司、盖世理投资咨询（上海）有限公司、中国质量认证中心、普洛斯管理（中国）有限公司、上海宇培（集团）有限公司组织起草的《绿色仓库要求与评价》（SB/T 11164—2016），已由商务部批准发布，自 2017 年 5 月 1 日起开始实施。

《绿色仓库要求与评价》（SB/T 11164—2016）分别从库区选址与规划、节地与土地利用、节能与能源利用、节水与水资源利用、节材与材料资源利用、环境六个方面将仓库划分为一星至三星 3 个等级，一星为最低，三星为最高。绿色仓库的认证体系的建立对于仓储业的节能降耗、成本降低、可持续发展有着重要意义。

为贯彻实施《绿色仓库要求与评价》行业标准，中国仓储与配送协会根据《绿色仓库要求与评价》行业标准的规定和要求，联合业内相关组织和专家，依托地方行业协会共同开展“中国绿色仓库认定”，成立了由中国仓储与配送协会和全国相关行业组织的领导与相关专家组成的“中国绿色仓库认定委员会”，统一负责“绿色仓库认定”的组织领导工作，制定《绿色仓库认定办法》等相关办法，提出了“绿色仓库认定”的范围、对象、程序和具体内容。

根据《绿色仓库要求与评价》行业标准，“绿色仓库认定”的范围与对象是以相对独立运营的库区或仓库为单位进行认定，同一企业的不同库区可分别认定等级；凡在中国境内注册、正在运营的仓储、物流企业（单位）及其库区（含具有营业资质的生产、流通库区），均可自愿申请绿色仓库等级的认定。

“绿色仓库认定”工作严格执行《绿色仓库要求与评价》行业标准，按照自愿参与、公开、公正、公平的原则进行，在中国仓储与配送协会网站设立绿色仓库认定专栏，公布有关评价办法、授权地区性认定机构、评价结果，设立投诉电话和投诉信箱，接受参评企业及社会各界的监督、投诉、咨询及质疑。

（资料来源：中国仓储与配送协会）

第二节 自动化立体仓库

一、自动化立体仓库概述

（一）自动化立体仓库的概念

自动化立体仓库（Automatic Storage and Retrieval System，简称 AS/RS），也称为高层货架仓库、自动存取系统，是由高层立体货架、巷道堆垛机、周边输送系统、信息识别系统、计算机控制系统、管理系统等组成的自动化系统，该系统还包括与之配套的供电照明、采暖通风、消防报警、称重计量、信息通信等辅助系统。

自动化立体仓库不但具有传统平面仓库的基本功能，还具有分拣、理货、自动存取等功能，是大型仓储物流系统中的一个不可或缺的重要组成部分，对企业的生产自动化有着重要的作用。

随着工业 4.0 概念的日趋完善，社交电商的快速发展，广义物流配套设施的逐步跟进，企业对于产品的生产力和发货需求有爆发性增长，这促使国内外大型自动化立体仓库、配送系统迅速发展。

（二）自动化立体仓库的分类

1. 按高层货架与建筑物之间的关系分类

（1）整体式自动化立体仓库。这种仓库的货架除了储存货物以外，还是库房建筑物的支撑结构，即货架是库房建筑物的组成部分。这种形式的仓库建筑费用低、抗震好，尤其适用于高度为 15m 以上的大型自动仓库。

（2）分离式自动化立体仓库。这种仓库的货架与库房建筑物是相互独立，适用于车间仓库、旧库技术改造的仓库和中小型自动仓库。

2. 按货架的结构形式分类

（1）单元货架式自动化立体仓库。单元货架式自动化立体仓库内的巷道占去了三分之一左右的面积。

（2）贯通式自动化立体仓库。为了提高仓库利用率，取消位于各排货架之间的巷道，将个体货架合并在一起，使货架的每一层、同一列互相贯通，形成能存放多个货物单元的通道，而在通道一端由出库起重机取货，这样的仓库就是贯通式自动化立体仓库。根据货物单元在通道内的移动方式，贯通式自动化立体仓库又可分为重力式货架自动化立体仓库和穿梭小车式货架自动化立体仓库。重力式货架自动化立体仓库中每个存货通道只能存放同一种货物，所以它适用于存放品种不太多而数量又相对较大的货物。穿梭小车式货架自动化立体仓库中的货物可以由起重机从一个存货通道搬运到另一通道。

（3）水平旋转货架式自动化立体仓库。这类仓库本身可以在水平面内沿环形路线来回运行。每组货架由若干独立的货柜组成，通过一台链式传送机串联起来。每个货柜下面有支撑滚轮，上面有导向滚轮。传送机运转时，货柜便相应运动。需要提取某种货物时，只需在操作台上给予出库指令。当装有所需货物的货柜转到出货口时，货架停止运转。这种货架对于拣选小件物品十分合适。它简便实用，充分利用空间，适用于作业频率要求不太高的场合。

（4）垂直旋转货架式自动化立体仓库。与水平旋转货架式自动化立体仓库相似，只是把水平面内的旋转改为垂直面内的旋转。这种货架特别适用于存放长卷状货物，如地毯、地板革、胶片卷、电缆卷等。

3. 按仓库所提供的储存条件分类

（1）常温自动化立体仓库。一般温度控制在 5～40℃，相对湿度控制在 90％以下。

（2）低温自动化立体仓库。低温自动化立体仓库又包括恒温自动化立体仓库、冷藏自动化立体仓库及冷冻自动化立体仓库等。恒温自动化立体仓库：可根据货物对温度的要求，自动调节货位的储存温度和湿度。冷藏自动化立体仓库：温度一般控制在 0～5℃，主要用于蔬菜和水果的储存，要求有较高的湿度。冷冻自动化立体仓库：温度一般控制在－35～－2℃，需要功率强劲的制冷设备，主要用于储存生物制品与医药品等。

（3）防爆型自动化立体仓库。这类仓库设计时应严格按照防爆要求进行，以存放易燃易爆等危险货物为主。

（三）自动化立体仓库的基本设施

自动化立体仓库的基本设施主要包括以下几方面。

（1）土建及公用工程设施，主要包括厂房、消防系统、照明系统、通风及采暖系统、动力系统、给排水设施、避雷接地设施和环境保护设施等。

（2）机械设施，一般包括高层货架、巷道堆垛起重机和出入库搬运机械等。

（3）运行机构，主要包括电动机、减速器和制动器等运行驱动机构和在地轨上运行的车轮。

（4）自动化立体仓库的电气与电子设施，主要包括检测装置、信息识别装置、控制装置、通信设备、计算机管理设备、图像监视设备等。

二、我国自动化立体仓库的发展概况

我国自动化立体仓库于 1980 年投入运行，随着制造业的发展，自动化立体仓库在 2000 年前后开始迅速发展，烟草、医药、食品、汽车等行业的快速发展带动了自动化立体仓库的迅速增加。从自动化立体仓库的规模来看，随着企业现代化物流理念的进一步增强，自动化立体仓库与企业生产系统一体化发展逐步成熟，中国自动化立体仓库技术取得了较大的进步，形成了多系列、多品种、多档次、高性价比的产品线，可以覆盖绝大多数应用行业。

三、自动化立体仓库的发展阶段

按自动化的程度，自动化立体仓库的发展过程可分为五个阶段：人工仓储技术阶段、机械化仓储技术阶段、自动化仓储技术阶段、集成自动化仓储技术阶段和智能自动化仓储

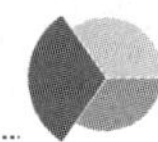

技术阶段。

1. 人工仓储技术阶段

在这一阶段，仓储过程各环节的作业（包括物品的输送、储存、管理和控制等）主要靠人工来完成。这一阶段的优点是可以面对面地接触仓储全过程，且初期的设施设备投资少。

2. 机械化仓储技术阶段

这一阶段的作业特点是作业人员通过操纵机械设备来实现货品的装卸搬运和储存等作业活动，如通过传送带、工业搬运车辆、堆垛机等来移动和搬运货品，采用各种货架、托盘等来储存货品。机械化程度的提高大大提高了劳动生产率，提高了装卸搬运的工作质量，改善了作业人员的劳动条件。采用货架来储存货品可以避免货品之间的相互挤压，改善货品的储存保管条件，另外，使储存空间向立体方向发展，大大提高了储存空间的利用率。然而这一阶段仓储机械设备需要投入大量的资金，且还必须投入一定的费用来科学地管理和维护这些机械设备，以保证机械设备的合理使用。

3. 自动化仓储技术阶段

这一阶段在仓储系统中采用了自动输送机械、自动导引车、货品自动识别系统、自动分拣系统、巷道式堆垛机等。

随着计算机技术的发展，信息技术逐渐成为仓储系统的核心技术，在计算机之间、数据采集点之间、机械设备的控制器之间，以及它们与主计算机之间可以及时进行信息汇总，仓库计算机可以及时记录订货和到货时间，并随时显示库存量，方便计划人员及时做出供货计划，管理人员可随时掌握货源及需求情况。在这一阶段，信息技术的应用已成为仓储技术的重要内容。

4. 集成自动化仓储技术阶段

将仓储过程各环节的作业系统集成为一个有机结合的综合系统，该综合系统即仓储管理系统。在仓储管理系统的统一控制指挥下，各子系统密切配合、有机协作，使整个仓储管理系统的总体效益大大超过了各子系统独立工作的效益总和。

5. 智能自动化仓储技术阶段

人工智能技术的发展推动了自动化仓储技术向智能化方向发展。在这一阶段，系统可以完全自动地运行，并根据实际运行情况，自动向人们提供许多有价值的参考信息。如对市场前景做出科学的预测；根据货品的需求情况对仓储资源的有效利用提出合理化的建议；对系统运行的效果提供科学的评价；根据多个客户的地理位置，提供最优化的运输路线等。现在智能自动化仓储技术阶段还处于初级发展阶段，在这一技术领域还有大量的工作需要人们去做。

四、自动化立体仓库的优越性

计算机集成制造系统（Computer Integrated Manufacturing System，CIMS）和射频识别技术（Radio Frequency Identification，RFID）在现代制造系统中的开发应用，不仅可以提高自动化立体仓库系统的作业效率，还可以提高对物资的管理水平，减少错误率。

（1）采用立体货架。自动化立体仓库使用立体货架储存货物，能充分利用仓库空间，从而在设计环节减少了仓库的占地面积，在使用环节又可以大大增加了货物的储存面积，同时堆垛机的作业宽度减小，提高了仓库的面积和空间的利用率。

（2）货物保管质量高。自动化立体仓库采用立体货架，不同的货物在不同的货架上，彼此之间不互相挤压，存取时互不干扰。而且自动化立体仓库采用机械化作业，货物在运输过程中不容易发生破损。

（3）采用机械化存取。自动化立体仓库采用机械化存取方式，大大提高了劳动生产率，减轻了仓库管理人员的工作强度，确保安全生产。同时，机械化使自动化立体仓库的存取过程完全融入企业的物流系统当中，使物流系统的运行更加流畅和有效。

（4）整个仓库的运行完全由计算机控制。计算机能准确地对仓库中的各种信息进行存储和管理，调控仓库中的堆垛机和智能运货车合理、高效率地运行，使仓库的运行更加流畅。同时，通过计算机还能对仓库的仓储能力和库存信息进行有效评估，便于在以后的运行中进行合理的改进，可以减少库存，加快资金周转，提高仓库的管理水平。

（5）构成制造系统中的信息网络。自动化立体仓库是现代制造系统的重要组成部分，它可以和企业的资源规划系统等上位系统相连接，实现企业信息管理的自动化，使物流系统与生产制造系统、销售系统、财务系统等有机联系起来，提高企业管理水平和经济效益。

铁路专用线共用的重要性

铁路专用线是指由企业或者其他单位管理的与国家铁路或者其他铁路线路接轨的岔线。虽然铁路专用线与专用铁路都是企业或者其他单位修建的主要为本企业内部运输服务的，但是两者不同的是，专用铁路一般都自备动力和运输工具，在内部形成一套系统的运输生产的运输组织；而铁路专用线则仅仅是一条铁路线，其长度一般不超过30km，运输动力使用的是与其相接轨的铁路的动力。

铁路专用线共用是对我国铁路运输能力的挖掘，为我国的铁路运输提供了新的动力。根据我国铁路专用线共用的发展，可以发现，铁路专用线共用无论是对于我国的经济还是铁路运输都有具有重要意义。

第一，铁路专用线共用可以缓解铁路运输压力，能够保证货物准时运到。实施铁路专用线共用的原因是各地的装卸车站缺乏装卸能力，经常出现货物误时的现象。但是在实施铁路专用线共用后，这种情况在大多数地区已经得到了改进，铁路专用线共用能够保证货物装卸的顺利进行。

第二，铁路专用线共用是对铁路专用线的运输能力的充分利用，节约了铁路建设资源。铁路专用线是企业为满足自身运输业务而独自建设的铁路，这就难免与其他的铁路运输线路有所交叉，所以为了节约铁路资源，很多企业都实施了铁路专用线共用的措施。而且这种共用也是对铁路货场能力不足的一种弥补，不仅提高了企业的经济效益，还提高了

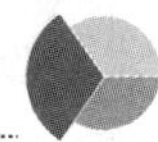

整个社会的经济效益。现在全国很多货场及车站都可以看到有货物运输专用线，而且它们的运输能力也有所提高，解决了货场存货能力不足的问题。

第三，铁路专用线共用为货主与专用线的所有企业带来便利。就地选择运输线路使货主节省了大量的运输时间，同时也节约了自己修建铁路专用线的费用。这种运输承包方式受到很多货主的欢迎。

第四，铁路专用线共用使得铁路运输在激烈的市场竞争中立于不败之地。随着经济的发展，我国的运输也取得了进步，而且许多新型运输方式逐渐取代了铁路运输，但是，铁路专用线共用的实施使得铁路运输在全国的货物运输量中所占比例下降的趋势得到了缓解，并促进了铁路运输的不断改革及发展。

第五，铁路专用线共用促进了其他货物运输方式的服务质量的不断改善。铁路专用线共用为其他的货物运输方式带来了压力，为了能够在激烈的竞争中取胜，这些货物运输部门就要不断提高服务质量，以吸引更多的客户。同时，铁路专用线共用也促进了铁路专用线及货物场地等设施的不断修建和完善，以期待为客户带来更优质的服务。

第六，铁路专用线共用为专用线的所有企业和铁路部门带来了利益。使用铁路专用线获得的利润不单单归产权单位所有，铁路部门也要分得相应的利润。

第三节　仓储设备

仓储设备是构成仓储系统的重要组成部分，影响着仓储活动的每一个环节，在仓储活动中处于十分重要的地位，这主要体现在以下方面。

（1）仓储设备是反映仓储系统水平的主要标志。一个完善的仓储系统离不开现代仓储设备的应用。许多新的仓储设备的研制开发，为现代仓储的发展做出了贡献。实践证明，先进的仓储设备和先进的仓储管理是提高仓储能力、推动现代仓储业快速发展的两个车轮，二者缺一不可。

（2）仓储设备是提高仓储系统效率的主要手段。仓储设备与仓储活动密切相关，伴随着储存保管、存期控制、数量管理、质量养护等作业及其他辅助作业。这些作业的高效完成需要不同的仓储设备。因此，仓储设备的水平直接关系到仓储活动中各项作业的完成情况。

（3）仓储设备是构筑仓储系统的主要成本因素。为了维持仓储系统的正常运转，发挥设备效能，还需要不断地投入大量的资金。仓储设备的费用对仓储系统的投入产出有着重要的影响。

一、苫垫用品

货物在堆码时一般都需要苫垫，苫垫又分为垫垛和苫盖，对保障储存货物的质量具有积极的作用。苫垫用品起遮挡雨水和隔潮等作用，主要包括苫布（油布、塑料布等）、苫席、枕木、石条等。苫布、苫席多用在露天堆场。

（一）垫垛用品

垫垛是指在货物堆码时，根据货垛的形状、底面积、货物保管养护的需要及地面负重的要求，在预定的货位上使用衬垫材料进行铺垫的作业。

垫垛是为了使堆垛的货物免受地面潮气的侵蚀，使垛底通风透气，保证储存货物的质量。

垫垛要符合以下要求：使用的衬垫物具有足够的抗压能力，且与要堆垛的货物不会发生不良反应；地面要平整坚实，衬垫物要摆平放正，并保持同一方向，最好与走道成直线；注意垫底材料的排列方向，第一层垫木或石块的空隙要对准走道或门窗，以利于垛底通风散湿；衬垫物间距适当，直接接触货物的衬垫物面积与货垛垛底的面积相同，衬垫物不能伸出货垛外；垫垛要有足够的高度，露天堆场的垫垛高度为0.3～0.5m，库房内的垫垛高度为0.2m即可。在实践中，根据不同的储存条件和货物的不同储存要求，选择适当的垫垛材料。

常用的垫垛方法主要有码架法、垫木法、防潮纸法三种。码架法即采用若干个码架，拼成所需货垛垛底面积的大小和形状，以备堆垛。码架以垫木为脚，上面钉有木条或木板，专门用于垫垛。垫木法即采用规格相同的若干枕木或垫石，按货位的大小、形状排列，作为垛垫。枕木和垫石一般都是长方体，其宽和高相等，约为0.2m。枕木较长些，一般为2m左右；而垫石较短，一般为0.3m左右。防潮纸法即在垛底铺上一层防潮纸作为垛垫，常用芦席、油毡、塑料薄膜、帆布等作为防潮纸。

（二）苫盖用品

苫盖一般是指对堆放在露天货场的货物，为了减少阳光、雨雪、沙尘等对货物的侵蚀、损害，并使货物由于自身理化性质所造成的自然损耗尽可能减少，而采取的保护措施。对于某些不怕风吹、雨淋、日晒的货物，如果货场排水性较好，也可以不进行苫盖，如生铁、石块等。而库房、货棚中的有些货物需要防尘，也可进行简单的苫盖。

苫盖要符合以下要求：苫盖材料合适，具有防火、无害、价格低廉、可重复利用的特点，且不会与货物发生不良反应；顶面要倾斜，苫盖接口要紧密、有一定深度的相互叠盖，不能迎风叠口和有折叠、凹陷，以避免下雨、下雪后积水渗入货垛；苫盖材料不能腾空或拖地，苫盖底部应与垫垛平齐；苫盖材料必须拴扎牢固，防止被风刮落。

苫盖材料通常采用帆布、芦席、竹席、塑料膜、铁皮铁瓦、玻璃钢瓦、塑料瓦等。

苫盖的方法主要有就垛苫盖法、鱼鳞式苫盖法、活动棚苫盖法三种。就垛苫盖法即直接将大面积苫盖材料遮盖在货垛上，适用于脊垛或大件包装货物，苫盖材料一般采用大面积的帆布、油布、塑料膜等。就垛苫盖法操作便利，但基本不具有通风条件。鱼鳞式苫盖法即将苫盖材料从货垛的底部开始，自下而上呈鱼鳞式逐层交叠围盖。该法一般采用面积较小的席、瓦等材料。鱼鳞式苫盖法具有较好的通风条件，但每件苫盖材料都需要固定，操作比较烦琐。活动棚苫盖法即将苫盖材料制作成一定形状的棚架，在货物堆垛完毕后，将棚架移动到货垛上方，或者采用即时安装活动棚架的方式苫盖。活动棚苫盖法较为快捷，具用良好的通风条件，但活动棚本身需要占用仓库位置，也需要较高的购置成本。

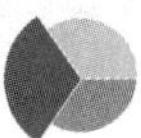

二、货架

(一) 货架的功能

1. 货架的概念

在仓库设备中，根据国家标准《物流术语》(GB/T 18354—2021)，货架是指由立柱、隔板或横梁等结构件组成的储物设施。

2. 货架的优点

(1) 货架是一种架式结构物，可充分利用仓库空间，提高库容利用率，扩大仓库储存能力。

(2) 存入货架中的货物，互不挤压，损耗小，可保证货物本身的功能完好，减少损失。

(3) 货架中的货物，存取方便，便于清点及计量，可做到先进先出。

(4) 货架中的货物，可避免受潮、被盗、被破坏等。

(5) 货架有利于实现仓库的机械化及自动化管理。

(二) 货架的分类

1. 按货架的发展分类

(1) 传统货架。传统货架主要包括层格式货架、抽屉式货架、橱柜式货架、U 形货架、悬臂式货架、轮胎专用货架等。

(2) 新型货架。新型货架主要包括旋转式货架、移动式货架、装配式货架、调节式货架、托盘式货架、进车式货架、高层货架、阁楼式货架、重力式货架、屏挂式货架等。

2. 按货架的适用性分类

(1) 通用货架。通用货架就是适应性较强、应用较广的货架。

(2) 专用货架。专用货架就是用于存放某些有特定存放要求的货物的货架，如轮胎专用货架。

3. 按货架的制造材料分类

(1) 钢货架。

(2) 钢筋混凝土货架。

(3) 钢与钢筋混凝土混合式货架。

(4) 木制货架。

(5) 钢木合制货架。

(6) 其他材料制造的货架。

4. 按货架的封闭程度分类

(1) 敞开式货架。

(2) 半封闭式货架。

(3) 封闭式货架。

5. 按货架的结构特点分类

（1）层架。层架由立柱、横梁、层板构成，架子本身分为数层，层间用于存放货物。

（2）单元格式货架。单元格式货架与层架类似，区别在于其某些层甚至整体每层中用间隔板分成若干个格。每格原则上只能放一种物品，物品不易混淆，但存放数量不大，层间光线暗。单元格式货架主要用于存放规格复杂多样，必须分隔开的物品。

（3）悬臂式货架。悬臂式货架是边开式货架的一种，在架子两边存放货物，存取货物作业强度大。悬臂式货架适于长条形材料的存放。

（4）托盘式货架。托盘式货架一般是存放装有货物托盘的货架。其主要特点和用途如下。

①托盘式货架跨度大、承载要求高。托盘式货架的跨度（长度）主要由托盘大小决定，一般一层货架可放置两个常规托盘。如果单托盘承载特别大（3吨以上），则每层只能放置一个托盘。

②托盘式货架结构稳定。由于托盘式货架的承载要求高，所以对托盘式货架的稳定性也有特别的要求。托盘式货架底脚必须安装膨胀螺丝，以保证托盘式货架的稳定性。

③托盘式货架无须层板。一般来说，托盘式货架无须层板，只需在横梁上安装跨梁即可。每托盘货位一般安装两根跨梁，这样可以很大程度上节约成本。

④托盘式货架层数可自定。托盘式货架的层数可根据仓库的房高和每托盘货位的高度等条件来确定。底层可不用横梁，托盘直接放置在地面上。

⑤托盘式货架利用率高，存取灵活方便，辅以计算机管理或控制，托盘式货架基本能达到现代化物流系统的要求。

（5）移动式货架。移动式货架是一种带轮且可移动的货架。根据驱动方式不同，移动式货架分为人力摇动式货架和电力驱动式货架两种。其特点是可以使仓库空间利用率成倍提高，货物存取方便，易于控制，安全性好。移动式货架主要用于小件、轻体货物的存取，尤其适用于环境条件要求高、投资大的仓库，如冷冻仓库、气调仓库等。

（6）旋转式货架。旋转式货架又称回转式货架，可以水平、垂直、立体回转。其储存密度大，拣货路线简捷，拣货效率高，拣选差错少。旋转式货架适用于需要频繁、大量的拣选工作的场合。

（7）驶入式货架。驶入式货架又称贯通式货架，采用托盘存取模式，适用于品种少、批量大的货物的储存，但同一作业通道内的货物不能保证先进先出。驶入式货架采用高密度存放货架，叉车直接驶入货架进行作业，库容利用率可达90%以上。

三、包装设备

（一）包装设备

包装设备是指能完成全部或部分产品包装过程的设备。包装过程包括充填、裹包、封口等主要工序，以及与其相关的前后工序，如清洗、堆码和拆卸等。此外，包装还包括计量或在包装件上盖印等工序。机械包装可提高生产率、减轻劳动强度，适应大规模生产的需要，并满足清洁卫生的要求。

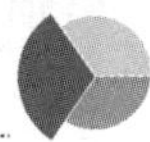

（二）包装设备的作用

包装既是生产的终点，又是物流的起点，裹包设备、装箱设备、捆扎设备等都与物流运作密切相关。随着时代的发展、技术的进步，包装设备在包装领域正发挥着越来越大的作用，其主要作用有以下几点。

1. 可大大提高劳动生产率

机械包装比手工包装快得多，如糖果包装，手工包糖每分钟只能包十几块，而糖果包装机每分钟可包装数百块甚至上千块，大大提高了劳动生产率。

2. 能有效保证包装质量

机械包装可根据包装物品的要求，按照需要的形态、大小，得到规格一致的包装物，而手工包装是无法保证的。这对出口商品尤为重要，只有机械包装，才能达到包装规格化、标准化，符合集合包装的要求。

3. 能实现手工包装无法实现的操作

有些包装操作，如真空包装、充气包装、贴体包装等，都是手工包装无法实现的，只能通过相应的包装设备实现。

4. 可降低劳动强度，改善劳动条件

手工包装的劳动强度很大，如用手工包装体积大、重量重的产品，既耗体力，又不安全；而对轻小产品，由于包装频率较高，动作单调，劳动者容易患上职业病。包装设备的使用可降低劳动强度，改善劳动条件。

5. 有利于保护工人健康

对于某些严重影响身体健康的产品，如粉尘严重、有毒的产品，有刺激性、放射性的产品，用手工包装难免危害工人的健康，而用包装设备包装则可避免，且能有效地保护环境。

6. 可降低包装成本，节省储运费用

对松散产品，如棉花、烟叶、丝、麻等，采用压缩包装机压缩打包，可大大缩小体积，从而降低包装成本。同时因为体积大为缩小，所以可以节省仓容，减少保管费用，有利于运输。

7. 保障产品卫生质量

对于特别产品，如食品、药品等，在包装过程中应避免污染。包装设备的使用避免了人直接接触食品、药品，保障了产品卫生质量。

（三）包装设备的分类

包装设备的分类方法很多，各种分类方法各有其特点及适用范围，但均有其局限性。根据其主要功能的不同，包装设备可分为封口机、裹包机、装箱机、捆扎机和辅助设备等。

1. 封口机

封口机是指在包装容器盛装产品后对容器进行封口的机器，其中麻袋、布袋、编织袋多采用缝合的方式封口，箱类容器多采用钉封或胶带粘封。封口机可分为以下几种。

（1）热压式封口机。热压式封口机是指采用加热、加压的方式封闭包装容器的机器，主要用于各种塑料袋的封口。常用的加热元件有加热板、加热环、加热辊等。

（2）熔焊式封口机。熔焊式封口机是指通过加热使包装容器封口处熔化而将包装容器封闭的机器，主要用于封闭较厚的包装材料。常用的加热方式有超声波、电磁感应和热辐射等。

（3）缝合式封口机。缝合式封口机是指使用缝线缝合包装容器的机器，多用于麻袋、布袋、编织袋等的封口。缝合式封口机主要由机头、线挑、机头支架、备用支架、输送带、脚踏开关等零部件组成。

2. 裹包机

裹包机是指用薄型挠性包装材料对产品进行全部或局部套包的包装设备的统称，其共同特点是用薄型挠性包装材料（如玻璃纸、塑料膜、黏膜及各类复合膜、拉伸膜、收缩膜等）将一个或多个固态产品进行裹包，广泛用于食品、烟草、药品、日用化工品、音像制品等领域。常用的裹包机包括以下几种。

（1）折叠式裹包机。折叠式裹包机是用挠性包装材料裹包产品，将末端伸出的包装材料按一定的工艺方式进行折叠封闭。折叠式裹包机通常用于对长方体产品的裹包，包装后外观规整，视觉效果好。

（2）接缝式裹包机。接缝式裹包机是用挠性包装材料裹包产品，将末端伸出的包装材料按同面粘接的方式进行加热、加压、封闭、分切。接缝式裹包机通常是不间断地工作，主要应用于各类固定形状物品的单件裹包或多件连续裹包，一般能自动完成制袋、充填、封口、切断和成品排出等工序，是应用最广泛、自动化程度最高、系列品种最齐全的一类包装设备。接缝式裹包机适用于一般块状和筒状规则物品及无规则异形物品等的包装，几乎不限制被包装物的体积和重量。

（3）覆盖式裹包机。覆盖式裹包机用两张挠性包装材料覆盖在产品的两个相对面上，采用热封或黏合的方法进行封口。

（4）缠绕式裹包机。缠绕式裹包机用成卷的挠性包装材料对产品进行多圈缠绕裹包，一般用于单件产品或集装单元产品的裹包包装。

（5）拉伸式裹包机。拉伸式裹包机使用拉伸薄膜，在一定张力下对产品进行裹包。常用于大型货件及托盘单元货件的加固包装。

（6）贴体式裹包机。贴体式裹包机是将产品置于底板上，使覆盖产品的塑料薄片（贴体膜）在加热和抽真空的作用下紧贴产品，并与底板封合的裹包设备。贴体式裹包机可将被包装产品紧紧裹包在贴体膜和底板之间，以此达到防潮、防震的目的，并使包装物品有较强的立体感。贴体式裹包机广泛应用于电子元件、装饰品、玩具等的包装。

（7）热收缩式包装机。热收缩式包装机用热收缩薄膜对产品进行裹包封闭，然后再进行加热，使薄膜收缩后裹紧产品。热收缩式包装机可分为烘箱式、柜式、枪式等。热收缩式包装机常用于啤酒、饮料等瓶装产品以及其他小型产品的集合包装。

3. 装箱机

装箱机是指将无包装产品或小包装产品按一定的方式装入包装箱（纸箱或塑料箱）中的一种包装设备。饮料、酒类等产品在灌装之后一般都需要装箱之后才能运输和流通。

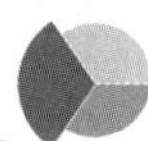

装箱机一般由机械抓手、动力装置和控制装置等组成，能够准确、可靠地将成组产品抓起，然后放入包装箱中。同时根据装箱作业的要求，装箱机一般还具有纸箱成型（或打开）、产品整列、产品计量等功能，有些还具有封箱或捆扎功能。此外，装箱机可单机使用，也可用在自动包装生产线上，完成最后的装箱和封箱作业。

按照装箱产品类型的不同，装箱机可分为瓶类装箱机、盒类装箱机和袋类装箱机；按照产品装入方式的不同，装箱机可分为顶部装入式装箱机和侧面推入式装箱机；按照自动化程度的不同，装箱机可分为自动装箱机和半自动装箱机；按照装箱作业中货物运动形式的不同，装箱机可分为连续式装箱机和间歇式装箱机。其中，连续式装箱机是指在整个装箱过程中，货物一直处于连续运动状态。连续式装箱机可分为水平旋转式装箱机和垂直旋转式装箱机。水平旋转式装箱机主要由同步输送带、同步输箱带、水平环形轨道和垂直升降抓头等组成。垂直旋转式装箱机主要是通过机械运转、气动和电控制，将货物成组、准确可靠地放入包装箱中，减少了电动机启动、停止的次数，减少箱子位置校准时间和缺箱检测时间，所以效率较高，并且噪声低、动作准确、安全可靠。

4. 捆扎机

捆扎机是利用带状或绳状捆扎材料将一个或多个包件紧扎在一起的机器，属于外包装设备。目前我国生产的捆扎机基本上采用塑料带作为捆扎材料，利用热熔搭接的方法使紧贴包件表面的塑料带两端加压黏合，从而达到捆紧包件的目的。

捆扎机在物流过程中应用十分广泛，可起到减少货物体积、加固单元包装件的作用，从而便于货物装卸、运输和储存等。捆扎机的种类很多，按照自动化程度不同，可分为自动式捆扎机、半自动式捆扎机和手动式捆扎机；按照捆扎材料不同，可分为塑料带捆扎机、钢带捆扎机、聚酯带捆扎机和塑料绳捆扎机。目前我国生产的捆扎机大多数采用聚丙烯塑料作为捆扎材料，利用热熔连接的方法使物料带两端加压黏合。

5. 辅助设备

包装设备不仅可以帮助人工完成裹包、封口等主要工序，还可以完成称重、贴标等工序。由于信息技术的广泛应用，相关操作基本能实现自动化运行，例如自动化贴标机就是一种可将成卷的不干胶纸标签（纸质或金属箔）自动粘贴在产品或规定包装上的设备。自动化贴标机使贴标变得容易起来，每小时可以完成几千次甚至是上万次贴标，速度远超人工操作。

四、分拣设备

（一）分拣设备的概念

分拣设备是指按订单或出货单的要求，从仓库中拣出货物，并将其分配到指定位置的设备，包括挡板型自动分拣机、浮出型自动分拣机、倾斜型自动分拣机和滑块型自动分拣机等。在新冠肺炎疫情的影响下，消费者的消费习惯发生了巨大变化，带动了电商、快递等行业快速扩张。而电商和快递行业的井喷式发展，也促使物流业发生变革，对应用于大型分拨中心的自动分拣设备的运行效率、准确率、稳定性、柔性分拣能力等，提出了更高要求。自动化分拣设备的使用可以使物流包装件的分拣流程标准化、规范化、精确化，能够极大地降低产品因运输环节导致的破损。

（二）自动化分拣设备的优点

（1）自动化分拣设备能够实现大批量货物的分拣。自动化分拣过程中最主要的变化就是用机器代替了很多人力劳动，机器的工作受外界环境的干扰较小，而人力劳动总是会受工作环境、工作强度和工作时间等因素的影响。由于机器的工作时间不受限制，可连续不断地工作，所以在自动化分拣过程中，在机器不出故障的情况下，只需要提供极少的人力劳动就可以保证物流分拣工作持续不断地进行，而且分拣的效率也得到极大提高。

（2）自动化分拣设备的使用可以降低分拣误差率。传统的人工分拣作业依靠肉眼辨识信息，人工分拣货物受员工身体素质、工作环境等客观因素影响，同时重复性、高强度的工作很容易让人产生疲劳，会导致分拣出错率增加。但是在自动化分拣过程中，一般都是依靠扫描仪扫描快递包裹上面的条码识别信息，除非条码的印刷本身有差错或扫描仪发生故障，否则不会出错，这样就能极大地降低分拣误差率。

（3）自动化分拣设备的使用可以节省劳动力。物流仓库中快递包裹常常堆积如山，大量的物流工作人员不得不长时间重复着物流分拣的工作。而自动化分拣设备的应用可以在上货扫描、分拣的环节减少人工的配置，最大限度地减少物流工作人员的数量。

（4）自动化分拣设备的使用可以有效地降低运营成本。以上 3 个优点不管是连续性、大批量地分拣货物，降低分拣出错率，还是做到基本无人化，都能从各个方面提高物流分拣的工作效率，降低分拣作业的成本。

五、起重机械设备

（一）起重机械设备的定义及构成

1. 起重机械设备的定义

按照国家标准《物流术语》（GB/T 18354—2021），起重机械是指一种以间歇作业方式对物品进行起升、下降和水平移动的搬运机械。起重机械设备的工作程序是首先吊挂或抓取货物，然后提升到一定高度后，进行一个或数个动作的移运，将货物放到卸载地点，最后返程做下一次动作准备，这称为一个工作循环。其主要作业特点是：作业需要的空间大、技术难度大、通用性差，适用于港口、车站、仓库、物流中心等场所的装卸、搬运作业。

2. 起重机械设备的构成

起重机械设备的构成主要包括：起升机构、运行机构、变幅机构和旋转机构。

（1）起升机构。起升机构是用来实现物料的垂直升降的机构，是任何起重机械设备中不可缺少的部分，因而是最主要、最基本的机构。

（2）运行机构。运行机构是通过起重机或起重小车运行来实现水平搬运物料的机构，有无轨运行和有轨运行之分，按其驱动方式不同分为自行式运行机构和牵引式运行机构两种。

（3）变幅机构。变幅机构是臂架起重机特有的工作机构。变幅机构通过改变臂架的长

度和仰角来改变作业幅度。

（4）旋转机构。旋转机构是使臂架绕着起重机的垂直轴线做回转运动，在环形空间内移动物料的机构。

起重机械设备通过某一机构的单独运动或多机构的组合运动，来达到搬运物料的目的。

（二）起重机械设备的分类

起重机械设备按其构成和性能可分为轻型起重机械设备、桥式起重机械设备、悬臂式起重机械设备、门式起重机械设备。

1. 轻型起重机械设备

轻型起重机械设备的特点是轻便、结构紧凑、操作动作简单，作业范围投影以点、线为主。轻型起重机械设备一般只有一个起升机构，它只能使重物做单一的升降运动。属于这一类的有千斤顶、滑车、手（气、电）动葫芦、绞车等。电动葫芦常配有运行小车与金属构架以扩大作业范围。

2. 桥式起重机械设备

桥式起重机械设备是指桥架两端通过运行装置直接支撑在高架轨道上，取物装置悬挂在可沿桥架运行的起重小车或运行式葫芦上，从而可在长方形场地及其上空作业的起重机械设备。桥式起重机械设备的特点是可以使挂在吊钩或其他取物装置上的重物实现垂直升降或水平运移。桥式起重机械设备包括起升机构和大、小车运行机构。依靠这些机构的配合，可使重物在一定的空间内升降和运移。桥式起重机、龙门起重机、装卸桥、冶金桥式起重机、缆索起重机等都属此类。

3. 悬臂式起重机械设备

悬臂式起重机械设备是指利用臂架的边幅（俯仰）绕垂直轴线回转，以达到升降货物的目的的起重机械设备。常见的形式有固定式、移动式等。固定式悬臂式起重机械设备直接安装在码头或库场的墩座上，只能原地工作。其中有的臂架只能俯仰，不能回转；有的臂架既可以俯仰，又可以回转。移动式悬臂式起重机械设备可沿轨道或在地面上运行，主要包括汽车起重机、轮胎起重机、履带起重机和门座起重机等。其中轮胎起重机和门座起重机在港口用得很普遍。汽车起重机、轮胎起重机、履带起重机又称为自动式起重机。

4. 门式起重机械设备

门式起重机械设备是桥式起重机械设备的一种变形，又叫龙门吊，主要用于货场的装卸作业。门式起重机械设备具有场地利用率高、作业范围大、适应面广、通用性强等特点，在港口货场得到广泛使用。它的金属结构像门形框架，承载主梁下安装两条支脚，可以直接在地面的轨道上运行，主梁两端可以配置外伸悬臂梁。

六、叉车

（一）叉车概述

根据国家标准《物流术语》（GB/T 18354—2021），叉车是指具有各种叉具及属具，能够对物品进行升降和移动以及装卸作业的搬运车辆。国际标准化组织（International Organization for Standardization，ISO）称之为工业车辆。叉车常用于大型物件的运输，通常使用内燃机或者电池提供动力。叉车的使用可以实现装卸、搬运作业机械化，减轻劳动强度，节约大量劳动力，提高工作效率，缩短装卸、搬运、堆码的作业时间，加快物资、车辆周转的速度，很大程度上提高了仓库的利用率，促进库房向多层货架仓库发展，同时减少货物破损，提高了作业的安全程度。叉车是托盘运输、集装箱运输等单元化运输必不可少的设备。目前，叉车已广泛用于工厂、车站、港口、机场、物流中心等，并可进入船舱、车厢、集装箱内进行成件或包装件货物和托盘货物的装卸、搬运、堆码、拆垛、短距离运输等工作。

（二）叉车的类型

1. 按动力装置的不同分类

（1）内燃式叉车。内燃式叉车由内燃机提供动力，采用的燃料有汽油、柴油和液化石油气。特点是动力性和机动性好，适用范围非常广泛。

（2）电动式叉车。电动式叉车由蓄电池提供动力，用直流电机驱动。优点是结构简单，机动灵活，环保性好；缺点是动力持久性差，需要专用的充电设备，行驶速度不高，对路面要求高。电动式叉车主要适用于室内作业。

（3）双动力叉车。双动力叉车是指同时由内燃机和蓄电池提供动力的叉车。

（4）手动液压叉车。手动液压叉车也被称为手动堆高车，是一种高起升装卸和短距离运输的两用车，由于不产生火花和电磁场，特别适用于汽车装卸及车间、仓库、码头、车站、货场等地的易燃易爆和禁火物品的装卸和运输。特点是升降平衡、转动灵活、操作方便。

2. 按叉车的结构特点分类

（1）平衡重式叉车。由于平衡重式叉车的货叉伸到了前轮中心线以外，为了平衡货物质量产生的倾翻力矩，保持叉车的纵向稳定性，车体后部装有平衡重块。该类型叉车的适应性强，是叉车中应用最广的一种。由内燃机提供动力的平衡重式叉车，在内燃机与驱动桥之间装有变速传动装置；而由电动机提供动力的平衡重式叉车则有两套独立的电动机，一套用于行驶，另一套用于驱动油泵，以便为液压系统提供动力。

（2）插腿式叉车。插腿式叉车有两条臂状插腿在车体前方伸出，插腿前端装有小直径的车轮，作业时，将货叉连同插腿一起插入货物底部，然后使货叉起升。被举升的货物由于质心位于两条插腿所包围的底面积之内，因此插腿式叉车的稳定性好。插腿式叉车特别适于在通道窄小的场地或仓库内部进行装卸、搬运和堆码作业。

（3）前移式叉车。按货叉移动的方式不同，前移式叉车可分为门架前移式叉车和货叉前移式叉车两种。前移式叉车是插腿式叉车的一种变形，在其前方也有呈臂状伸出的两条插腿，插腿前端装有支重轮。门架前移式叉车的货叉和门架一起移动。货叉前移式叉车的货叉借助伸缩机构单独前伸，而门架不动，货叉可以在其纵向前后移动，叉货或卸货时，货叉伸出，卸货后或带货移动时，货叉收回到接近车体的中间位置。因此，货叉前移式叉车的行驶稳定性好，但行驶速度较低，主要用于室内作业。

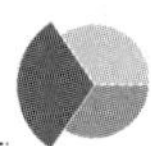

（4）侧叉式叉车。侧叉式叉车的门架和货叉均设在车体的侧面，置于车体中部的U形凹陷处，其货叉不但可以上下移动，而且可以伸缩移动。为平衡侧叉式叉车在起重货物时的倾翻力矩，其侧面还装有两个千斤顶。由于货物是沿叉车纵向放置的，货物质心又位于车轮支承底面之内，因此叉车的行驶稳定性好，车速可达25km/h以上，且驾驶员的视野比平衡重式叉车好。

七、集装单元设备

（一）托盘

1. 托盘的定义和作用

根据国家标准《物流术语》（GB/T 18354—2021），托盘是指在运输、搬运和存储过程中，将物品规整为货物单元时，作为承载面并包括承载面上辅助结构件的装置。托盘是在物流领域中适应装卸机械化而发展起来的一种集装器具，叉车和托盘的共同使用，形成的有效装卸系统大大促进了装卸活动的发展。随着装卸机械水平的大幅度提高，长期以来在运输过程中的装卸瓶颈得以解决。托盘的出现也有效促进了全过程物流水平的提高。

托盘的出现也促进了集装箱和其他集装方式的形成和发展，现在托盘以其简单、方便的优点在集装领域受青睐，已成为和集装箱一样重要的集装方式，两者形成了集装系统的两大支柱。目前，现行国家标准《包装 单元货物尺寸》（GB/T 15233—2008）规定的单元货物的最小平面尺寸为1200mm×1000mm和1100mm×1100mm（长、宽最大偏差为＋40mm）。国家标准《托盘单元化物流系统 通用技术条件》（GB/T 37922—2019）规定适用于托盘单元化物流系统流通的托盘平面尺寸为1200mm×1000mm，货物应正确码放在托盘上，且不超出托盘承载平面。

2. 托盘的特点

托盘和集装箱在许多方面互补，因而在难以利用集装箱的地方可利用托盘，在难以利用托盘的地方可利用集装箱。托盘主要有以下几个特点。

（1）自重量小。用于装卸、运输的托盘本身所消耗的劳动量较小，无效运输及装卸相比集装箱要少。

（2）返空容易。由于托盘造价不高，又很容易互相代用，可互以对方托盘抵补，所以无须像集装箱那样必须有固定归属者，返空比集装箱容易。

（3）装盘容易。装盘时，无须像集装箱那样深入箱体内部，装盘后可采用捆扎、紧包等技术进行处理，使用方式简便。

（4）装载量有限。托盘能集中一定数量，比一般包装的组合量大得多，但装载量较集装箱小。

（5）保护性差。保护性比集装箱差，露天存放困难，采用托盘时需要有仓库等配套设施。

托盘包装在国际贸易中已经使用了很多年，被认为是经济效益较高的运输包装方法之一，不仅可以简化包装、降低成本、使包装可靠、减少损失，而且易机械化，节省人力，实现高层码垛，充分利用空间。

（二）集装箱

1. 集装箱的定义

根据国家标准《物流术语》（GB/T 18354—2021），集装箱是具有足够的强度，可长期反复使用的适于多种运输工具而且容积在 $1m^3$ 以上（含 $1m^3$）的集装单元器具。

2. 集装箱的分类

（1）干货集装箱。干货集装箱的箱体由钢质框架构成，共六组门，两侧部各有两组双开门和一组单开门，钢质门扇通过铰链与门框相连，箱体四角的角件符合ISO要求，便于起吊和运输固定。

（2）散货集装箱。散货集装箱用于装运粉状或粒状货物，如大豆、大米、各种饲料等。在箱顶部设有2～3个装货口，在箱门的下部设有卸货口。使用散货集装箱装运散货，一方面提高了装卸效率，另一方面提高了货运质量，减轻了粉尘对人体和环境的危害。

（3）冷藏集装箱。冷藏集装箱也称冷藏柜，是以运输冷冻食品为主，能保持所定温度的保温集装箱。它是专为运输鱼虾、肉类、新鲜水果、蔬菜等食品而特殊设计的。使用冷藏集装箱时需注意以下事项：柜子的设置要求；是否需要预冷；是否需要做适载检验；通风口开口度数、温度的设置要求；提柜时间；免费箱体使用期；码头免费堆存期。

（4）开顶集装箱。开顶集装箱的特点是箱顶可以自由取下和装上。箱顶有硬顶和软顶两种。硬顶用薄钢板制成，开顶可利用起重机械设备进行作业；软顶一般由帆布、塑料布或涂塑布制成，开顶时只要向一端卷起就可以。这种集装箱适用于装载大型货物和重货，如钢铁、木材等，特别适用于装载玻璃板等易碎的重货。利用吊机从顶部将货物吊入箱内，这种方式不易损坏货物，而且也便于在箱内固定。使用开顶集装箱时应注意以下事项：事先确认货物的重量、尺寸、装卸要求；货主对箱体的要求。

（5）罐式集装箱。罐式集装箱是专为装运液体货物（如酒类、汽油等）而设计的，由罐体和框架两部分组成。罐体用于装载液体，框架用来支撑和固定罐体。罐体的外壁采用保温材料以使罐体隔热，内壁一般要研磨抛光以避免液体残留在壁面。为了降低液体的黏度，罐体下部还设有加热器，可以通过安装在罐体上部的温度计观察其内部温度。为了装卸方便，罐顶设有装货口，罐底设有排货孔。装货时，液体由罐顶部装货口装入，卸货时，液体由罐底排货孔流出，也可用吸管从罐顶部装货口吸出。

（6）汽车集装箱。汽车集装箱是专门装运小型汽车用的，其结构特点是没有侧壁，仅有框架和箱底。为了防止汽车在箱内滑动，箱底专门设有绑扎设备和防滑钢板。大部分汽车集装箱设计成上下两层，可以装载多辆小汽车。

3. 集装箱的装卸方法

（1）垂直装卸法（吊装方式）。在港口，垂直装卸法采用专用集装箱码头前沿配备的集装箱起重机械，进行船舶的集装箱装卸作业，以集装箱跨运车应用最为广泛。车站采用的垂直装卸设备以轨行式龙门起重机为主，配以叉车辅助。动臂起重机、侧面装卸机等也被较多采用。

（2）水平装卸法（滚装方式）。水平装卸法是将集装箱放置在底盘车（挂车）上，由牵引车拖带挂车通过与船艏门、艉门或舷门铰接的跳板，进入船舱，牵引车与挂车脱钩卸

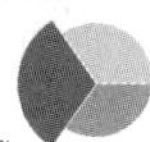

货实现装船。或者将集装箱直接码放在船舱内，船舶到港后，叉车和牵引车驶入船舱，用叉车把集装箱放在挂车上，再用牵引车拖带到码头货场，或者仅用叉车通过跳板装卸集装箱。水平装卸法在港口以挂车和叉车为主要装卸设备；在车站以叉车或平移装卸机为主要装卸设备。

4. 集装箱装卸作业的配套设施

集装箱装卸作业的配套设施有维修设施、清洗设施、动力设施、照明设施、监控设施和管理设施等。

（三）其他集装单元设备

1. 周转箱

周转箱是指用于存放物品，可重复、循环使用的小型集装器具，能耐酸、耐碱、耐油污，无毒无味，可用于盛放食品等，清洁方便，零部件周转便捷，堆放整齐，便于管理。其合理的设计、优良的品质适用于企业级物流中的运输、配送、储存、流通加工等环节。周转箱可与多种物流容器和工位器具配合，用于各类仓库、生产现场等场合。在物流管理越来越被广大企业重视的今天，周转箱可以帮助企业完成物流容器标准的通用化、一体化管理，是生产及流通企业进行现代化物流管理的必备品。

2. 集装袋

集装袋是指以柔性材料制成的可折叠的袋式集装单元器具，又称柔性集装箱，适用于装运大宗散状粉粒状货物。集装袋的出现和使用是粉粒状货物装运方式的一次质的改变。

八、智能仓储系统

（一）智能仓储系统的概念

在信息技术与互联网快速发展的过程中，物联网逐步融入智能仓储系统，应用射频识别技术、全球定位系统、激光扫描器与红外感应器等信息技术与设备，将已经约定的协议作为根据，在物品与互联网之间建立信息交换的桥梁，这样就构建了能够定位、跟踪、调控、监控与识别的智能仓储系统。智能仓储系统可运用软件技术、互联网技术、自动分拣技术、光导技术、射频识别技术、声控技术等先进的科技手段对物品的进出库、储存、分拣、包装、配送等流程进行有效的计划、执行和控制。智能仓储系统主要包括识别系统、搬运系统、储存系统、分拣系统和管理系统。

（二）智能仓储系统的主要技术和设备

1. 射频识别技术（Radio Frequency Identification，RFID）

射频识别技术的基本特点是采用无线电技术对静止或移动的物体进行识别，达到确定待识别物体的身份、提取待识别物体的特征信息（或标识信息）的目的。

2. 自动导引车（Automated Guided Vehicle，AGV）

自动导引车是指在车体上装备有电磁学或光学等导引装置、计算机装置、安全保护装置，能够沿设定的路径自动行驶，具有物品移载功能的搬运车辆。工业应用中不需驾驶员，以可充电的蓄电池为动力来源。一般可通过计算机来控制其行进路线以及行为，或利用电磁轨道来设定其行进路线。

导引方式可分为固定路径导引和自由路径导引。固定路径导引是预先在AGV行驶环境中设计车辆行驶路线，在预定路线上设置固定的牵引媒介物，AGV通过安装在车体上的传感器检测到媒介物信息实现自动行驶。主要的导引方式有电磁导引、磁带导引、光学导引等。自由路径导引和固定路径导引相比，最大的特点就是没有固定轨道，AGV通过定位技术与环境地图匹配识别车辆所在方位，根据环境变化自由选择行驶路径。主要的导引方式有视觉导引、卫星导引、激光导引、惯性导引等。

其中，激光导引叉车式AGV是由两个驱动后轮和两个转向前轮组成的四轮结构，车辆后部要承载较多货物，后轮负荷较大。在车体顶部安装一个激光扫描仪用于进行车辆定位，通过向四周发射光束和接收经反光板反射回来的光束进行计算，从而获取车辆位置信息。在车头前部装有激光防碰装置，该装置通过激光扫描仪探测车辆行驶前方、左方及右方是否有障碍物。激光导引叉车式AGV种类丰富，如宽脚堆高式叉车AGV、托盘叉车式AGV、无脚堆高式叉车AGV等。

3. 托盘码垛机器人

托盘码垛机器人是能将不同外形尺寸的包装货物，整齐、自动地码（或拆）在托盘上的机器人。托盘码垛机器人是机械与计算机程序有机结合的产物。托盘码垛机器人在码垛行业有着相当广泛的应用，大大节省了劳动力，节省了空间。托盘码垛机器人运作灵活精准、快速高效，稳定性高，作业效率高。为充分利用托盘的面积和保持码垛物料的稳定性，托盘码垛机器人安装了物料码垛顺序、排列设定器。根据码垛机构的不同，托盘码垛机器人可以分为多关节型托盘码垛机器人和直角坐标型托盘码垛机器人；根据抓具形式的不同，托盘码垛机器人可以分为侧夹型托盘码垛机器人、底拖型托盘码垛机器人和真空吸盘型托盘码垛机器人。

4. 仓库管理系统（Warehouse Management System，WMS）

仓库管理系统是对物品入库、出库、盘点及其他相关仓库作业，仓储设施与设备，库区库位等实施全面管理的计算机信息系统。仓库管理系统是通过入库业务、出库业务、仓库调拨、库存调拨和虚仓管理等功能，对批次管理、物料对应、库存盘点、质检管理、虚仓管理和即时库存管理等功能综合运用的信息化管理系统。WMS可以有效控制并跟踪仓库业务的物流和成本管理全过程，实现完善的仓储信息管理。该系统既可以独立执行物流仓储操作，也可以实现物流仓储与企业运营、生产、采购、销售的智能化集成。

5. 仓库控制系统（Warehouse Control System，WCS）

仓库控制系统是位于仓库管理系统与物流设备之间的中间层，负责协调、调度底层的各种物流设备，使底层物流设备可以执行仓库管理系统的业务流程，并且这个过程完全是按照预先设定的流程执行，它是保证整个智能仓储系统正常运转的核心系统。

（三）自动化分拣技术

1. 机械臂技术

机械臂是最早出现的工业机器人，也是最早出现的现代机器人，它可以实现生产的机

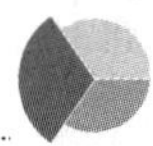

械化和自动化，能在有害环境下操作以保护人身安全，因而广泛应用于机械制造、冶金、电子、轻工和原子能等领域。机械臂分拣在物流领域有广泛的应用，主要用于快速分拣、快速拆垛和码垛等作业场景。

2. 视觉识别技术

拥有自动高效等优势的智能技术正成为快递企业关注的热点，而有一项技术使得机器人在快递界能够大展拳脚，这就是视觉识别技术。该项技术主要包括自动化的色码扫描技术、自动化数量检测技术、自动化形状识别技术。以申通的快递机器人（“小橙人”）为例，这些装备着托盘的小机器人在地面上有序穿行，将一件件包裹运送到指定位置，完成分拣。“小橙人”主要针对长不超过 60cm，宽不超过 50cm，重量在 5kg 以下的包裹，可扫码、称重、分拣，能实现快递面单信息识别，并根据机器人调度系统的指令，基于二维码和惯性导航，以最优的路线投递，1 秒内即可完成扫码，没电了可自动充电，充电 5min 即可运行 4h。“小橙人”运行速度可达 3m/s，每小时可完成 20000 件包裹的分拣，同时可实现 24h 不间断分拣。

相同类型的自动分拣机器人还有阿里仓库的 Geek＋分拣机器人、亚马逊的仓储机器人 Kiva、苏宁物流的大型 AGV 机器人等。

3. 穿梭车技术

穿梭车技术让仓储物流技术真正进入了高柔性自动化时代，实现了软件与硬件的结合。穿梭车的特点在于，它打破了一个巷道内只能有一台堆垛机作业的限制，实现了多台穿梭车分层作业的柔性解决方案。随着穿梭车技术的发展，四向穿梭车技术成为主流。“四向”指的是穿梭车可以自主完成“前后左右”的运行。四向穿梭车配备两套轮系，分别完成 X 方向和 Y 方向的运动，既可以实现在巷道内的出入库作业，又可以完成在同一层的不同巷道的切换。在垂直方向（Z 方向），四向穿梭车可通过与换层提升机的灵活配合，实现在立体三维空间内任意货位进行储存和拣选。

4. 语音自动化分拣线技术

语音自动化分拣线是一种国际先进的物流技术，它是将任务指令通过语音引擎 TTS（Text to Speech，文本—语音转换）转化为语音播报给操作人员，然后操作人员进行语音确认并根据要求取货。语音自动化分拣线具有差错率低、效率高、培训成本低、适应性强等优点。配有语音功能的设备不仅能完成分拣作业，也能胜任其他仓储作业，包括收货、补货、运输和装货。这不仅节省了购买控制这些额外操作的技术系统的支出，而且降低了生产成本。

智能仓储系统能够动态读取 RFID 标签信息，充分利用图表等形式显示读取状态，并对异动数据进行提示告警，对物品生命周期状态实现智能化和可视化管理，从而实现仓库管理的无纸化办公，促进仓储业降本增效。目前，智能仓储系统还有很多功能仍需要不断完善，但随着信息技术的不断进步及企业对智能仓储系统认可度的不断提升，智能仓储系统必将得到更加广泛的认可和应用。

第四节　案例分析及实习实训指导

案例分析

中国现代仓储技术装备行业发展基本情况

1. 自动仓储系统逆势增长，智能化加速

受新冠肺炎疫情影响，2020 年国内自动化仓储领域顶住压力、稳中求进，集中凸显了产业社会价值和经济价值。受疫情影响，很多行业不景气，但自动化与智能化仓储物流市场需求反而获得快速增长。制造与流通行业在仓储物流无人化、智能化升级方面的需求更为迫切，行业地位的重要程度和社会价值也获得较大提升，国内自动化仓储物流行业的客户成熟度进一步提高。在竞争较为激烈的烟草、酒水、医药、快递、电商、能源、石化等行业，客户更注重项目的投资风险及项目实施风险的防控，整体解决方案与供应商选择方面更加偏向于综合实力较强的大型系统集成商。推动行业发展的头部企业大部分在 2020 年实现业绩的稳定增长。

从竞争态势角度看，国内供应商在中国市场上面对来自国外竞争者的压力有所减小，国内企业上市、融资、合并等资本热度越来越高，进而国内供应商之间的竞争压力越来越大。有竞争就有合作，部分国内企业也出现合作的趋势，同行供应商之间展开合作的案例开始增加，反映出行业的供应商哪怕是竞争对手，也可以通过发挥各自的优势，寻找合作空间，实现合作共赢。

鉴于国内物流自动化系统供应商集中度很小，与国外供应商在体量上差距仍然较大，通过合作共赢、投资兼并可以实现企业规模快速扩张，这也意味着国内供应商在技术或市场规模方面仍然具有较大的提升空间。

从技术与产品创新角度观察，人工智能技术在物流业应用越来越广泛，使仓储行业进入前所未有的智能化阶段，为智能数据分析、智能仓位/路径分配、AMR/AGV 智能调度、3D 视觉智能识别、机械臂非标拆码垛等各类系统提供了智能基础。

5G 技术为仓储系统中的各类数据流提供了一条革命性的高速通道。2020 年 5G 技术在自动仓储系统中主要用于柔性自动化设备（AGV、环行 RGV、密集库子母车、四向车等）通信，站台、扫描枪、电子标签等之间的服务器通信，以及云服务基础下的仓储信息流通信。

此外，数字孪生、软件定义物流等新技术理念也开始在自动仓储系统流行。

2. 自动分拣设备需求增长迅猛，竞争态势加剧

2020 年我国的自动分拣设备市场继续保持着高速增长态势。据相关资料统计，2020 年我国自动化分拣设备市场规模约 213.5 亿元，年均增长率约为 29%。

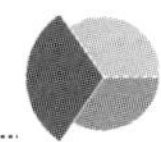

2020年，为应对快递业务量的快速攀升，各大快递企业积极提升运转中心效率及末端网络自动化率。作为自动化物流市场的核心模块，自动分拣设备的市场需求空间巨大，装备制造厂家也都开足产能，全力配合。

目前，市场上主流的自动分拣解决方案主要有交叉带式、摆臂式、摆轮式、翻盘式、滑块式及新兴的AGV式自动分拣解决方案，各种自动分拣解决方案根据其布局、参数等特性适用于不同场景。2020年，自动分拣产品技术朝着智能化、无人化方向发展，各企业均积极推动科技创新，加快产品优化和设备迭代，相继开发出快递包裹高速集散的单件分离系统、大件摆轮柔性分拣技术、交叉带自动供包/集包系统、六面扫技术等。

3. 叉车行业全年销量再创历史新高

继2019年我国机动工业车辆销量突破60万台后，2020年销售量再创历史新高。尽管开年受到新冠肺炎疫情的影响，但随着疫情防控工作的有效推进，各行业复工复产、发展步入正轨，我国机动工业车辆继续保持高增长趋势，2020年全年销售量突破80万台大关。统计数据表明，2020年中国叉车市场销售量已经占亚洲销售量的77.04%，比2019年增长了6.45个百分点；占全世界销售量的39.18%，比2019年增长了8.58个百分点，继续位列世界第一，且占比持续提升。

2020年叉车行业整体呈现一些新的特点。一是在总销售量中，内燃式叉车在世界总销售量的占比继续下降，2020年国内市场内燃式叉车占比为55%。二是电动步行式仓储叉车在总销售量和电动叉车中的比重继续提高，四季度的单月销量已经超过内燃式叉车，成为机动工业车辆销量第一的车型。三是新能源锂电池叉车2020年销售量为161254台，比上年同期上升了115.76%；新能源锂电池叉车销售量占电动叉车总销量的比例为39.31%。这显示出电动叉车，尤其是新能源叉车的市场接受度越来越高。四是竞争力优势愈加重要，仅靠单一优势已不足以支撑，需要整个产业链的配合与提升。五是新技术、新应用眼花缭乱，需要贴近用户的设计和积极的市场应变能力。六是围绕细分市场，客户定制的车型也呈现增长的态势。七是中国市场具有自身特色，不同于其他任何一个国家和市场，进行适应与调整尤为重要。

4. 托盘行业保持高增长，实现新发展

2020年，托盘行业整体逆势发展，全年呈上升趋势。托盘年产量、保有量逐年提升；带托运输、循环共用快速发展；新材料、新产品、新技术、新设备等不断涌现。托盘应用市场范围逐步扩大，在整个供应链中的地位得到逐步提升。

据中物联托盘委分析，2020年我国托盘年产量约为3.4亿片，同比增长13.3%；托盘市场保有量达到15.5亿片，同比增长6.9%；循环共用托盘池规模超过2800万片，同比增长12.0%。

托盘品类结构方面，2020年木托盘产量逐渐降低，塑料托盘产量逐年提升。木托盘产量和塑料托盘产量占托盘总产量的80%左右，还有部分纸托盘、金属托盘、新材料托盘等。

5. 货架行业增长创近年新高，集中度继续提升

2020年中国货架市场全年实现了正增长。据专家估计，2020年货架市场规模比2019年至少增长15%，属于发展大年，展现出顽强的适应性。

作为货架领域的重头之一，电商类货架在2019年触底后，于2020年强势反弹，属于

危中寻机的典型。自动化高位货架继续保持高速发展态势，且规模体量有逐渐增大的趋势，属于绝对的市场主流。传统的横梁式、搁板式货架，仍然得到了很好发展，其适应性强，是非自动化的最优选择之一。

在密集式货架领域，传统穿梭车货架发展不温不火，但与穿梭车配合的高位自动化仓库却不断涌现，高位四向车货架、堆垛机搭配穿梭车的项目陆续实施。穿梭车的一个重要发展方向，将是作为一种存取手段应用在自动化仓库货架之中，与传统自动化高层货架的界限会越来越模糊。

分地区看，越是发达的地区，对仓储货架的需求就越旺盛。多年来，长三角、珠三角是国内货架需求最旺盛的地区，且处于遥遥领先的地位。分行业需求看，各行各业几乎都有更好的发展，其中受新冠肺炎疫情影响，仓储货架在医药、化工和商业物流领域发展迅猛，其强势的行业地位得到进一步强化。此外，服装纺织、机械制造及食品饮料等行业等对货架的需求，也呈现较大增长态势。

2020年虽然货架市场整体规模有不小的增长，但也存在着项目集中度增强的趋势。2020年货架市场价格战的激烈程度，与2019年相比也未有明显减弱。

6. 移动机器人需求增速明显，技术融合加快

2020年上半年受新冠肺炎疫情影响，市场对移动机器人的需求大幅减少，甚至几乎停滞，业内企业面临着市场竞争加剧、工程验收延期、回款周期变长等一系列问题的挑战，不少企业的海外项目实施也受到了阻碍。但随着我国迅速控制了疫情，下半年移动机器人市场很快就恢复了增长态势，无论是业务需求还是工程部署都迅速增加，传统行业和新兴行业在这方面都实现了快速反弹，释放了因疫情而积压的需求。

根据中国移动机器人产业联盟、新战略移动机器人产业研究所的调研，2020年度中国市场新增工业应用移动机器人达41000台，较2019年增长25.7%，市场销售额达76.8亿元，同比增长24.4%。由此可见，2020年国内移动机器人行业尽管受到了疫情影响，但是仍保持了较好的整体增长态势。

一般地，资本关注哪里，未来趋势就在哪里。2020年移动机器人行业共发生20多起投融资活动，从投融资轮次来看，移动机器人领域投融资主要集中在A轮、B轮，进入C轮、D轮的企业只有凯乐士、极智嘉和快仓等。2020年，移动机器人市场热度攀升，工业应用市场稳中求进，商用应用领域推广加速。可见移动机器人技术与人工智能、移动互联网、大数据等技术加速融合，并创造出新的技术、产品和应用模式。

审视整个移动机器人产业的发展过程，可以认为从2015年到2019年是行业野蛮生长的高速发展期，而2020年由业内企业共同制定的行业标准，将引导行业逐步进入一个以规则和理性为基础的健康发展格局之中。

（资料来源：中国邮政报）

案例思考题

1. 试分析现代仓储技术装备行业发展的特点和未来的发展趋势。

2. 2020年新冠肺炎疫情防控期间，仓储设备为什么会逆势发展？

实习实训

一、实训名称：仓储设施设备的认知和仓储管理的软件操作技能。

二、实训目的

本次实训的目的是让学生全面了解仓储设施设备的构成以及仓储的基本作业流程。

三、实训操作指导

（1）以分组形式带领学生认知并操作仓储设施设备及相关软件。要求学生5～6人为一组，并选出小组组长。指导教师通过软件操作进行物品的入库、存储、出库作业演示，并带领学生进行托盘式货架、手持终端设备的操作与应用，使学生初步了解和熟悉仓储设施设备的功能、使用方法，让学生熟悉自动化立体仓库的构造和物品的出入库作业流程。

（2）以小组的方式进行角色扮演。对小组成员进行角色分工，要求每位学生利用计算机完成不同角色的入库、出库及库内作业的操作，使学生掌握每个角色的职责、任务以及业务操作规范。要求各组长积极配合教师，并组织学生进行实操练习，确保现场纪律。

四、实训考评

实训考评表如表2-1所示。

表2-1　　**实训考评表**

考评人		被考评人	
考评地点			
考评内容		分值（分）	得分（分）
账物卡相符；不影响正常生产、销售；入库、出库物品型号、规格、数量准确无误，单据齐全		40	
物品储存、防护措施正确；物品摆放整齐有序，通道通畅，库容整洁		40	
服从领导，服从调动，工作认真		20	
合计		100	

练习题

一、名词解释

1. 仓库　2. 自动化立体仓库　3. 托盘式货架　4. 集装箱

二、单项选择题

1. 适用于存放长条形材料的货架是（　　）。

A. 悬臂式货架　　B. 托盘式货架　　C. 重力式货架　　D. 层架

2. AGV代表（　　）。

A. 叉车　　B. 输送机　　C. 起重机　　D. 自动导引车

3. 不能保证货物先进先出的货架是（　　）。

A. 重力式货架　　B. 移动式货架　　C. 托盘式货架　　D. 驶入式货架

4. （　　）自动化立体仓库主要用于水果的储存，要求有较高的湿度。

A. 恒温仓库　　B. 冷藏　　C. 冷冻　　D. 速冻

5. （　　）用于存放体积比较大、价格比较低的货物。

A. 露天仓库　　B. 普通仓库　　C. 恒温仓库　　D. 特种仓库

6. 苫盖的方法主要有（　　）、鱼鳞式苫盖法和活动棚苫盖法。

A. 整体苫盖法　　B. 就垛苫盖法　　C. 局部苫盖法　　D. 选择苫盖法

三、填空题

1. 常用的垫垛方法主要有（　　）、（　　）、（　　）三种。

2. 苫盖的方法主要有（　　）、（　　）、（　　）三种。

3. 包装过程包括（　　）、（　　）、（　　）等主要工序，以及与其相关的前后工序。

4. 按货架的适用性分为（　　）和（　　）货架。

5. 集装箱装卸方法主要有（　　）和（　　）两种。

四、简答题

1. 简述仓库的功能。

2. 简述仓库的分类。

3. 简述包装设备的作用。

4. 简述托盘式货架的特点及用途。

5. 简述智能仓储系统涉及的主要技术。

第三章　仓储规划

知识目标

1. 了解仓储规划的原则。
2. 掌握仓储规划的步骤。
3. 熟悉仓库选址应考虑的因素。
4. 掌握仓库布局的方法。
5. 了解货位编号与布局。

能力目标

1. 具备仓库选址方法的应用能力。
2. 具备仓库布局设计能力。
3. 能够对货位进行编号。

导入案例

仓储规划设计

仓储规划设计包括库址选择、库内整体布局、库内储存空间布局、作业流程规划等，它是物流规划中的一个重要模块。在决定作业效率的高低、能否实现便利性和数据准确性两全、货物保管质量好坏、未来能实现什么功能等诸多方面，它都起到基础性的作用。

一、数据的处理和分析

这里的数据包括与仓库建筑本身相关的信息，以及货架、货品等的具体信息，具体包括以下几个方面。与仓库建筑本身相关的信息，如库房的净高，库区内面积的大小，支撑柱子的数量，每一跨度的宽度等；作业所使用到的工具，如是否用托盘，托盘的尺寸，是否用叉车或夹抱机，机器的长度、宽度、转弯半径是多少等；使用平面仓，货架仓，还是立体仓；出入库车辆的大小，出入库库门数量，站台数量等；货品的分类，各品类的包装尺寸大小，堆码的层数，是否严格先进先出，是否拆零出库等。

对以上收集到的数据进行处理和分析，并对结果数据进行图表格式化，将数据以直观的方式呈现出来。其目的在于能够更好地与上级和相关部门进行交流，其他部门对你库内具体有多少台叉车、多少货物根本不在意，图表的方式更有利于你与他们的沟通，能更好地展现你的设想。

二、讨论未来策略的目标

比如说你的生产规模从原来的 20 亿增长到 100 亿，这种变化是一个什么趋势？比如说原来的平均产量是这么多，可能在未来的某一个时间，峰值突然被拉得非常高，这都是不可预测的。再比如现在的库存周转天数是 80 天，未来可能是 20 天。但是怎样到 20 天呢？怎样变？往哪个方向变化？这些都值得考虑。

当然这个步骤应该越细化越好，包括最小存货单位之间的变化，哪些产品未来可能卖得好，哪些产品未来可能下去了。原来可能是一百个装一瓶，未来可能是一个装一瓶，这样品相的变化，上面的人不知道，下面人也不知道，这是比较麻烦的。没有人专门探讨这些东西，往往只知道现在是什么样，可能现在很多人还不知道现在是什么样的。

三、系统需求分析

每一天的变化是什么样的趋势，这块基本上根据现状分析，另外也会根据未来发展状况做出调整。在得到一个现状的模型之后，将现状和未来进行叠加，可能现在是在 20 亿规模的基础上得到的一个模型，每天的出货量，每个区域有多大的容量，要处理多大的量，后面规模发展到 100 亿，再得出未来的一个模型。

仓储业务作为一个整体，每一个步骤都是构成这个整体系统的一部分，对这些要素合理地整合优化才能达到最终理想的状态。如库存的优化离不开合理的库位规划、及时的订单出库、空间的有效利用，以及通道的合理布局等因素。

四、规划设计

得到一个数据之后，怎样操控这个数据，要看规划人的能力。在这一步，每个人的想法会有非常大的差别。

设计一个什么样的趋势，才能做到在这种有限的自动化下面，实现一个比较好的，能够达到满足效率的、满足需求的方案呢，这个是考验设计人员的一个比较重要的问题。

五、方案的评估选择

根据预设的评估标准，对不同的规划设计方案进行定量及定性的综合分析，选择一个最优的可行方案。

六、细步设计

企业应组织人力对库房的物品进行盘点和识别，将已经过期、失效、变质或者是已经退出市场且无法借用的物品进行整理，并清理出库房。另外，将汽油、油漆等危险品清理出库房，并按安全管理要求进行单独管理。

1. 对物品进行分类

建立分类标准和规则。根据物品的属性，如材料理化性质（如耐高温、不耐高温）、材质（金属、塑料、橡胶等）、来源（北京、天津、上海等）、地区（华东、华北、华南、西南、西北等）、物品状态（原材料、外协件、在制品、成品等）等建立分类标准和规则。

2. 按照标准实施分类

对留在库房的物品进行登记造册，并选择一种或者几种分类标准，对物品实施分类。

3. 库房区域划分

库房区域的划分主要是要确定区域的功能、区域的面积、区域的空间高度、区域的位置、过道的数量/分布/宽度等。

库房区域划分应遵循避免重复投资建设、物流同一方向、不同物品放置于不同区域、便于保管和储存、最大限度地利用空间、方便物流人员的作业、先进先出等原则。

库房区域规划设计应根据物品体积、安全库存量，计算各种类别物品需求面积和空间的大小，再按一定的比例绘制区域规划平面图，该平面图应显示每种物品的储存位置和占用面积。

4. 物品储存货位设计

明确具体什么物品应该放在什么位置（如第几架第几层），对物品进行定置、定量、定容管理。一般情况下，将质量大、体积大的物品放置在较低的货架上，将使用频率高的物品放在距离出口较近的地方。

5. 库房规划评审

库房规划完成后需要召集配送、库管、捡货等相关人员对规划进行评审，各自站在本岗位立场评审其合理性。然后根据评审意见修改方案，直至评审通过。之后，则按库房规划方案对物品进行归置。

6. 可视化管理设计

可视化管理设计包括区域标识、仓位标识、平面布局标识、物流路线标识等的设计。

7. 仓库管理规则设计

七、方案执行

执行规划设计方案。

（资料来源：物流时代周刊）

第一节　仓储规划概述

一、仓储规划的概念

仓储规划是指在进行仓储活动之前，对仓储模式、仓储设施、储存空间、信息管理系统等进行决策及设计。仓储规划的内容包含仓库选址、仓库规模设计、仓库布局设计、货位编号与布局等方面。仓储规划是物流规划中的一个重要模块，在诸多方面都起着基础性的作用。

仓储规划的目的是提高仓库利用率、合理进行人员分配，进而减少仓储费用。

二、仓储规划的原则

一个好的仓储规划方案的标准是以尽可能低的成本来实现货物在仓库内快速、准确地流动。这个目标的实现要融合物流技术、信息技术、成本控制和仓库的组织结构的一体化策略。

（一）系统简化原则

要根据物流标准化做好包装和物流容器的标准化，把粮食、饮料、食盐、饲料等散装货物和外形不规则货物组成标准的储运集装单元，实现集装单元与运输车辆的载重量、有效空间尺寸的配合，集装单元与装卸设备的配合，集装单元与仓储设施的配合。这样做会有利于仓储系统中的各个环节的协调配合，提高通用性，减少搬运作业时间，减少物品的丢失、损坏，从而节约费用，同时也简化了装卸搬运子系统，降低系统的操作和维护成本，提高系统的可靠性，提高仓储作业的效率。

（二）平面设计原则

如无特殊要求，仓储系统中的物流都应在同一平面上实现，从而减少不必要的安全防护措施，减少利用率和作业效率低及能源消耗较大的起重机械设备的使用，提高仓储系统的运作效率。

（三）物流和信息流的分离原则

现代物流是在计算机网络支持下的物流，物流和信息流的结合解决了物流流向的控制问题，提高了仓储系统作业的准确率，从而提高了仓储系统作业效率。如果不能实现物流和信息流的尽早分离，就要求在仓储系统的每个分、合节点均设置相应的物流信息识读装置，这势必增加冗余度，增加仓储系统的成本；如果能实现物流和信息流的尽早分离，将所需信息一次识别出来，再通过计算机网络传到各个节点，即可降低仓储系统的成本。

（四）柔性化原则

仓库的建设和仓储设备的购置需要大量的资金。为了保证仓储系统高效工作，需要配置针对性较强的设备，而社会环境的变化，又有可能使仓储货物品种、规格和经营规模发生改变。因此，在规划时，要注意机械和机械化系统的柔性及仓库扩大经营规模的可能性。

（五）物料处理次数最少原则

不管是以人工方式还是以自动方式，每一次物料处理都需要花费一定的时间和费用，通过复合操作，或者减少不必要的移动，或者引入能同时完成多个操作的设备，就可减少处理次数。

（六）最短移动距离原则

移动距离越短，所需的时间和费用就越低；避免物流线路交叉即可解决交叉物流的控制问题和物料等待的时间问题，保持物流的畅通。

（七）投资成本与系统效益原则

在建设仓库和选择仓储设备时，必须考虑投资成本和系统效益原则。在满足作业需求

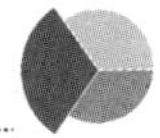

的条件下，尽量降低投资成本。

三、仓储规划的步骤

在传统的项目规划设计方法的基础上，结合现代物流中仓储系统的特点，并参考国内外的研究成果，仓储规划的步骤分为准备及调研、总体规划、详细规划和规划实施。

1. 准备及调研

首先必须明确仓储规划的目标，以利于针对性地收集资料和分析仓储规划需求，并确定规划设计的限制条件。组织调研团队深入调研当地经济、物流业发展现状及存在的主要问题，预测未来发展趋势。

2. 总体规划

总体规划主要包括仓储的功能、设施及设备的规划，区域平面布置和信息系统规划，作业流程规划，仓储建筑及内部结构规划，布局规划，方案评价。

3. 详细规划

对经过评估选定的总体规划方案进行详细规划。若局部调整难以满足规划设计需求，应回到总体规划，调整仓储区域平面布置。完成平面布置（区域及内部）的详细规划之后，进行组织机构、人力分配、作业布局等的详细规划，并进行投资成本分析与评估、风险分析与评估。

4. 规划实施

完成各项成本及收益评估分析后，如果决定建设仓储系统，即可进入规划实施阶段，在试运行流程中，可根据仓储系统的运营情况对规划方案进行必要的改进和完善。

第二节 仓库选址

仓库选址是指运用科学的方法决定仓库的地理位置，便于与企业的整体经营运作系统有机结合，以便有效、经济地达到企业经营目的的决策过程。合理的选址方案应该使商品经过汇集、中转、分发，最终到达需求点的全过程效益最好。因为仓库的设施设备及技术投资太大，所以选址要慎重，如果选址不当，损失不可弥补。

仓库选址包括两个层次的问题：第一个层次是选位，即选择什么地区（区域）设置仓库，沿海还是内陆，南方还是北方等；第二个层次是定址，地区选定以后，需要确定具体在该地区的什么位置设置仓库，也就是说，在已选定的地区内选定一片土地作为仓库的具体位置。仓库选址还包括这样两类情况：一是选择一个单一的仓库位置；二是选择多个仓库的位置。

对企业来说，仓库选址的重要性显而易见。仓库选址对企业的采购成本、服务成本、服务质量都有极大的影响，一旦选择不当，它带来的问题是无法通过对已建成的仓库采取补救措施所能弥补的。因此，在进行仓库选址时，必须充分考虑多方面因素的影响，慎重决策。

一、仓库选址的原则

仓库的最优选址与该仓库所属企业的类型有着密切的关系。附属于工业企业的仓库其选址主要是为了追求成本最小化；而附属于物流企业的仓库一般都追求利益最大化或服务水平的最优化。大量的成功案例表明，在选址问题上，定性分析与定量分析相结合是有效的选址方法。其中，定性分析是定量分析的前提和归宿。

在仓库选址的定性分析中，主要以以下选址原则为基础。

（一）费用原则

经济利益对于任何类型的仓库都是必要的。建设初期的固定费用及投入运行后的变动费用都与选址有关。因此，仓库选址的原则之一是费用最小化、综合物流成本最低化。

（二）接近用户原则

对于服务业，几乎无一例外都要遵循这一原则，许多企业将仓库建设到服务区附近，以降低运费，提高对用户需求的反应速度。

（三）长远发展原则

仓库选址是一项带有战略性的经营管理活动，因此要有战略意识。选址工作要考虑企业服务对象的分布状况及未来的发展，要考虑未来市场的开拓，特别是区域经济的发展。

（四）适应性原则

仓库的选址要与国家及地区的产业导向、产业发展战略相适应，与国家的资源分布和需求分布相适应，与国民经济及社会发展相适应。

（五）可行性原则

仓库选址要充分考虑建设的可行性，在兼顾以上四条原则的同时考虑最终的可操作性。同时，要建立在现有的生产发展水平上，要考虑实际的需要，使规划能够最终实现既定目标。

二、仓库选址应考虑的主要因素

（一）物品因素

储存物品的特性不仅直接影响仓库的形态，而且与仓库地点的选择有极大的关系。例如，主要用于储存大宗物品，进行进出口业务的仓库，其选址应在港口边，这样不仅能利用廉价的水运资源，又可直接配合散装船的装卸，缩短作业的时间。

（二）经济因素

1. 宏观经济政策

在进行选址决策时，要充分考虑当地政府的政策法规等因素，仓库规划建设必须与国

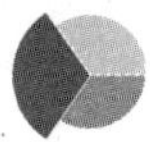

家的经济发展方针、政策相适应。例如，有些地区的政府为促进当地经济发展，对物流业采取比较积极的态度，鼓励在特定区域进行仓库的建设，并在税收、土地、资金等方面提供比较优惠的政策。

2. 建设和运营成本

在进行选址决策时，成本的核算也是非常重要的一项。仓库的建设和运营成本不仅包括建筑及购置设备的成本，还包括土地成本、运输成本、人工成本、原材料成本等。

（1）建筑及购置设备的成本。不同的仓库其建筑物的结构、建筑物的大小、建筑物使用的材料、仓库内配备的设备不同，花费的成本就不同。

（2）土地成本。不同的仓库选址方案，对土地的征用位置、征用大小等方面的要求是不同的，从而导致不同的成本开支。仓库选址过程中，应避免占用农业用地和环保用地。仓库的选址还要为将来仓库的发展留出空间。

（3）运输成本。合理选址要考虑运输成本，做到运输距离最短，尽量减少运输过程的中间环节，将运输成本降到最低。

（4）人工成本。仓库作业活动需要大量具有各种技能和素质的人才。技术密集型的仓库对人才素质要求较高，数量相对较少；劳动密集型的仓库对人才素质要求相对较低，但数量要求较多。不同地区的各种素质人才分布不平衡，同时不同地区的劳资水平也不同，因此人工成本是仓库选址决策中必须考虑的问题之一。

（5）原材料成本。企业对原材料供应的要求一般都比较严格，将仓库地址定位在原材料产地附近，不仅能够保证原材料的安全供应，而且能够降低运输费用，减少时间差，获得较低的采购价格。

（三）时间因素

建设仓库，既要考虑能使为之服务的供应链的成本最小，又要考虑能对顾客的需求做出有效的反应。因此，需要考虑货物运送到顾客手中的时间限制。

（四）其他因素

1. 地理因素

（1）地质条件。仓库应建在地质坚实、干燥、平坦的地方，其地基应具有较高的承载力。仓库必须避免建在有不良地质现象或地质构造不稳定的地段。

（2）水文及水文地质条件。在沿江河地区建设仓库时，要调查和掌握有关的水文资料，特别是汛期洪水最高水位等情况，防止洪水侵害。同时要根据水文地质条件考虑地下水位的情况，水位过高的地方不宜建设仓库，另外，还要考虑排水情况。

（3）气候条件。仓库的选址还应考虑当地的自然气候条件，如空气的湿度、盐分、降雨量、风向、风力等。

2. 配套设施

（1）交通运输条件。仓库的地点应具有良好的交通运输条件，最好靠近水、陆、空交通运输线，大型仓库还应考虑铺设铁路专用线或建设专用水运码头。道路的顺畅、平稳可降低仓库的运作成本，同时有助于吸引更多的客户。

（2）水电供应条件。仓库应选择靠近水源、电源的地方（尽量靠近工业用电线路），以保证方便和可靠的水电供应。仓库内的水源主要供生活和消防用水，因此要了解和掌握仓库供水系统及周围用水单位的情况，调查用水高峰期消防用水的保障程度，以防紧急情况下供水不足。例如，某棉纺公司原计划在A地建设仓库，后来经过调查发现A地每天6：30—8：30、17：00—19：00由于供水沿线的用水总需求量非常大，水压无法达到消防要求，公司最终放弃在A地建设仓库。

（3）其他配套设施。其他配套设施，如通信、能源等方面的基础设施越完善，对仓库的选址越有利。

3. 环境安全

仓库选址要考虑安全条件。仓库应与周围其他单位、居民区保持一定的安全距离。为方便消防，周围建筑物和道路必须保证交通通畅。另外，还要分析相邻单位的生产性质与排污状况，以避免储存物品遭到不必要的侵蚀和污染。

三、仓库选址的流程

仓库选址流程如图3-1所示。

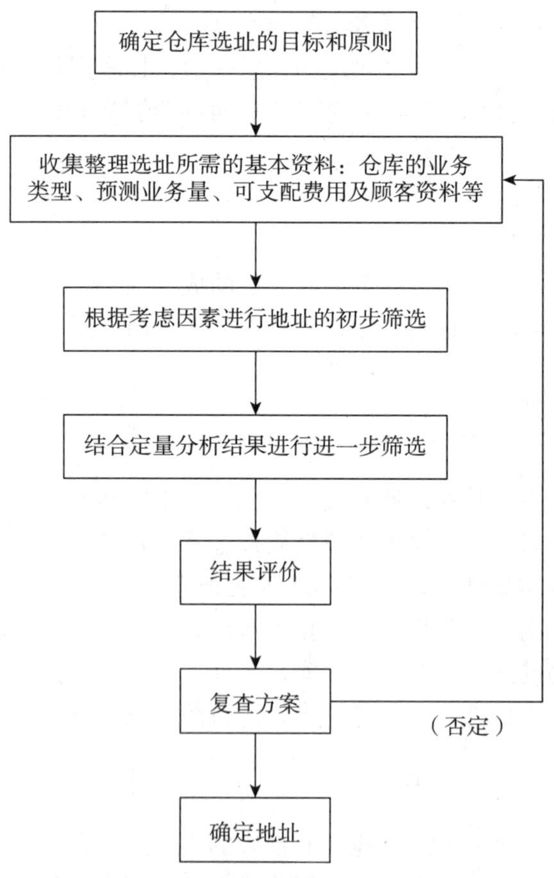

图3-1　仓库选址流程

（一）确定仓库选址的目标和原则

利用选址约束条件分析选址时，首先要明确建立仓库的必要性、目的和意义，确定仓库选址的目标和原则；然后根据物流系统的现状进行分析，制订物流系统的基本计划，确定所需要了解的基本条件，以便大大缩小选址的范围。

（二）收集整理选址所需的基本资料

选择地址的方法，一般是通过成本计算，也就是将运输费用、配送费用及物流设施费用模型化，采用约束条件及目标函数建立数学公式，从中寻求费用最小的方案。但是，使用这种选择地址的方法寻求最优的选址解时，必须对业务量和生产成本进行正确的分析和判断。因此，需要收集整理选址所需的基本资料，包括仓库的业务类型、预测业务量、可支配费用及顾客资料等。

（三）根据考虑因素进行地址的初步筛选

在对所取得的基本资料进行充分的整理和分析，考虑各种因素的影响并对需求进行预测后，就可以初步确定选址范围，即确定初始候选地点。

（四）结合定量分析结果进行进一步筛选

针对不同情况应选用不同的模型进行计算。如对多个仓库进行选址时，可采用奎汉-哈姆勃兹模型、鲍摩-瓦尔夫模型等；对单一仓库进行选址时，可采用精确重心法等。

（五）结果评价

结合市场适应性、购置土地条件、服务质量等条件对计算所得结果进行评价，看其是否具有现实意义及可行性。

（六）复查方案

分析其他影响因素对计算结果的相对影响程度，分别赋予它们一定的权重，采用加权评分法对计算结果进行复查。如果复查通过，则原计算结果即为最终结果；如果复查发现原计算结果不适用，则返回第二步，直至得到最终结果为止。

（七）确定选址

在用加权评分法复查通过后，计算所得的结果即可作为最终结果。但是，所得解不一定为最优解，可能只是符合条件的满意解。

四、单仓库选址的方法——精确重心法

精确重心法是一种建设单个厂房或仓库的选址方法，这种方法主要考虑的因素是现有设施之间的距离和商品运输量，经常用于中间仓库或分销仓库的选择。商品运输量是影响商品运输费用的主要因素，仓库应尽可能接近运量较大的网点，从而使运输路程相对较

短，即仓库应设置在本地区实际商品运量的重心所在的位置。

（一）精确重心法的假设条件

（1）假设需求量集中于某一点。

（2）不考虑在不同地点建设仓库所需的土地成本、劳动力成本、水电成本等经营建设费用之间的差别，只考虑运输成本。

（3）假设运价随运输距离成比例增加。

（4）假设仓库与其他物流网点之间的路线为直线。

（5）不考虑未来收入与成本的变化。

（二）精确重心法的基本原理

精确重心法又叫坐标分析法，是一种模拟的方法。这种方法将物流系统中的需求点和资源点看成分布在某一平面范围内的物体系统，各点的需求量和资源量分别看成物体的重量，物体系统的重心为物流网点的最佳设置点，利用求物体系统重心的方法来确定物流网点的位置。

假设有多个产地 P 和多个需求地 M，各自有一定量的货物需要以一定的运输费率运向待定的仓库，或从仓库运出，将其抽象成一系列点 i，如图 3－2 所示。

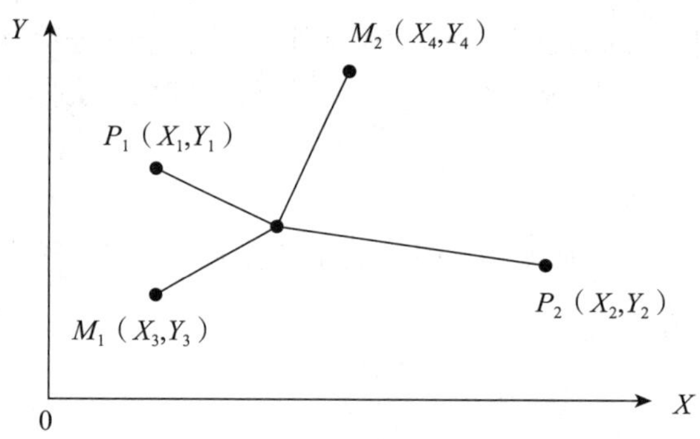

图 3－2　产地、需求地和仓库位置示意

令总运输成本为 F，则求总运输成本最小时的计算公式为：

$$\min F=\sum_{i=1}^{n} C_i W_i d_i \tag{3-1}$$

式中：F——总运输成本；

W_i——第 i 个点的运输量；

C_i——仓库到第 i 个点的运输费率；

d_i——从仓库到第 i 个点的距离。

设产地和需求地的坐标为（x_i，y_i），位置待定的仓库坐标为（$\overline{x}$，$\overline{y}$），则距离 d_i 可以由下式计算得到：

$$d_i=k\sqrt{(x_i-\overline{x})^2+(y_i-\overline{y})^2} \tag{3-2}$$

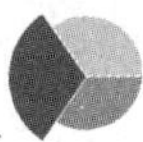

式中：k 代表度量因子，即将坐标轴上的一单位指标转换为更通用的距离度量单位。

将式（3－2）代入式（3－1）中，求 F 对 $\overline{x}$ 和 $\overline{y}$ 的偏导，令其等于零，解得仓库位置的坐标值为：

$$\overline{x}=\frac{\sum_{i=1}^{n}C_iW_ix_i/d_i}{\sum_{i=1}^{n}C_iW_i/d_i} \tag{3-3}$$

$$\overline{y}=\frac{\sum_{i=1}^{n}C_iW_iy_i/d_i}{\sum_{i=1}^{n}C_iW_i/d_i} \tag{3-4}$$

（三）求解步骤

步骤 1：确定各产地和需求地的坐标值（x_i，y_i），同时确定各点的运输量和运输费率。

步骤 2：不考虑距离因素 d_i，用精确重心法估算初始选址点。

$$\overline{x}=\frac{\sum_{i=1}^{n}C_iW_ix_i}{\sum_{i=1}^{n}C_iW_i}$$

$$\overline{y}=\frac{\sum_{i=1}^{n}C_iW_iy_i}{\sum_{i=1}^{n}C_iW_i}$$

步骤 3：根据式（3－2），用步骤 2 得到的 $\overline{x}$ 和 $\overline{y}$ 计算 d_i（此时，无须使用度量因子）。

步骤 4：将 d_i 代入式（3－3）和式（3－4），解出修正的 $\overline{x}$ 和 $\overline{y}$。

步骤 5：根据修正的坐标值，再重新计算 d_i。

步骤 6：重复步骤 4 和步骤 5，直至坐标值（$\overline{x}$，$\overline{y}$）在连续迭代过程中不再变化，或变化很小继续计算没有意义为止。

步骤 7：最后，如果需要，根据式（3－1）计算最优选址的总运输成本。

在实际应用中，该方法可以计算出一个合理的、接近最优解的选址，可以近似地得出最小成本解，而且当各点的位置、运输量及运输费率完全对称时，还可得出最优解。但要找出一个更精确的重心解还需要通过其他算法继续求解。

五、多仓库选址的方法

（一）多重心法

多重心法是在精确重心法的基础上推导的概念，在多点布局的时候，我们可以先集合布局，然后对每一布局实施精确重心法。我们知道精确重心法是一种以微积分为基础的模型，用精确重心法可以找出起讫点之间使运输成本最小的中间设施的位置。如果要确定的点不止一个，就有必要将起讫点预先分配给位置待定的仓库。这就形成了个数等于待选址仓库数量的许多起讫点群落，随后，找出每个起讫点群落的精确重心位置。

针对仓库进行起讫点分配的方法很多，方法之一是把间距最近的点组合起来形成群落，找出各群落的重心位置，然后将各点分配到这些位置已知的仓库，找出修正后的各群落新的重心位置，继续上述过程直到不再有新的变化，这样就完成了特定数量仓库选址的计算。

随着仓库数量的增加，运输成本通常会下降。与运输成本下降相对的是物流系统中总固定成本和库存持有成本的上升。根据二律背反原理，最优解便是使这些成本和最小的解。

如果存在能够评估所有分配起讫点群落的方法，那么该方法是最优的。尽管如此，就实际问题的规模而言，在计算上是不现实的。即便预先将大量顾客分配给很少的几个仓库，也是一项极其庞杂的工作，因此还需要使用其他方法。

（二）混合-整数线性规划法

为寻求解决选址问题的有效方法，数学家们已经付出了多年的努力。他们希望求解方法对问题的描述足够宽泛，使其在解决物流网络设计中常见的大型、复杂的选址问题时具有实际意义，同时可以得到数学上的最优解。数学家们尝试了使用先进的管理科学技术来丰富分析方法，或者用来寻求最优解的改进方法。这些方法中最有前景的当属混合-整数线性规划法，它是商业选址模型中最受欢迎的方法。

混合-整数线性规划法的主要优点是，能够把固定成本以最优的方式考虑进去。线性规划在整个物流需求分配过程中的优势是众所周知的，这也是该方法的核心所在。虽然混合-整数线性规划法很吸引人，但其代价也相当大，除非利用个别问题的特殊属性，否则计算机的运行时间将非常长，需要的内存空间也非常大。

仓库选址有多种不同形式。使用混合-整数线性规划法的研究者们对仓库选址问题的描述如下：某几家工厂生产数种产品，其中这些工厂的生产能力已知，每个消费区对每种产品的需求量已知，产品经由仓库运往消费区，而每个消费区由某一指定仓库独家供货。各个仓库能承受的年吞吐量有上限和下限的要求。仓库可能的位置是给定的，但最终选择哪个地点需要做出选择，以达到仓库成本最低的目标。仓库成本可分为固定成本（实际用地所承担的费用）和线性可变成本。运输成本被看作线性可变成本。

这样问题就转化为应决定选择哪个位置；在每个选定位置，仓库的规模有多大，各个仓库该服务哪些消费区；各种产品的运输流模式是怎样的。所有这些都要在工厂生产能力和分拨系统仓库布局的约束条件下，实现以最小的仓库成本满足需求的目标要求。用描述性的语言可以将上述问题表述如下：确定物流网络中的仓库数量、规模和位置，目标是使通过该物流网络运送所有产品的固定成本和线性可变成本在下列条件约束下降至最低。

（1）各工厂的供货量不能超过其供货能力。

（2）所有产品的需求必须得到满足。

（3）各仓库的吞吐量不能超过其吞吐能力。

(4) 必须达到最低吞吐量仓库才可以开始运营。

(5) 同一消费者需要的所有产品必须由同一仓库供给。

对这类问题可以用一般整数线性规划的计算机软件包来求解。

例如，某物流公司根据公司的发展规划，需要建设一个仓库。仓库可以在 A_1，A_2，A_3，A_4 这四个地点中选择。由于各地点的具体条件不同，建设费用以及建成后仓库的吞吐量也不同。

W_j 表示在地点 A_i 建设仓库后的吞吐量大小，a_i 表示在地点 A_i 建设仓库的费用（$i=1$，2，3，4）。

仓库建好后可以向 B_1，B_2，B_3，B_4，B_5 这五个配送点配送物资；b_j 表示 B_j 的需求量（$j=1$，2，3，4，5），c_{ij} 表示从 A_i 到 B_j 的单位运费。

在满足各个配送点的条件下，如何选择仓库地点，使建设费用及运费的总和最小（只要求建立该问题的数学模型）。

假设 x_{ij} 表示由 A_i 向 B_j 配送物资的数量，并设

$$R_i=\begin{cases}0,\text{不在 } A_i \text{ 建}\\1,\text{在 } A_i \text{ 建}\end{cases}$$

则该问题的数学模型为：

$$\min Z=\sum_{i=1}^{4}a_iR_i+\sum_{i=1}^{4}\sum_{j=1}^{5}c_{ij}x_{ij}$$

$$\text{s. t.}\begin{cases}x_{11}+x_{21}+x_{31}+x_{41}\geqslant b_1\\x_{12}+x_{22}+x_{32}+x_{42}\geqslant b_2\\x_{13}+x_{23}+x_{33}+x_{43}\geqslant b_3\\x_{14}+x_{24}+x_{34}+x_{44}\geqslant b_4\\x_{15}+x_{25}+x_{35}+x_{45}\geqslant b_5\\x_{11}+x_{12}+x_{13}+x_{14}+x_{15}\leqslant W_1R_1\\x_{21}+x_{22}+x_{23}+x_{24}+x_{25}\leqslant W_2R_2\\x_{31}+x_{32}+x_{33}+x_{34}+x_{35}\leqslant W_3R_3\\x_{41}+x_{42}+x_{43}+x_{44}+x_{45}\leqslant W_4R_4\\x_{ij}\geqslant 0\ (i=1,2,3,4;\ j=1,2,3,4,5)\\R_i=0\text{ 或 }1\ (i=1,2,3,4)\end{cases}$$

六、仓库选址决策分析的方法

可用于仓库选址决策分析的方法有很多种，其中加权评分法最常用。

(一) 加权评分法

加权评分法是一种对具有多个目标的决策方案进行综合评判的定性与定量相结合的方法，该方法把多个目标化为一个综合的单目标，据此评价、比较和选择决策方案。其中，目标值加权系数一般由专家给出，如果有 N 个专家对第 j 个目标值加权系数发表意见，

其中第 n 个专家认为第 j 个目标值加权系数为 W_{nj}，则按下式可得到第 j 个目标值平均加权系数 W_j。

$$W_j=\frac{1}{N}\sum_{n=1}^{N}W_{nj}$$

对方案目标值的给分可以分为几个档次：如规定完全符合预定要求的给100分；达到90%～<100%为“优”，给90～<100分；达到80%～<90%为“良”，给80～<90分；达到70%～<80%为“中”，给70～<80分；达到60%～<70%为“及格”，给60～<70分；在60%以下为“不及格”，给0～<60分。

例如，某仓库企业需要确定新建仓库的具体位置，经初步比较，共有以下三种方案。

方案1：选择A地。

方案2：选择B地。

方案3：选择C地。

确定评价方案的目标值有以下三项。

（1）投资。

（2）交通便利性。

（3）能源供给。

根据三种方案在这三项目标值方面的优劣特性给出评分如下。

方案1

（1）投资（u_{11}）：90分。

（2）交通便利性（u_{12}）：60分。

（3）能源供给（u_{13}）：50分。

方案2

（1）投资（u_{21}）：80分。

（2）交通便利性（u_{22}）：70分。

（3）能源供给（u_{23}）：60分。

方案3

（1）投资（u_{31}）：50分。

（2）交通便利性（u_{32}）：90分。

（3）能源供给（u_{33}）：90分。

由专家根据各目标值的重要性确定加权系数（专家人数 $N=4$，加权系数 $W_{nj}=0$～9），由专家确定的目标值加权系数 W_{nj} 如表3-1所示。

表3-1　目标值加权系数

	专家1	专家2	专家3	专家4
投资	5	8	2	7
交通便利性	6	6	9	7
能源供给	9	7	5	6

由此可得：

$$投资目标值平均加权系数=\frac{1}{4}\times(5+8+2+7)=5.5$$

$$交通便利性目标值平均加权系数=\frac{1}{4}\times(6+6+9+7)=7$$

$$能源供给目标值平均加权系数=\frac{1}{4}\times(9+7+5+6)=6.75$$

进而得出目标评价分为：

$$u(1)=5.5\times90+7\times60+6.75\times50=1252.5$$
$$u(2)=5.5\times80+7\times70+6.75\times60=1335$$
$$u(3)=5.5\times50+7\times90+6.75\times90=1512.5$$

由于 $u(3)$ 最大，故方案 3 是最优的，即仓库的位置应该选择 C 地最好。

（二）层次分析法

层次分析法（AHP 法）是一种定量与定性相结合的系统分析方法。其理论核心是复杂系统可以简化为有序的递阶层次结构，决策问题通常表现为一组方案优先排序的问题，而这种排序可以通过简单的两两比较的形式导出。

由于仓库选址决策是个多目标的决策问题，采用 AHP 法能较好地解决这类问题。

应用 AHP 法进行系统评价的主要步骤如下。

1. 明确问题，构建递阶层次结构模型

一般地，简单的决策问题可以分解成三个层次，即目标层、准则层和方案层。

（1）目标层。目标层只包含一个元素，表示决策分析的总目标，因此也被称为总目标层。

（2）准则层。准则层包含若干个元素，表示实现总目标所涉及的各子目标，包含各种准则、约束、策略等。

（3）方案层。方案层表示实现各决策目标的可行方案、措施等。

AHP 法三层结构如图 3－3 所示。

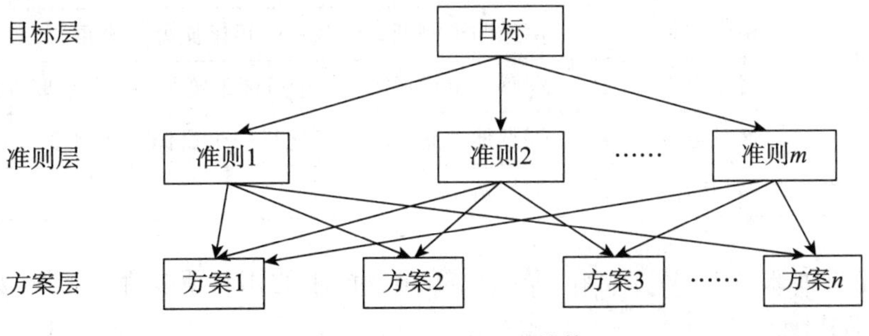

图 3－3　AHP 法三层结构

一个好的递阶层次结构对解决问题极为重要，因此在构建递阶层次结构时，应注意以下几点。

（1）从上到下存在支配关系，用直线段（作用线）表示上一层次元素与下一层次元素之间的关系，同一层次及不相邻元素之间不存在支配关系。

（2）整个结构不受层次限制。

（3）最高层次只有一个元素，每个元素所支配的元素一般不超过9个，元素过多可进一步分层。

（4）对某些具有子层次的结构可引入虚元素，使之成为典型的递阶层次结构。

2. 构建两两比较判断矩阵

在构建递阶层次结构后，可以逐层对各层元素进行两两比较，利用评分的方法将比较判断的结果定量化。

（1）建立两两比较判断矩阵，即矩阵 **A**。该矩阵是以上一级的某一元素 H_s 作为评价标准，对本级的元素进行两两比较来确定矩阵元素的（见图3-4）。

H_s	A_1	A_2	⋯	A_j	⋯	A_n
A_1	A_{11}	A_{12}	⋯	A_{1j}	⋯	A_{1n}
A_2	A_{21}	A_{22}	⋯	A_{2j}	⋯	A_{2n}
⋮	⋮	⋮	⋯	⋮	⋯	⋮
A_i	A_{i1}	A_{i2}	⋯	A_{ij}	⋯	A_{in}
⋮	⋮	⋮	⋯	⋮	⋯	⋮
A_n	A_{n1}	A_{n2}	⋯	A_{nj}	⋯	A_{nn}

图3-4　两两比较判断矩阵

矩阵 **A** 中元素的取值如表3-2所示。

表3-2　　矩阵 A 中元素的取值

取值	含义	说明
1	同等重要	两个目标同样重要
3	略微重要	由经验或判断，认为一个目标比另一个略微重要
5	相当重要	由经验或判断，认为一个目标比另一个重要
7	明显重要	深感一个目标比另一个目标重要，且这种重要性已有实践证明
9	绝对重要	强烈地感到一个目标比另一个目标重要得多
2，4，6，8	两个相邻判断的中间值	需要折中时采用

矩阵 **A** 中的元素 $A_{ij}=W_i/W_j$，表示元素 A_i 对 A_j 的相对重要性。矩阵 **A** 又可写成如图3-5所示形式。

（2）判断尺度。表示元素 A_i 对 A_j 的相对重要性的数量尺度称为判断尺度。判断尺度的量化含义如下。

1：对 H_s 而言，A_i 与 A_j 同等重要。

W_1/W_1	W_1/W_2	…	W_1/W_j	…	W_1/W_n
W_2/W_1	W_2/W_2	…	W_2/W_j	…	W_2/W_n
⋮	⋮	…	⋮	…	⋮
W_i/W_1	W_i/W_2	…	W_i/W_j	…	W_i/W_n
⋮	⋮	…	⋮	…	⋮
W_n/W_1	W_n/W_2	…	W_n/W_j	…	W_n/W_n

图 3－5　矩阵 A

3：对 H_s 而言，A_i 比 A_j 略微重要。

5：对 H_s 而言，A_i 比 A_j 相当重要。

7：对 H_s 而言，A_i 比 A_j 明显重要。

9：对 H_s 而言，A_i 比 A_j 绝对重要。

而对 2，4，6，8 则介于上述两个相邻判断尺度之间。

3. 相对重要度计算

相对重要度指 A_i 关于 H_s 的权重。为此可以求出判断矩阵的特征向量 **W**，然后经归一化处理可得 A_i 关于 H_s 的相对重要度。然后对 $\mathbf{W}=(W_1, W_2, W_3, \cdots, W_n)$ 进行归一化处理。用两两比较法得到的判断矩阵，不可能具有完全一致性，为保证其不影响评价结果，需要进行一致性检验。引入一致性指标 CI 和随机一致性指标 RI，计算得到一致性比率 CR。一般情况下，若 $CR \leqslant 0.1$，就认为判断矩阵通过一致性检验。

$$CI=\frac{\lambda_{\max}-n}{n-1}$$

$$CR=\frac{CI}{RI}$$

式中：$\lambda_{\max}$——矩阵最大特征根；

n——矩阵元素个数。

4. 综合重要度计算

在计算了各级元素对上一级 H_s 的相对重要度后，即可从最上级开始，自上而下地求出各级中各元素关于系统总体的综合重要度，即进行层次总排序。

综合重要度计算公式表明，要计算某一级的综合重要度，必须先知道其上一级的综合重要度。

第三节　仓库规模设计

一、仓库平面布置

仓库平面布置应按照“布局整齐、紧凑适用、节约用地、方便生产、便于管理”的原则进行。

仓库要按储存物品的类别和安全性质分组布置，布置时要考虑仓储经营的特点、吞吐量大小及作业的合理流程。在库区中央出入方便的地方，可布置吞吐量大、无危险性的物品的储存仓库；有火灾危险的或有污染性的物品储存仓库应布置在库区下风侧面。仓库间距应符合《建筑设计防火规范》的有关规定。

二、仓库平面面积的计算及库存周转率

仓库平面面积主要由储存物品的数量确定，但还受其他因素的制约，如地面结构的承重能力、物品的包装强度、装卸搬运设备的机械化程度等。

仓库平面面积分为实用面积和有效面积。

（一）实用面积

实用面积指仓库中实际用来堆放物品所占用的面积，即库房使用面积减去必需的通道面积，垛距、墙距所占面积及收发、验收、备料等作业面积后所剩余的面积。实用面积的计算方法有以下几种情况。

1. 计重物品就地堆码

实用面积按仓容定额计算，公式为：

$$S_{实}=Q/N_{定}$$

式中：$S_{实}$——实用面积（m^2）；

Q——该种物品的最高储备量（t）；

$N_{定}$——该种物品的仓容定额①（t/m^2）。

2. 计件物品就地堆码

实用面积按可堆层数计算。

3. 上架存放物品

物品采用货架存放时，实用面积就是货架占用面积，公式为：

$$S_{货架}=Q\times(l\times b)/(l\times b\times h\times k\times r)$$

式中：$S_{货架}$——货架占用面积（m^2）；

Q——该物品的最高储备量（t）；

l，b，h——货架的长、宽、高（m）；

k——货架的容积充满系数；

r——上架存放物品的容重（t/m^3）。

（二）有效面积

有效面积是指仓储作业占用面积，包括实用面积、通道面积、检验作业场地面积等。有效面积的计算方法主要有以下几种。

① 仓容定额是指某仓库中某种物品单位面积上的最高储存量，单位是吨/平方米（t/m^2）。

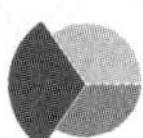

1. 比较类推法

比较类推法以现已建成的同级、同类、同种仓库面积为基准，根据储量增减比例关系，加以适当调整来推算新建仓库的有效面积。公式为：

$$S=S_0\times\frac{Q_{新}}{Q_0}\times k$$

式中：S——拟新建仓库的有效面积（m^2）；

S_0——参照仓库的有效面积（m^2）；

$Q_{新}$——拟新建仓库的最高储备量（t）；

Q_0——参照仓库的最高储备量（t）；

k——调整系数（当参照仓库的有效面积不足时，$k>1$；当参照仓库的有效面积有余时，$k<1$）。

2. 系数法

系数法是根据实用面积及仓库有效面积利用系数计算拟新建仓库的有效面积的方法。公式为：

$$S=\frac{S_{实}}{\alpha}$$

式中：S——拟新建仓库的有效面积（m^2）；

$S_{实}$——实用面积（m^2）；

α——仓库有效面积利用系数，即仓库实用面积占有效面积的比重。

3. 直接计算法

直接计算法是先计算出货垛、货架、通道、收发作业区、垛距、墙距等所占用的面积，然后将它们相加求和，由此得出拟新建仓库的有效面积的方法。

（三）库存周转率

库存周转率，一种衡量在一定期间（一季度、半年或一年）库存物品的周转速度的指标，是衡量库存管理水平的重要指标，周转速度越快，表明库存管理水平越高。最常见的计算库存周转率的方法，就是把年度销售产品成本（不计销售的开支及管理成本）作为分子，除以当年平均库存价值。因此，库存周转率＝年度销售产品成本/当年平均库存价值。比如，某制造商在2003年一季度的销售物料成本为200万元，一季度初的库存价值为30万元，一季度末的库存价值为50万元，那么该季度的库存周转率为200/［（30＋50）/2］＝5（次）。相当于该制造商用平均40万元的现金在这一个季度里周转了5次，获得了5次利润。如果每季度平均销售物料成本不变，每季度的平均库存价值也不变，那么该制造商的年度库存周转率就变为200×4/40＝20（次）。就相当于该制造商一年用40万元的现金获得了20次利润。

库存周转率对于企业的库存管理来说具有非常重要的意义。例如制造商的利益是在资金→原材料→产品→销售→资金的循环活动中产生的，如果这种循环很快，也就是库存物品的周转速度很快，在同额资金下的利益率也就高。因此，库存周转率代表了企业利益的测定值。

第四节　仓库布局设计

仓库布局是在一定区域或库区内，对仓库的规模、地理位置、设施和道路等要素进行的科学规划和总体设计。应在充分利用现有仓库内部空间的情况下，根据储存物品特点、公司财务状况、市场竞争环境和顾客需求情况来适时改变仓库布局。其目标是：提高仓库产出率；便于管理人员进行仓库作业管理，提高仓库内储存物品的流动速度；获得最低仓库成本费用；在运输、保管、装卸物品等方面提高对顾客的服务水平；给仓库管理人员提供良好的工作环境与条件。

一、仓库的总体结构

现代仓库一般可以划分为生产作业区、辅助作业区和行政生活区三大部分。为适应物品快速周转的需要，在总体规划布置时应注意适当增大生产作业区中收发货作业区面积和待检区面积。

（一）生产作业区

生产作业区是现代仓库的主体部分，是物品仓储的主要活动场所，主要包括储货区、通道、待检区、收发货作业区、集结区、待处理区和不合格品隔离区等。其各组成部分的构成比例通常为：储货区占总面积的 40%～50%；通道占总面积的 8%～12%；待检区及收发货作业区占总面积的 20%～30%；集结区占总面积的 10%～15%；待处理区和不合格品隔离区占总面积的 5%～10%。

主干道应采用双车道，宽度应为 6～7m；次干道为 3～3.5m 的单车道；消防道的宽度不少于 6m，布局在库区的外周边。

（二）辅助作业区

辅助作业区是为仓储业务提供各项服务的设备维修车间、车库、工具设备库、油库、变电室等。一般来讲，油库的位置应该远离设备维修车间等。容易出现明火的场所周围需设置相应的消防设施。

（三）行政生活区

行政生活区是行政管理机构办公和职工生活的区域，具体包括办公楼、警卫室、化验室、宿舍和食堂等。为了便于业务接洽和管理，行政管理机构办公区一般布置在仓库的主要出入口，并与生产作业区用隔离墙分开。这样既便于工作人员与生产作业区的联系，又能避免非作业人员对仓库生产作业的影响和干扰。职工生活区一般应与生产作业区保持一定距离，这样既能充分保证仓库的生产作业安全，又能确保职工生活区的安宁。

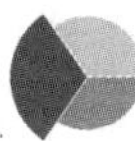

二、仓库布局的要求与原则

（一）仓库布局的要求

1. 有利于仓储企业生产的正常进行

（1）单一的物流方向。仓库内物品的卸车、验收、存放地点之间的安排，必须适应仓储生产流程，按一个方向流动。

（2）最短的运距。应根据作业方式、仓储物品品种、地理条件等，合理安排仓库、专用线与主干道，应尽量减少迂回运输，其中，专用线的布置应在库区一边的1/3处。

（3）最少的装卸环节。减少在库物品的装卸搬运次数和环节，物品的卸车、验收、堆码作业最好一次完成。

（4）最大的利用空间。仓库总平面布置是立体设计，应有利于物品的合理储存和库容的充分利用。

2. 有利于提高仓储经济效益

（1）要因地制宜，充分考虑地理条件，满足物品运输和储存上的要求，并能保证仓库充分利用。

（2）布置应与竖向布置相适应。竖向布置旨在改造场地的自然地形，使之适应项目建设和生产要求，并确定建设场地平面布局中每个因素，如库房、货场、转运线、道路、排水、供电、站台等，在地面标高线上的相互位置。

（3）总平面布置应能充分、合理地使用机械化设备。我国目前普遍使用叉车及门式、桥式起重机一类的固定设备，仓库应合理配置这类设备的位置，并注意与其他设备的配套，总平面布置应便于开展机械化作业。

3. 有利于保证安全文明作业

（1）库区内各区域间、各建筑间应根据《建筑设计防火规范》的有关规定留有一定的防火间距，并有防火、防盗等安全设施。

（2）总平面布置应符合卫生和环境要求，既要满足库房的通风、日照等要求，又要考虑环境绿化、文明作业，使整体环境有利于职工身体健康。

（二）仓库布局的原则

（1）使物品的出入库过程保持单向和直线运动，避免逆向操作和大幅度改变方向的低效率运作。

（2）采用高效率的搬运设备及操作流程。

（3）在仓库里采用有效的储存计划。

（4）在搬运设备大小、类型、转弯半径的限制下，尽量减少通道占用的空间。

（5）尽量利用仓库的高度，有效地利用仓库的容积。

三、仓库作业区布局的方式

在仓库作业区布局中考虑的优先原则是物品的快速移动原则。物品在仓库中移动时，一般要经过以下 4 个步骤，即收货、储存、拣货和发货。依据物品的流动方式，仓库作业区布局的方式可分为 I 形布局、U 形布局、T 形布局和 L 形布局（见图 3-6）。

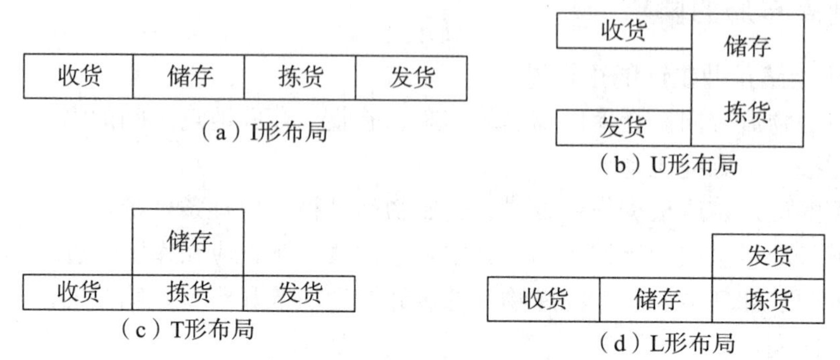

图 3-6　仓库作业区布局方式

（1）I 形布局。I 形布局又称直线形布局，收货区和发货区的建筑物的朝向不同，适用于不同类型的车辆来收货和发货。直线形布局受环境和作业特性的限制，比如我国北方不适合采用直线形布局的库房，因为冬季的穿堂风会影响作业。直线形布局适合大批量、高频次的物流作业。

（2）U 形布局。U 形布局在建筑物一侧有相邻的收货站台和发货站台，并具有以下特点：如有必要可以在建筑物的两个方向发展；使用同一个通道供车辆出入；易于控制和安全防范；环境污染问题较小。一般适合于小批量或批量适中或出库频次不是非常高的仓库，如生产企业原料库等。

（3）T 形布局。T 形布局在直线形布局的基础上根据需求增加了储存区域面积，可以满足快速流转和储存两个功能。

（4）L 形布局。收货区和发货区分别在仓库相邻的两侧，此布置形式下空间浪费比较严重，比 U 形布局存储量低。但 L 形布局便于仓库设施和设备的协调运用，人流、货流之间的交叉较少，货物流转速度较快。L 形布局适合于中大批量、高频次的物流作业，一般适合于快递仓库等。

四、仓库布局方法论

（一）关联性分析

仓库不同活动区域之间在作业程序、组织结构、业务管理、环境影响等方面存在一定的依存关系，对此进行关联性分析有助于仓库的布局设计。关联性分析的方法主要有定性关联图法和定量从至图法两种。

1. 定性关联图法

定性关联图法主要是对仓库内部的各种活动之间的相互关系进行定性分析，确定两两活动区域间的关联程度，以此为仓库的空间布局提供设计上的依据。例如，设某仓库有 11 个活动区域，其一般性的定性关联图如图 3-7 所示。

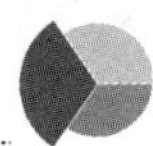

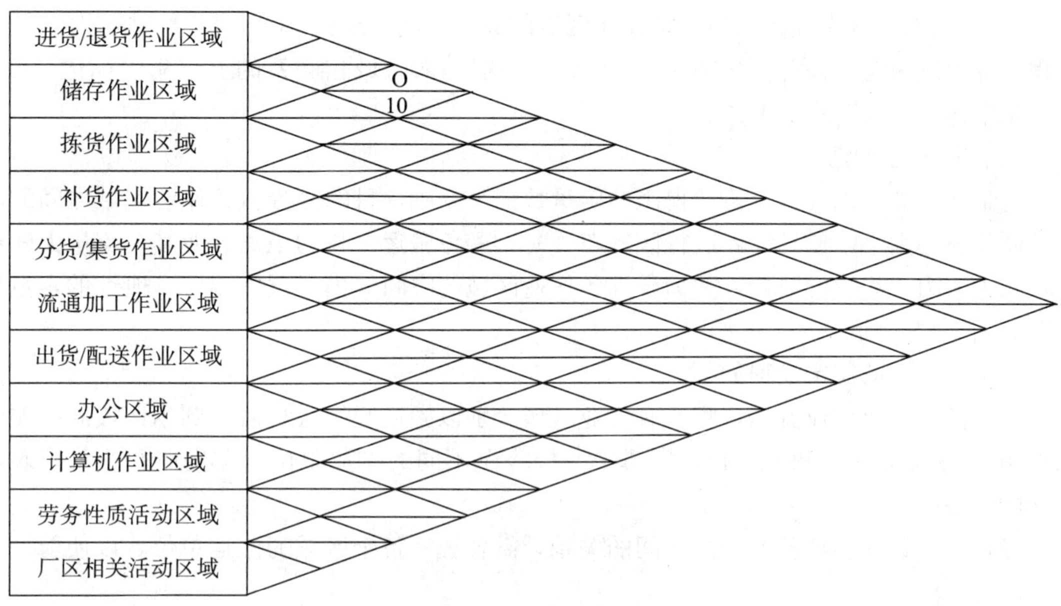

图 3－7　定性关联图

定性关联图左边的各个活动区域由实体功能模块活动区域和支持实体作业的需求区域共同组成。一些实体功能模块活动区域可以进行空间上的整合以提高设施的利用率，如退货作业区域与进货作业区域合并，配送作业区域与出货作业区域合并。在定性关联图中，任何两个区域之间都有将两个区域联系在一起的一对三角形，其中上三角记录两个区域关联程度等级，下三角记录关联程度等级理由的编号。关联程度等级设计如表 3－3 所示，关联程度等级理由如表 3－4 所示。

表 3－3　关联程度等级设计

关联程度等级	关联程度说明	关联程度等级	关联程度说明
A	绝对重要	O	普通重要
E	特别重要	U	不重要
I	重要	X	不可接近

表 3－4　关联程度等级理由

编号	两区域需要接近的理由	编号	两区域需要接近的理由
1	人员接近程度	7	进行相似活动
2	共用相同的人员	8	物品搬运次数的考虑
3	文件往返程度或配合事务流程顺序	9	作业安全的考虑
4	使用共同记录	10	提升工作效率的考虑
5	共用设备	11	改善工作环境的考虑
6	共用相同的空间区域		

由于进货/退货作业区域与拣货作业区域的关联程度等级为“O”，即“普通重要”，关联程度等级理由是“提升工作效率的考虑”，则在与两区域相联系的上三角中标记“O”，下三角中标记“10”。

2. 定量从至图法

定量从至图法以资料分析所得出的定量数据为基础，目的是分析各作业区域之间的物品流动规模的大小，使设计者进行区域布置时，避免搬运太长的距离，尤其是流量大的作业，减少人力、物力的浪费，并为设计各作业区域的空间规模提供依据。一般性的定量从至图如图3-8所示。

定量从至图的制定过程如下。

（1）依据主要作业流程，将所有作业区域分别以搬运起始区与搬运到达区按同一顺序列在图3-8的第一列和第一行。字母A～G表示不同的作业单位，在生产企业可以表示不同的设备。

（2）为了正确表现各个流量之间的关系，需要统一各个区域的搬运单位，以便能计算流量的总和。

（3）根据作业流程，将物品搬运流量测量值逐项填入定量从至图内。

（4）将从至区域间的搬运流量作为后续区域布置的参考，流量大的两个作业流程将具有较高优先顺序被放置于相邻的位置。

定量从至图通常被用以表示建筑物之间、部门之间或机器之间的物流量、物品搬运总量等。图上第一行和第一列的标题内，按同样顺序列出全部作业单位。对于每个产品或零部件在两个作业单位之间的移动，用字母表示产品或零部件，用数字代表搬运总量，并将它们填入两个作业单位行和列相交的方格内。注意：从图的左上角至右下角，画一条对角线，零部件前进记在右上方，退回记在左下方。

定性关联图和定量从至图主要适用于设施中的作业或活动区域划分较多、作业或活动时间时常缺乏明确的从属关系等情况。

至＼从	A	B	C	D	E	F	G
A						6	
B	5			1			4
C		8		3		2	
D	1	2				3	
E		1				9	
F			2				9
G					1		

图3-8　定量从至图

（二）区域布置方法

经过关联性分析后，根据不同作业区之间的定性测量值（即接近程度）或定量测量值（即物品流动密度）配置各作业区的相对位置时，可以将整个布置的过程简单化为算法程序。下面介绍两种方法，即关联线图法、动线布置法。其中关联线图法假设各作业区的空间需求可相同或不同；动线布置法则把各作业区的不同空间需求和关联性需求合并考虑。

1. 关联线图法

在绘制关联线图之前，首先汇总各个作业区的基本资料，如作业流程与面积需求等，然后制作各个作业区的作业关联图。

根据作业关联图的基本资料，按照作业区间的各级接近程度，将其转化为关联线图底稿表（见表 3 - 5），表中数字为与特定作业区有某级关联的作业区号。

表 3 - 5　　关联线图底稿表

关联	作业区 1	作业区 2	作业区 3	作业区 4	作业区 5	作业区 6	作业区 7
A					6	5	
E	2	1，4		2		7	6
I	3	5，6		1，5	2，4，7	2	5
O	3，5				1	3	
U	6，7		3，7	3，6，7	3	1，4	1，2，3，4
X							

建立关联线图的基本步骤如下。

（1）选定第一个进入布置的作业区。选择具有最多的“A”关联的作业区作为开始。若有多个作业区同时符合条件，则以下列顺序加以选定：最多“E”的关联，最多“I”的关联，最少“X”的关联。最后如果还是无法选定，就在这些条件完全相同的作业区中任意选定一个作业区作为第一个进入布置的作业区。本例中选定作业区 6 作为第一个进入布置的作业区。

（2）选定第二个进入布置的作业区。第二个被选定的作业区是与第一个进入布置的作业区相关联的未被选定的作业区中具有最多“A”关联的作业区。如果有多个作业区具有相同条件，则与步骤（1）一样，按照最多“E”的关联、最多“I”的关联、最少“X”的关联进行选择。最后如果还是无法选定，就在与第一个进入布置的作业区相关联的这些条件完全相同的作业区中，任意选定一个作业区作为第二个进入布置的作业区。本例选定作业区 5 作为第二个进入布置的作业区。

（3）选定第三个进入布置的作业区。第三个被选定的作业区应与已被选定的前两个作业区同时具有最高的接近程度；与前两个作业区的接近组合关系的优先顺序依次为 AA、AE、AI、A＊、EA、EE、EI、E＊、II、I＊，其中符号＊代表“O”或“U”的关联。如果遇到多个作业区具有相同的优先顺序，仍采用步骤（1）的顺序法则来处理。本例选定作业区 7 作为第三个进入布置的作业区。

（4）选定第四个进入布置的作业区。第四个作业区选定的过程与步骤（3）相同，被选定的作业区应与前三个作业区具有最高的接近组合关系。组合的优先顺序依次为：AAA、AAE、AAI、AA＊、AEA、AEE、AEI、AE＊、AII、AI＊、A＊、EEE、EEI、EE＊、EII、EI＊、E＊＊、III、II＊、I＊＊。本例选择作业区 2 作为第四个进入布置的作业区。

（5）依次类推，选择其余的作业区。

本例中作业区 1，2，…，7 最后布置的相对位置的方块样板如图 3－9 所示。

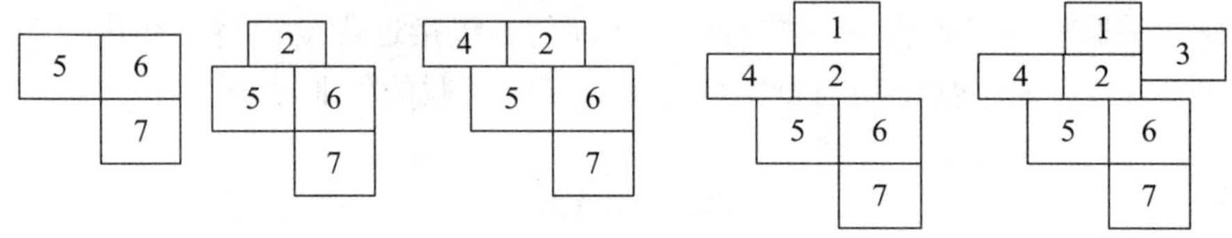

图 3－9　方块样板

在绘制关联线图时，可使用图 3－9 所示的方块样板来表示每一个作业区。在相对位置确定后，即可依照各作业区的实际规模，完成最终的实际布置。由于样板的放置过程受很多主观因素的影响，因此最后可能会产生多个布置方案。此外，如果各作业区面积不同，也会产生多个最终布置方案。

2. 动线布置法

美国著名规划专家理查德缪瑟提出的系统布局规划（System Layout Planning，SLP）法，是以作业单位物流、非物流因素分析为主线，采用一套表达力极强的图例符号，通过结构化、条理化的程序设计模式进行设施规划的方法。系统布置设计框架如图 3－10 所示。

SLP 法是先决定作业系统的主要动线进行方向，再根据流程性质或关联性关系进行区域配置。为此，先将各作业区依估计面积大小与长宽比例制作成模块形式，然后在规划区域布置时根据各作业区性质决定其配置程序。配置方式包括两种。一种是流程式，即配送中心的各作业区多半具有流程性的关系，在以模板进行配置时，应考虑各作业区之间物流动线的形式。作业区之间物流动线的基本形式有四种：I 形（直线形）、L 形、U 形、S 形（锯齿形）。其余的形式均为这四种基本形式的组合。规划设计可采用混合式的动线规划，而非单一的固定模式。另一种是关联式，即以整个厂区作业配置为主，根据活动关联分析得出各作业区之间的活动流量。两个作业区之间的流量以线条表示。为避免流量大的两个作业区之间的距离太长，应使两个作业区尽量靠近。

影响布置设计的要素众多，基本要素可以归纳为五项：P——产品、Q——数量、R——生产路线或工艺过程、S——辅助服务部门、T——时间或时间安排。五项基本要素分别回答以下问题：生产什么？生产多少？怎么生产？用什么支持生产？何时生产？

（1）P——产品（Production）。指规划设计的对象所生产的产品、加工的零部件或提供服务的项目。该要素影响设施的组成及其相互关系、设备的类型、物料搬运的方式等。

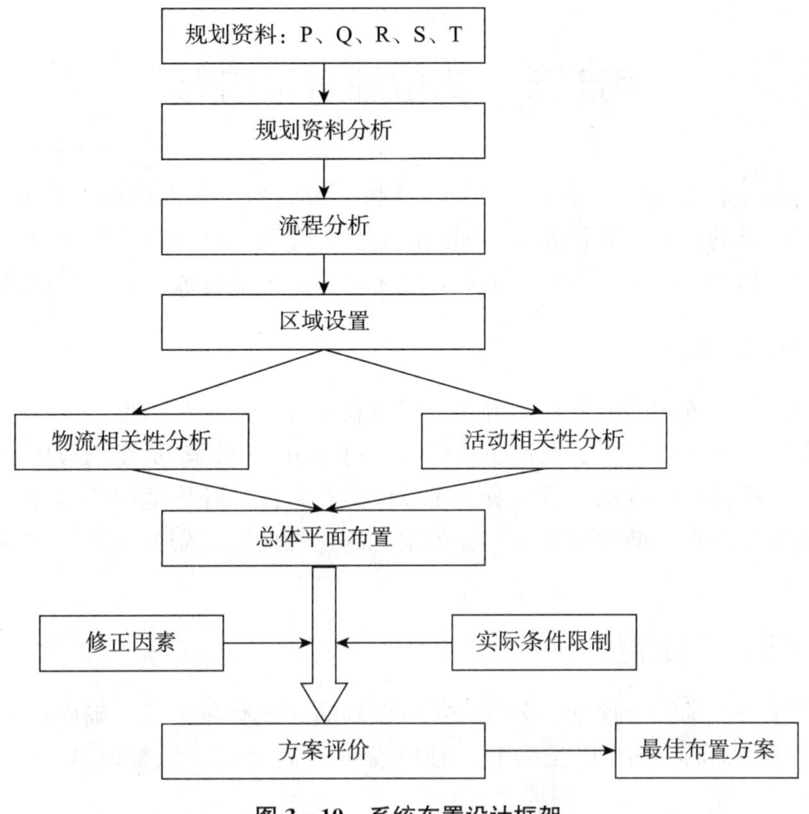

图 3-10　系统布置设计框架

（2）Q——数量（Quantity）。指所生产、供应或使用的材料、产品的数量或服务的工作量。这一要素影响设施规模、设备数量、运输量、建筑物面积等。

（3）R——生产路线或工艺过程（Route）。指根据所生产的产品品种、数量等设计出的工艺流程、物流路线、工序顺序等，可以用设备表、工艺路线卡、工艺过程图等表示。它影响着各作业单位之间的关系、物料搬运路线、仓库及堆放地的位置等。

（4）S——辅助服务部门（Supporting Service）。指保证生产正常运行的辅助服务性活动、设施及服务的人员。它是生产的支持系统，从某种意义上来说对生产系统的正常运行起着举足轻重的作用。

（5）T——时间或时间安排（Time）。指在什么时候、用多长的时间生产出产品，包括作业、工序、流动、周转等的标准时间。这些因素决定着设备的数量、需要的面积和人员、工序的平衡安排等。

在实现工厂布置之前必须就生产系统各作业单位之间的物流状态做深入的分析。分析内容包括物料在生产过程中每个必要的工序之间移动的最有效顺序及其移动的强度或数量。针对不同的生产类型，应采用不同的物流分析方法。物流强度等级划分为五级：A 代表超高物流强度，E 代表特高物流强度，I 代表较大物流强度，O 代表一般物流强度，U 代表强度可忽略。

第五节　货位编号与布局

在确定商品存放地点时，应注意将危险品和一般商品，有毒商品与食品，性能抵触、互相串味和易污染的商品，养护方法不同的商品分开存放，确保商品储存安全。同时，储存位置还应便于检查、养护和存取。为此，应采取分区分类存放，并对货位进行编号。

一、分区分类

分区分类是商品养护的一种科学方法，也是仓储管理的一种制度。分区分类就是根据商品性质、养护要求、消防方法及设备条件等，将库房、货棚、货场划分为若干储存商品的区域，进行分类储存的方法。分区分类可以使储存条件和环境适应商品储存的需要，同时根据商品的自然属性、储存要求及其在消费上的连带性把其划分为若干类别，以便分类集中储存。

（一）分区分类的作用

（1）有利于商品的安全保管。分区分类可使商品存放有条不紊，确保商品的安全，避免不同性质的商品混存一处相互影响，避免发生霉烂变质、燃烧爆炸和错收、错发等事故。

（2）有利于合理利用仓容。同类商品集中存放有利于在安全的原则下集零为整，从而节约仓容面积。

（3）有利于缩短商品收、发作业时间。同类商品或发往同一流向的商品集中存放，便于组织收、发货作业，做到先进先出，加速出入库效率，缩短作业时间。

（4）有利于仓储管理员掌握商品进出库活动规律，熟悉商品性能，提高养护技术水平。

（5）有利于业务管理。可以有计划地安排货位，便于配备各项设备，合理组织劳动力，加强商品养护，为贯彻责任制以及实行其他科学管理方法创造条件。

（二）分区分类的方法

1. 规划分区分类准备

准备工作主要有调查研究上下游客户需要入库储存的商品情况。

（1）经营的品种、数量与进出库的批量。

（2）商品性能、包装状况及其所需的储存条件、消防要求。

（3）商品收发、装卸搬运等所需的设备和工作量。

（4）仓储商品收发方式、大致流向和周转期。

（5）商品有无特殊的养护、验收和理货要求等。

通过调查与分析，分清在性能、养护和消防方法上一致的各类商品所需的仓容，考虑对储存、吞吐条件的要求，结合仓库具体设备条件，即可进行分区分类。

2. 仓库的分区分类方法

(1) 按商品种类和性质分区分类。这种方法是将商品按自然属性归类，并集中存放在适当的场所。

(2) 按不同货主分区分类。当仓库为几个大货主服务时，为便于与货主工作的衔接，防止商品混淆，便于商品存取，往往采取这种方法。

(3) 按商品流向分区分类。这种方法多适用于短期中转储存的商品，如各种交通场站、码头一般可采用这种方法。

(4) 按商品危险性质分区分类。这种方法主要适用于对化学品、危险品的存放。这里应注意不同性质的危险品之间相互引发危险的可能。

(三) 分区分类应注意的事项

(1) 凡一个单位经营的商品，只要性质相近，有消费连带关系的，要尽量安排在一起储存。

(2) 按商品性质和仓库设备条件安排储存。如怕热的商品要存放在保温库、地下室、半地下室和温度较低的库房内；怕冻商品要存放在保温库或暖房；怕潮、易湿、易锈等商品要存放在仓库的上层或比较干燥的库房内。

(3) 互相影响、不宜混存的商品，一定要隔离存放。危险品与一般商品不能混存一库，而且也不能设在同一个园区，要求间距1500m；相互串味、影响质量的商品不能混存一库；有毒商品与食品要严格分存；含水量不同的商品不能混存一库。

(4) 按出入库频率和作业的安全、方便安排储存。如出入库频繁的商品要安排在靠近库门处；笨重的商品不宜放在库房深处；易碎商品避免与笨重商品存放在一起，以免在搬运笨重商品时影响易碎商品安全。

(5) 消防灭火方法不同的商品不得在一起储存。

二、货位编号

货位即商品存放的位置。货位编号，就是在分区分类的基础上，将仓库的库房、货棚、货场及货架等存放商品的场所划分为若干货位，然后按照储存地点和位置的排列，采用统一标记编上顺序号码，并作出明显标识，以方便仓库作业的管理方法。

货位编号好比商品的地址，通过它可以在仓库中迅速找到商品。货位编号在保管工作中有重要的作用。在商品收发作业过程中，按照货位编号可以迅速、方便地进行查找，这不但提高了作业效率，而且有利于减少差错。为了使商品存取工作方便、快捷地展开，必须要对仓库的货位进行编号。货位编号应按照统一的规则和方法进行。每个货位的号码必须使用统一的形式、统一的层次和统一的含义编排。

(一) 仓库内储存场所的编号

整个仓库内的储存场所，如库房、货棚、货场，可以按一定的顺序（自左向右或自右向左)，各自连续编号。在编号时，对库房、货棚、货场应有明显区别，可加注“棚一”或“场一”等字样。无加注字样的，即为库房的编号。库房的编号一般写在库房的外墙上或库门上，字体要统一、端正，色彩鲜艳、清晰醒目、易于辨认。其中对多层库房的编号，可采用“三号定位”。“三号定位”是用三个数字号码表示，个位数指仓间的编号，十位数指楼层的编号，百位数指库房的编号。例如：编号142就是指1号库房，4层楼，2号仓间。货棚编号书写的地方可根据具体情况而定，总之应让人一目了然。货场的编号一般写在地上，书写的材料要耐摩擦、耐雨淋、耐日晒。

（二）货场内货位的编号

货场内货位布置方式不同，其编号的方式也不同。货位布置的方式一般有横列式和纵列式两种。横列式，即货位与货场的宽平行排列，可采用横向编号；纵列式，即货位与货场的宽垂直排列，常采用纵向编号。无论横向编号还是纵向编号，编号的具体方法一般有两种：一是按照货位的排列，先编成排号，再在排号内按顺序编号；二是不编排号，采取从左至右和从前至后的方法，按顺序编号。

（三）货架上各货位的编号

可先将库房内所有的货架，以进入库门的方向，自前到后按排进行编号，继而对每排货架的货位按层、位进行编号。顺序应是从上到下，从左到右，从里到外。

在以整个货物进出的仓库里，货架的作用主要是提高库房利用率，货架的货位编号一般都从属段位编号，只需在段号末尾加注“上”字样，即可按位找货。在以拆件零发的仓库里，日常备货要存放在货架夹层或格眼内，为使货位编号适应不同的业务情况，可在以下四种编号方法中选择。

1. 区段法

区段法是把储存区域分成几个区段，然后对每个区段进行编号的一种方法。每个区段代表的储存区域较大，适合保管量大或保管周期短的商品。仓库管理人员在对仓库进行区域划分时，可以根据商品平均流量的大小确定区域大小。对于平均流量大的商品，可以多划分几个区域；对于平均流量比较小的商品，则应该少划分几个区域。

2. 品项群法

品项群法是指把需要储存的商品按照一定的类别分成几个商品群，对每个商品群进行编码的一种方法。这种方法适用于容易按照商品群保管的场合和品牌差距大的商品，如服饰群、五金群、食品群。

3. 地址法

地址法是参照建筑物的编号方法，利用保管区域的现成参考单位，如建筑物第几栋、排、行、层、格等，按照相关顺序来进行编号的一种方法，如同邮政地址的区、胡同、号一样。“四号定位法”是常用的地址法，采用四个数字号码对库房（货场）、货架（货区）、层次（排次）、货位（货垛）进行统一编号，例如6—7—2—12就是指6号库房，7号货架，第2层，12号货位。

4. 坐标法

坐标法是利用X、Y、Z空间概念，采用数学上的坐标法来编排货位的一种方法。这种编号方法直接对每个货位定位，货位切割较小，在管理上比较复杂，适用于流通率很小

且存放时间长的商品。

三、货位布局

(一) 货位布局的原则

1. 节约仓容的原则

货位的布局要符合节约仓容的原则，以最小的仓容储存尽量多的商品。在货位负荷量和高度基本固定的情况下，应从储存商品的重量、体积出发，使货位与商品的重量、体积紧密结合起来。对于轻包商品，应安排在负荷量小且高度高的货位；对于实重商品，应安排在负荷量大且高度低的货位。

2. “先进先出”“缓不围急”的原则

在货位安排时要避免后进商品围堵先进商品的现象。“缓不围急”是指避免储存期长的商品围堵储存期短的商品。出入库频率高和储存期短的商品，应安排在靠近出口的货位上。

3. “小票集中”“大不围小”“重近轻远”的原则

多种小批量商品应合用一个货位或者集中在一个货位区，避免夹在大批量商品的货位中。重货应离装卸作业区最近，以减少搬运作业量。

4. 作业量分布的均匀性原则

货位布局应能实现各货位的同时装卸作业，以提高效率。

5. 方便吞吐的原则

货位的布局应符合方便吞吐的原则，要方便商品进出库，尽可能缩短收货和发货的作业时间。

6. 确保商品安全的原则

为确保商品的安全，在货位布局时，应注意以下几个方面。

(1) 怕潮、易腐、易锈的商品应安排在干燥或密封的货位上。

(2) 怕光、怕热、易溶的商品应安排在低温的货位上。

(3) 怕冻的商品应安排在温度不低于0℃的货位上。

(4) 易燃易爆、有毒、有腐蚀性、有放射性的危险品应在郊区仓库分类储存。

(5) 性能相互抵触或有挥发性、串味的商品不能同区存储。

(6) 消防灭火方法不同的商品要分开储存。

(7) 外包装含水量过高的商品应与邻垛商品保持安全距离。

(8) 同一货区储存的商品要考虑有无虫害感染的可能。

(二) 货位布局的方式

1. 垂直式布局

垂直式布局是指货垛或货架的长度方向与仓库的侧墙垂直或平行的布局方式，主要包括横列式、纵列式和混合式三种布局方式。

(1) 横列式（见图3-11）。横列式布局是指货垛或货架的长度方向与仓库的侧墙互相垂直的布局方式。这种布局的主要优点是：主通道长且宽、副通道短，有利于商品的存取、检查；通风和采光条件好；有利于机械化作业。主要缺点是：主通道占用面积多，货场面积的利用率会受到影响。

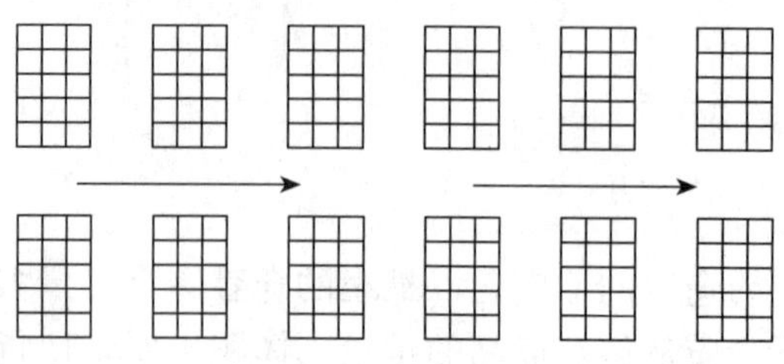

图 3－11　横列式

（2）纵列式（见图 3－12）。纵列式布局是指货垛或货架的长度方向与仓库的侧墙平行的布局方式。这种布局的主要优点是可以根据商品的不同在库时间和进出频繁程度安排货位：在库时间短、进出频繁的商品放置在主通道两侧；在库时间长、进出不频繁的商品放置在里侧。主要缺点是：存取货物不方便，不利于通风采光。

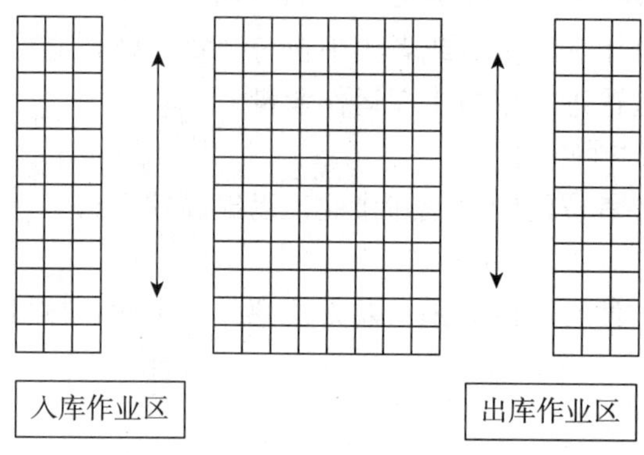

图 3－12　纵列式

（3）混合式（见图 3－13）。混合式布局是指在同一保管场所内，横列式布局和纵列式布局兼具的布局方式。

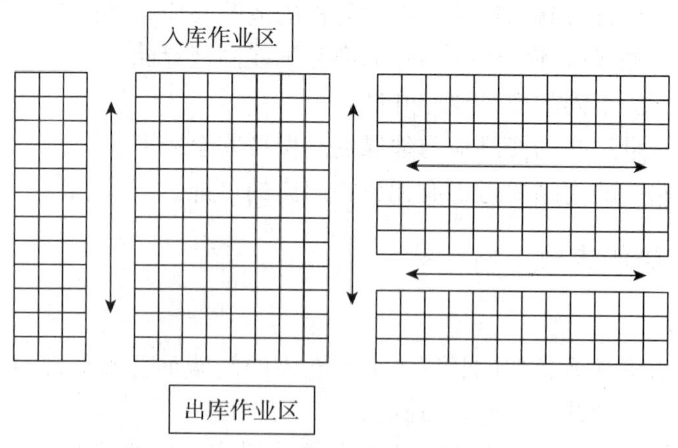

图 3－13　混合式

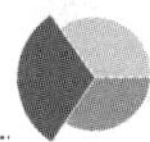

2. 倾斜式布局

倾斜式布局指货垛或货架的长度方向与仓库的侧墙或主通道成一定夹角的布局方式，具体包括货垛倾斜式布局和通道倾斜式布局。倾斜式布局的使用条件有很大的局限性，它只适用于品种单一、批量大、用托盘单元装载、就地码放、使用叉车搬运的货物，一般的综合仓库不宜采用该布局方式。

（1）货垛倾斜式布局是横列式布局的变形，它是为了便于叉车作业、缩小叉车的回转角度、提高作业效率而采用的布局方式，如图 3 - 14 所示。其最大的缺点是造成不少死角，不能充分利用仓库面积。

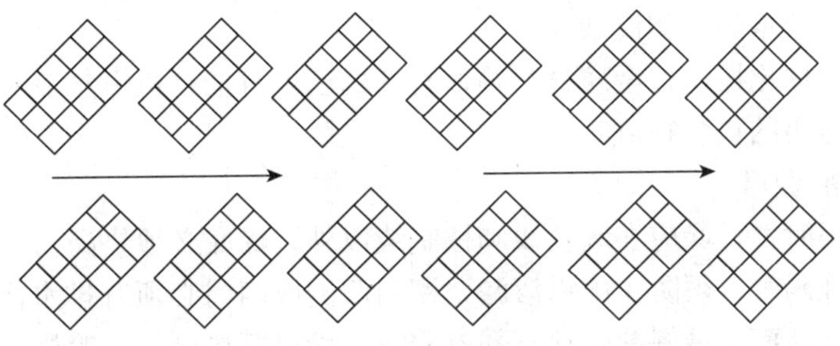

图 3 - 14　货垛倾斜式布局

（2）通道倾斜式布局是指仓库的通道斜穿储存区，把仓库划分为具有不同作业特点的区域，如大量储存和少量储存的储存区等，以便进行综合利用，如图 3 - 15 所示。在这种布局方式下，仓库形式复杂，进出库路径较多。

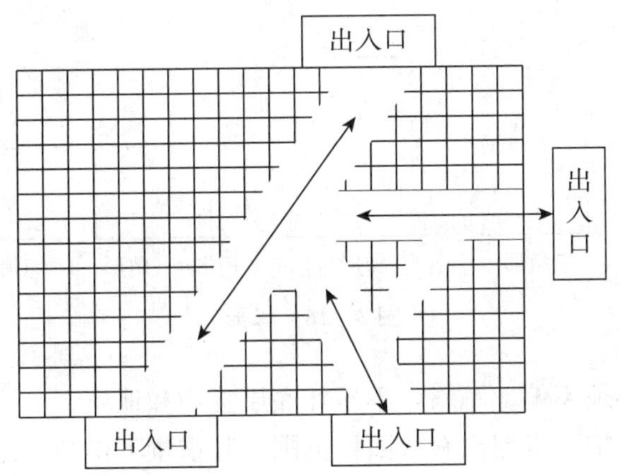

图 3 - 15　通道倾斜式布局

四、货物堆码

货物堆码，是指货物堆垛操作方式、方法的总称。它是根据货物的包装、外形、保管要求，结合仓库设备条件、储存时间长短，将货物按一定规律堆成各种形状货垛的方法。

货物的堆码方式直接影响货物的保管。合理的堆码能使货物不变形、不变质，保证货物质量的完好及储存安全，同时还能提高仓容的利用率，并便于货物的保管、养护与收发。

（一）货物堆码的基本要求

1. 堆码货物的要求

货物在正式堆码时，必须具备以下条件。

（1）货物的数量、质量已彻底查清。

（2）包装完好、标识清楚。

（3）外表的尘土、雨雪等已清除，不影响货物质量。

（4）受潮、锈蚀以及已发生某些质量变化或质量不合格的部分，已经加工恢复或者已剔除另行处理，与合格品不相混杂。

（5）为便于机械化操作，金属材料等该打捆的已经打捆，机电产品和仪器仪表等可集中装箱的已装入适用的包装箱。

2. 堆码场地的要求

（1）库内堆码时，货垛应在墙基线和柱基线以外，垛底必须垫高。

（2）货棚内堆码时，须防止雨雪渗漏，棚内两侧或四周必须有排水沟或排水管道，棚内地面应高于棚外地面，最好铺垫沙石并打实。堆垛时要垫垛，一般垫高 20～40cm。

（3）露天堆码时，场地应坚实、平坦、干燥、无积水及杂草，必须高于四周地面，垛底还应垫高 40cm，四周必须排水畅通。

3. 堆码过程的要求

（1）合理。垛形必须适合货物的性质特点，便于货物保管、养护，并有利于货物的先进先出。垛形如图 3－16 所示。

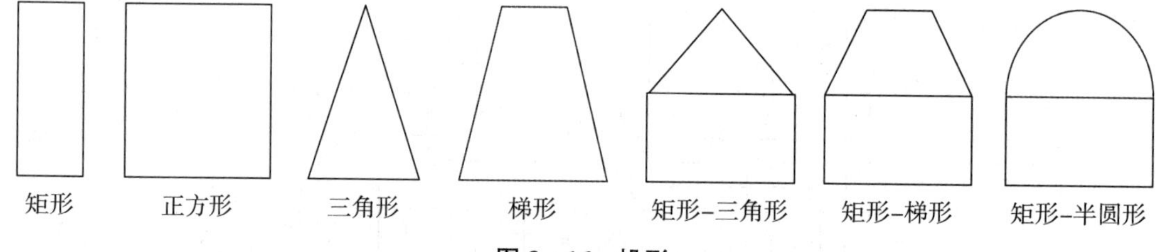

图 3－16　垛形

（2）牢固。货垛必须不偏、不斜，不压坏底层货物和地坪。

（3）定量。堆码货物不得超出有效面积范围，其重量不得超过地坪最大承压能力，高度不得超出可用高度。货垛的每层数量也应定量，如采用“五五化”堆码，码成总数为 5 的倍数的货垛，以便于计数和发货。

（4）整齐。堆码货物的包装标识必须一致向外。货物沿主通道、支道画线堆码，排列整齐、有序、清洁、美观。

（5）节省。要节省货位，提高库容利用率，减少作业环节，提高作业效率。

（二）货物堆码的原则

（1）面向通道进行保管。为使货物出入库方便，容易在仓库内移动，应将货物面向通

道保管。

（2）尽可能地向高处码放。为了有效利用库内容积，应尽量向高处码放；为防止破损，保证安全，应尽可能使用货架等。

（3）重下轻上原则。当货物重叠堆码时，应将重的货物放在下面，轻的货物放在上面。

（4）根据出入库频率选定位置。出入库频率高的货物应放在靠近出入口、易于作业的地方。流动性差的货物放在距离出入口稍远的地方。季节性货物则依其季节特性来选定位置。

（5）同一品种在同一地方储存原则。为提高作业效率和储存效率，同一货物或类似货物应放在同一地方储存，员工对库内货物放置位置的熟悉程度直接影响出入库的时间，将类似的货物放在邻近的地方也是提高作业效率的重要方法。

（6）便于识别原则。不同颜色、标记、规格、样式的货物应分别存放。

（7）便于点数原则。每垛货物可按 5 或 5 的倍数存放，以便于清点计数。

（8）依据形状安排保管方法。依据货物形状来保管也是很重要的，如标准形状的货物应放在托盘或货架上来保管。

（三）货物堆码的方式

货物堆码是指货物入库存放的操作方法和方式，关系到货物保管的安全、清点数量的便利，以及仓库容量利用率的提高。

货物堆码主要有以下几种方式。

1. 散堆方式

散堆方式是指将无包装的散货在仓库上堆成货堆的存放方式。这种方式特别适用于大宗散货，如煤炭、矿石、散粮和散化肥等。这种堆码方式简便，便于采用现代化的大型机械设备，可节省包装费用，提高仓容利用率，降低运费。

2. 垛堆方式

垛堆方式指对包装货物或长、大件货物进行堆码的方式。堆码方式应以增加堆高、提高仓容利用率、有利于保护货物质量为原则。具体方式有重叠式、纵横交错式、仰俯相间式、压缝式、通风式、栽柱式和“五五化”堆码等，部分常见的堆码方式如图 3－17 所示。

（1）重叠式。货垛各层货物的排列方法和数量一致。它是仓库中最常用的货物堆码的垛形，也是机械化作业的主要垛形之一，适用于体积较大、包装质地坚硬的货物，如中厚钢板、集装箱及其他箱装货物。其优点是空间利用率高、工人操作快、包装物四个角和边重叠垂直，承载力大。缺点是各层之间缺少咬合作用，稳定性差，容易发生塌垛。

（2）纵横交错式。相邻两层货物的摆放旋转 90°，一层横向放置，另一层纵向放置，层间纵横交错堆码，如图 3－17（b）所示。各层之间有一定的咬合效果，但咬合效果不高。这种堆码方式适用于长短一致的长条形货物，如小型方钢、钢锭，长短一致的管材、棒材，狭长的箱装材料等。

（3）仰俯相间式。其方法是把货物互相仰俯交错堆码，使货垛牢固。这种堆码方式适合钢轨、槽钢、角钢等货物。在露天货场堆码时，应一头高一头低，以便于雨水排出。

（4）压缝式。这是长方形包装的货物普遍采用的堆码方法。每层货物有规则地排列摆放，使每件货物跨压下层两件以上的货物，上下层每件货物形成十字交叉；每层货物件数相等，层层重叠，形成相对独立的小垛；若干小垛同样堆码，紧密相挨形成一个大货垛。这种堆码方式的优点是：层层压缝，货垛稳固，不易倒塌；储存大宗货物时便于分批出库，逐一腾出小垛占用的仓容。它适合阀门、缸、建筑卫生陶瓷和桶装货物的堆码，在化工仓库中最常用。

（5）通风式。为便于货物通风散潮，宜采用通风式堆码法。其打底方法基本上与压缝式相同，但需要每件货物的前后左右留出一定的空隙。通风式垛形常见的有“井”字形、“非”字形、“示”字形等。其优点是容易散发货物的温度和水分。这种堆码方式适用于易霉变、需通风散潮的货物，如木材制品等。

（6）栽柱式。其操作过程是在货垛的两旁各栽两三根木柱或钢棒，然后将中空钢等长、大五金材料平铺在柱子中间，将货物两侧相对立的柱子中用铅丝拉紧，以防倒塌。这种堆码方式多用于货场，适用于长、大五金商品，金属材料中的长条形材料，如圆钢、中空钢等。

（7）“五五化”堆码。“五五化”堆码是以五为基本计算单位，堆码成各种总数为五的倍数的货垛的堆码方式。这种堆码方式以五或五的倍数在固定区域内堆放，使货物“五五成行、五五成方、五五成包、五五成堆、五五成层”，堆放整齐，上下垂直，过目知数。这种堆码方式便于控制货物的数量、清点盘存。

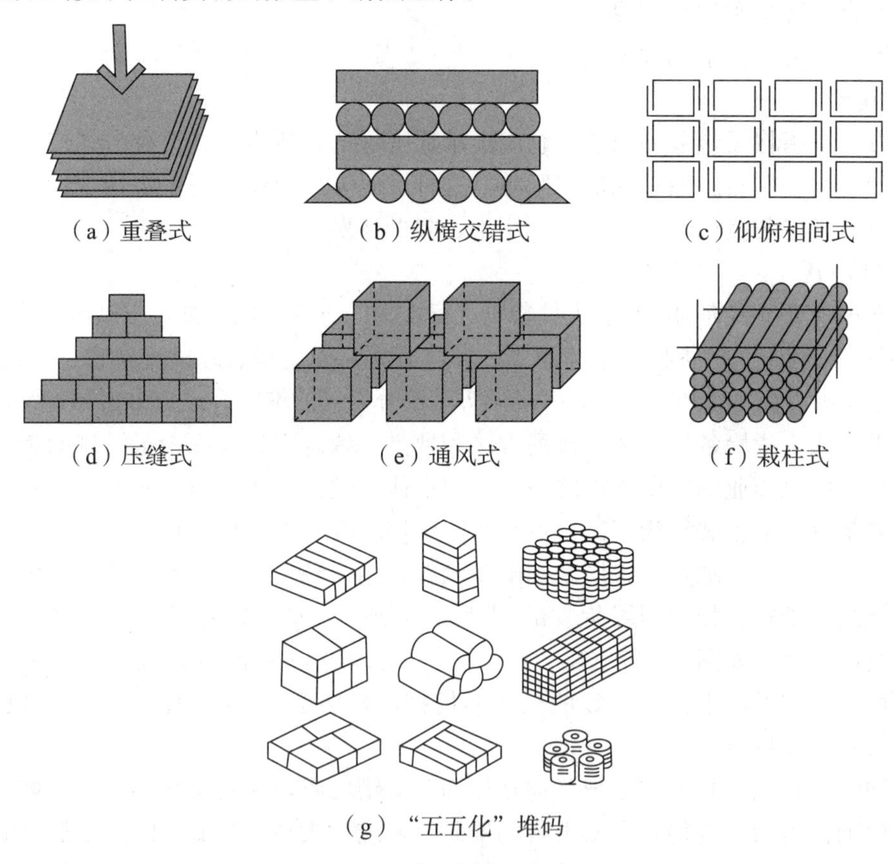

图3-17　部分常见的堆码方式

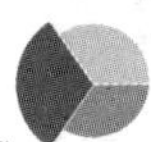

3. 货架方式

货架方式是指采用通用或者专用的货架进行货物堆码的方式，适合于存放小件货物或不宜堆高的货物。这种方式能够提高仓容的利用率，减少货物存取时的差错。

4. 成组堆码方式

这种方式采用成组工具使货物的堆存单元扩大。常用的成组工具有货板、托盘等。成组堆码一般每垛三四层，这种方式可以提高仓容利用率，实现货物的安全搬运和堆存，提高劳动效率，加快货物流转。

第六节　案例分析及实习实训指导

案例分析

河北快运公司仓库现存问题

2008 年 4 月 10 日一大早，还没走进办公室，马浩便听到一阵急促的电话铃声。马浩是河北快运公司总经理，上任两年来，公司业务量猛增，效益节节攀升。河北快运公司原是交通厅组建和控股的国有企业，2006 年 3 月 1 日正式改制更名为河北快运公司，现有 20 家分、子公司，其中河北省内有 11 家，省外有 9 家，分、子公司下设多个网点。

河北快运公司在册职工 500 人，加上临时工、司机等可达七八百人。现有仓储面积总共 40000m^2，车辆 650 辆，其中配送车 200 辆，厢式大货车 100 多辆。

河北快运公司主要的业务范围为医药、日用百货、卷烟、陶瓷、化工产品的物流配送，其中以医药的物流配送为主。河北快运公司还为多家大型企业，如国美、联合利华、可口可乐、联想、国达医药等，提供货运代理服务。

刚才的电话是凯蒂服饰公司经理乔宏打来的。该公司每天会向合作的 127 家零售商发货，为提高效率，其分拣、配送业务全部外包给了河北快运公司。因此，河北快运公司也专门为此在北京马驹桥的物流园区建立了一个配送中心，这是河北快运公司从未涉及的服装配送业务。配送中心用于进行凯蒂服饰公司的仓储分拣作业，并提供相应的送货服务。

“喂，是马总吗?”

“是乔经理呀，你好，你好。有些日子没联系了，最近生意可好啊?”

“托你的福，生意还好，这不又要给你送钱了嘛。”

“哦?”

“夏天一到马上又是销售旺季了，我得在你这多备点儿货，下面 127 家销售点的发货需求也马上要提高，这不就是给你送钱来了嘛!”

“吆，好事啊。”

“你得给我个准信儿，我这边发货计划一提（量），你那边配送得跟上啊。”

“那肯定没问题，什么时候耽误过你的事儿啊！”

“到时候库存量可能比现在高一半左右，每天发货量也会高很多，关键是夏天货销得快，你这可得保证供应，不能掉链子。”

“这个我也想到了，我这仓库的设计标准可比你的要求高得多，你就把心放肚子里吧。”

放下电话，马浩单手托着下巴，皱着眉头，思考了很长一段时间。其实在讲电话时，他心里就一直在打鼓，以现在的设施及人员配备，别说业务量增加，就目前的仓储业务应付起来都有些紧张，分拣速度也跟不上。关键是库房每天收到的退货也很多，这些退货往往是一些过季的服装，产品质量并没有问题，需要再次上架，等待次年销售。上上下下的人员从早忙到晚勉强能保证每天的配送量，下面的仓库主管也一直在抱怨。可是，又不能跟乔宏讲实情，如果说不能满足的话，以后可能就丢掉了这个大客户，那损失可就大了。

其实，马浩的苦衷由来已久。

早在两年前，河北快运公司就与凯蒂服饰公司建立了合作关系，最初是承担凯蒂服饰公司向部分零售商的配送业务，随着双方在合作上的一步步加强，凯蒂服饰公司于去年下半年将公司每天向127家零售商的配送业务全部交给河北快运公司处理，这样不仅每天出入库的业务量大大提高，库存量也随之加大，对公司仓库现有的储存能力和分拣能力都提出了更高的要求。

目前，存箱区的货物摆放没有采用托盘。虽然每天到货近400箱，但是由于规格很多，有近200多种规格，所以无法采用托盘。现在采用2m多高的货架，直接将整箱货物码在货架上，不严格按货位摆放。当需要往货架最上层码放货物时，需要借助梯子。货物在拣货区货架摆放是以件为单位的，拣货区的货架高约2m。发货前的装箱工作需要两个人进行，一个人念发货单，另一个人核对货物号，这样效率低，而且出错率高。

想要通过扩充仓库面积来达到储存量的成倍增加已经不太现实了，因为去年刚刚对仓库进行了大幅度扩充，由原来的3000m^2，一下提高到目前的4800m^2，仓库布置如图3-18和图3-19所示。

仓库现有员工17人，员工工资在仓库总成本中占有很大比例，马浩一直想通过裁员来降低仓库总成本，但是由于这段时期业务量不断增加，员工工作强度的确不小。另外，接下来凯蒂服饰公司配送业务量的增加对仓库的分拣能力也是相当大的考验。

目前，每个月约有43900箱、共计522万件服装的仓库储存量，根据对业务量的预测，5年后仓库容量要达到84000箱、1000万件。目前，每天发货127家，预计将来发货要达到300家。现在每月作业量约200万件（包括出、入库作业及退货返回），作业量虽然很大，但是将来作业量还会大幅度提高（见表3-6～表3-9）。

应该怎样对仓库进行改进从而使其储存能力和分拣能力满足凯蒂服饰公司对配送业务量的需求并尽量达到设计要求？实现这一目标需要投资多少？效率又会提高多少？

整整一个上午马浩都在思考这些问题，但是一直没有得到满意的答案。因此，他决定下午召集大家讨论这些让人头疼的问题。

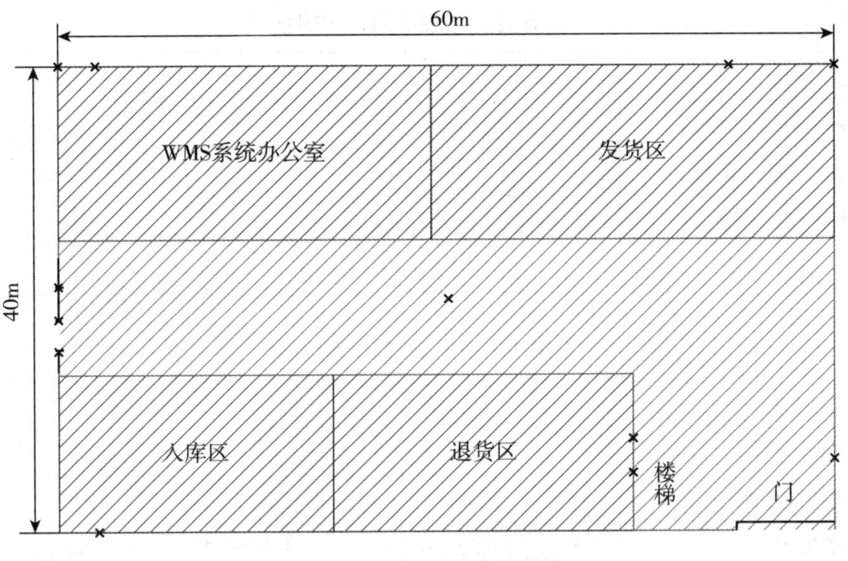

图 3-18　仓库一层布置图

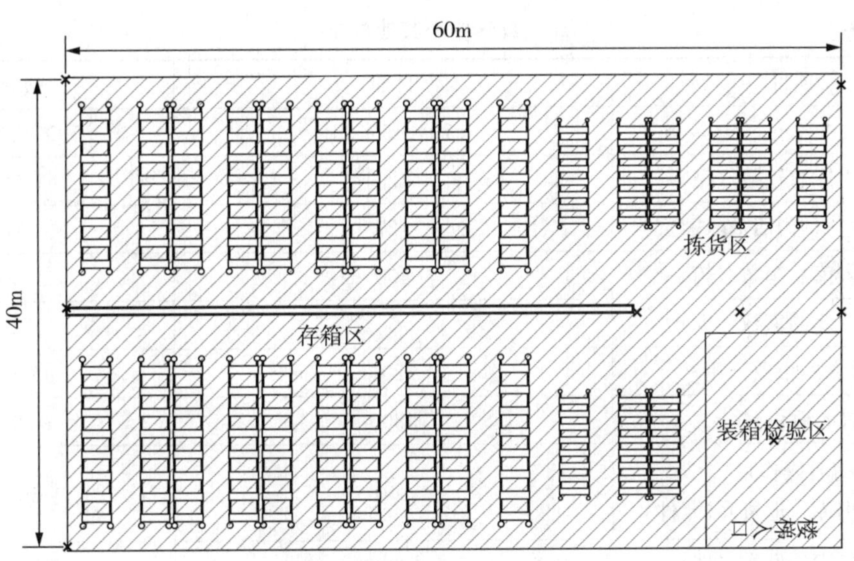

图 3-19　仓库二层布置图

表 3-6　配送中心每月储存货物　单位：箱

项目	目前	预计
存箱区箱数	29300	47300
拣货区箱数	8600	20600
未上货架箱数	6000	16100
合计	43900	84000

表3-7　仓库储存服装的品种与规格

项目	目前	预计
爱妮莎规格数（种）	6900	12000
多利亚码数（箱）	2400	7200
戴娜码数（箱）	3000	4800
合计	12300	24000

表3-8　配送中心每月储存服装的数量　单位：万件

项目	目前	预计
爱妮莎件数	420	690
多利亚件数	80.4	276.5
戴娜件数	21.6	33.5
小计	522	1000

表3-9　配送中心其他数据

项目	目前	预计
包装箱尺寸（cm×cm×cm）	70×45×35	70×45×35
每天出库总箱数（箱）	420	1100
每天发货的门店数（家）	127	300
每天入库总箱数（箱）	400	1000
每天入库的家数（家）	5	12
每月入库箱数（箱）	7200	18000
现有的面积（m^2）	4800	4800
每月操作量（入库、出库、退货）（万件）	200	500
每天出库的件数（件）	48000	120000
现有人数	主管1人、录入员4人、退货组5人、上货组4人、入库组3人、合计17人	不高于现有人数

案例思考题

1. 根据案例的内容，请详细描述河北快运公司所面临的困难。
2. 对于以医药的物流配送为主的物流企业，在服装物流方面的挑战和优势有哪些？
3. 请你从仓库规划和布局的角度为河北快运公司制定一套规划方案。

实习实训

一、实训名称：仓库规划与布局

二、实训目的

通过完成实训，掌握仓库规划与布局的内容，能运用仓库合理布局的基本原则来解决实际问题。

三、实训操作指导

（一）仓库分区分类业务能力训练

参观某一仓库，画出该仓库的总平面布局图，写出评价报告。

（1）参观某一仓库，了解该仓库的种类、专业化程度及储存物品的特点。

（2）画出该仓库的总平面布局图。

（3）按照平面布局的基本原则评价该仓库的布局是否合理。

（4）若有不妥之处，提出修改方案。

分区分类业务能力训练的目的是使学生能够根据仓库场地条件、仓库业务性质和规模、物资储存要求、技术设备的使用特点等因素，较熟练地对仓库各个组成部分，如库房、货场、辅助建筑物、库内道路、附属固定设备等，在规定范围内进行合理安排和布置。

（二）仓库货区布置的基本思路

（1）根据物品特性进行分区分类储存，将特性相近的物品集中存放。将单位体积大、质量大的物品存放在货架底层，并且靠近出库区和通道。将周转率高的物品存放在进出库装卸搬运最便捷的位置。将同一供应商或者同一客户的物品集中存放，以便于进行分拣配货作业。当仓库作业过程中出现某种物品物流量大、搬运距离远的情况时，则说明仓库的货位布局有错误。

（2）仓库货区规划应注意的问题。仓库要与经营现场靠近，通道顺畅；每个货区有相应的进仓门和出仓门，并有明确的标示牌；货区办公室尽可能设置在仓库附近，并有标示牌；测定安全存量、理想最低存量或定额存量，并有标示牌。

按储存容器的规格、楼面载重承受能力和叠放的限制高度将仓库分为若干仓位，并用油漆或美纹胶在地面标明仓位名、通道和通道走向。

仓库内要留有必要的废次品存放区、物料暂存区、待检区、发货区等。

仓库设计必须将安全因素考虑在内，须明确规定消防器材、消防通道和消防门的位置及救生措施等。

每个货区的进门处，须张贴仓库平面布局图，表明该货区所在的地理位置、周边环境、仓区货区、各类通道、门、窗和电梯等。

（三）技能训练步骤

（1）测量仓库的相关尺寸。

（2）计算仓库面积并进行货区分类。

（3）对仓库进行物品的分区分类。

（4）绘制仓库总平面布局图。

（5）画线、制作标示牌等。

指定五种物品，让学生回答其所属区域类别。训练检查表（1）如表3-10所示。

表3-10　训练检查表（1）

检查人		被检查人	
检查地点			
检查内容	分值（分）	得分（分）	
实地参观、测量的工作态度认真	15		
有理论联系实际的能力	15		
调查报告整洁、完整、正确	20		
仓库总平面布局图合理	15		
物品分区分类正确	20		
画线、制作标示牌认真、准确	15		
合计	100		

（四）货架货位、货场货位定位能力训练

1. 物品分区分类的方法

按种类和性质分区分类储存；按危险程度分区分类储存；按发运地分区分类储存；按仓储作业的特点分区分类储存；按仓库的条件及物品的特性分区分类储存。

2. 物品的编码

物品编码与物品分类关系密切，一般物品分类在前，物品编码在后。本部分采用层次码，代码有6个层次，每个层次分别以大部类、部类、大类、中类、小类、细类命名。代码结构如图3-20所示。

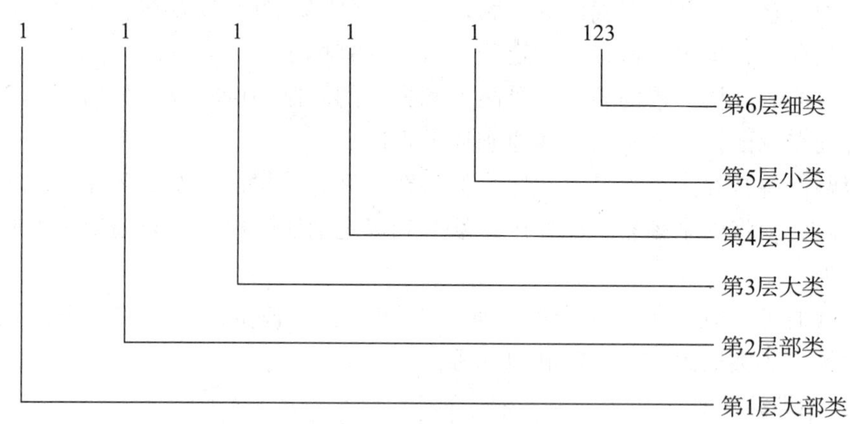

图3-20　代码结构

3. 编码方法

代码用8位阿拉伯数字表示。第1～5层代码各用1位数字表示，第1层代码为0～4，

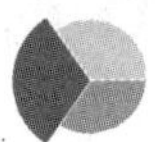

第2层、第5层代码为1～9，第3层、第4层代码为0～9，第6层代码用3位数字表示，代码为001～999，采用了顺序码和系列顺序码，第5层和第6层代码之间用圆点隔开，信息处理时应省略圆点符号。

本部分第2～5层代码，仅在1大部类、2大部类和4大部类的第3～4层中，有6条类目的代码个位数为“0”，如代码110，120，130，250，4160，4740（为CPC的码），其余备用。

第6层的顺序代码为001～999。系列顺序码其个位数是0（或9）的3位数字代码，如代码010，020，099，399等。

对分类终止于中间某一层级的类目名称的代码，信息处理时补“0”。

4. 货位的定位

货位的定位包括货位管理、货位的存放方式和货位编号。货位编号从标识设置、标识制作、编号顺序、段位间隔四个方面来考虑。训练检查表（2）如表3-11所示。

表3-11　　训练检查表（2）

检查人		被检查人	
检查地点			
检查内容	分值（分）	得分（分）	
指定货架物品编号正确	20		
指定货场物品编号正确	20		
按给定货架货位号，能准确找到相应库存物品	20		
按给定货场货位号，能准确找到相应库存物品	20		
能正确绘制仓库“物品货位图”	20		
合计	100		

四、实训考评

实训考评表如表3-12所示。

表3-12　　实训考评表

考评人		被考评人	
考评地点			
考评内容	分值（分）	得分（分）	
获取信息真实有效	20		
仓库的总平面布局图绘制正确，评价得当	30		
分区合理，能正确使用专业术语	20		
货位定位合理，能正确使用专业术语	20		
按时提交实训报告	10		
合计	100		

练习题

一、判断题

1. 附属于工业企业的仓库的选址主要是为了追求利润最大化。 （　　）

2. 仓库应选择在地质坚实、地势较高且平坦、环境干燥或易建地下仓库的地点，以降低建筑费用。 （　　）

3. 常见的货位编号方法有三种，分别为区段法、品项群法、地址法。 （　　）

4. 仓库与周围其他建筑物之间必须有安全隔离，以防止火灾蔓延。 （　　）

5. 仓库实用面积包括有效面积。 （　　）

6. 有效面积是指仓储作业占用面积，包括实用面积、通道面积、检验作业场地面积。 （　　）

7. 在定性关联图中，上三角记录关联程度等级的理由编号。 （　　）

8. 周转率越小的货物应该离仓库出入口越近。 （　　）

9. 烟、香皂和茶叶可以存放在一起。 （　　）

10. 货位管理就是指货品进入仓库之后对货品如何处理、如何放置、放置在何处等进行合理有效的规划和管理。 （　　）

二、单项选择题

1. 仓库建筑面积扣除办公、通道等不能用于储存货物的面积后的仓库存货面积称为（　　）。

A. 仓库的有效面积　　B. 仓库的实用面积
C. 仓库的总占地面积　　D. 仓库的储存面积

2. 直接影响仓库规模的因素是（　　）。

A. 库区场地条件　　B. 仓库业务性质
C. 仓库商品储存量　　D. 仓储技术条件

3. 某制造公司在 2015 年一季度的销售物料成本为 200 万元，季度初的库存价值为 30 万元，该季度末的库存价值为 50 万元，那么其库存周转率为（　　）次。

A. 5　　B. 4　　C. 6　　D. 10

4. 下列（　　）属于仓库的辅助作业区。

A. 铁路专用线　　B. 维修车间　　C. 道路　　D. 码头

5. 下列哪部分属于仓库的储存作业区？（　　）

A. 装卸台　　B. 车库　　C. 油库　　D. 变电室

6. （　　）主要确定仓库内两两活动区域间的关联程度。

A. 定量从至图　　B. 区域分析图　　C. 定性关联图　　D. 动线布置图

7. 在定性关联图中，用六个英文字母表示关联程度等级，其中 A 表示的是（　　）。

A. 特别重要　　B. 普通重要　　C. 绝对重要　　D. 一般重要

8. 在货场货区布置形式中，（　　）是指货位的长度方向与货场的长度方向相同。

A. 纵列式　　B. 横列式　　C. 混合式　　D. 倾斜式

9. （　　）是仓库中最常用的货物堆码的垛形，适用于体积较大、包装质地坚硬的货物。

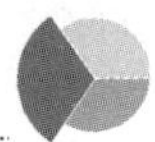

A. 重叠式　　B. 纵横交错式　　C. 通风式　　D. 压缝式

10. 适合钢轨、槽钢、角钢等货物的堆码方式是（　　）。

A. 重叠式　　B. 纵横交错式　　C. 通风式　　D. 仰伏相间式

11. 对于储存期较短的货物，在吞吐量较大的中转仓库或待运仓库，按（　　）进行分区分类储存。

A. 货物的危险性质　　B. 货物的种类

C. 货物流向　　D. 储存作业的特点

12. 在仓库的分区分类方法中，（　　）分区分类是按商品的自然属性归类，并集中存放在适当的场所。

A. 按货主不同　　B. 按商品种类和性质

C. 按商品流向不同　　D. 按商品危险性质

13.（　　）适合于存放小件货物或不易堆高的货物。

A. 散堆方式　　B. 垛堆方式　　C. 货架方式　　D. 成组堆码方式

三、简答题

1. 仓储规划的原则是什么？
2. 仓库选址应遵循哪些原则？
3. 仓库选址主要考虑哪些影响因素？
4. 仓库货位如何编号？
5. 仓库货物如何堆码？
6. 你所在地区的仓库，有无规模设计不合理之处？如有，提出自己的解决方案。

四、计算题

假设有5个工厂，坐标分别为 P_1（1，2）、P_2（7，4）、P_3（3，1）、P_4（5，5）、P_5（2，6），现要建立一个中心仓库为这5个工厂服务。工厂到中心仓库的运输由载货汽车来完成，运量按车次计算，分别为每天3次、5次、2次、1次、6次。请利用精确重心法求中心仓库的最佳位置。（保留三位小数）

五、方案设计题

已知某物流中心有六个作业区域，物流中心作业区域的定性关联图如图3-21所示，请制定该物流中心的区域布局规划方案。

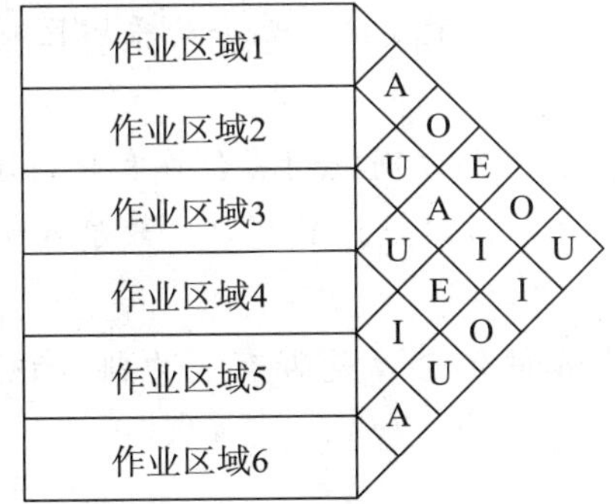

图3-21　物流中心作业区域的定性关联图

第四章　仓储作业管理

知识目标

1. 熟悉货物入库、出库的主要内容。
2. 能准确表述仓储的基本作业流程。
3. 能准确、及时地办理货物出入库交接手续。
4. 能正确处理货物出入库的问题。
5. 熟悉温控仓库作业的特点。
6. 了解盘点作业的技巧。
7. 掌握货物养护的方法。

能力目标

1. 能根据货物出入库的理论知识，完成实际中的货物出入库工作。
2. 能利用出入库信息，预测市场供需趋势。

导入案例

某物流公司出入库任务

某物流公司仓储中心管理规范，仓储经验丰富，地处北京顺义区，其仓储业务覆盖京津及周边区域。其为海尔、美的、戴尔等企业的家电产品及电子产品提供储存服务。由于储存货物性质不一样，该仓储中心将主要区域划分为平堆区、托盘货架区、高架立库区及其他辅助型功能区域。

2019年10月11日，仓管员小郑分别接到其合作客户海尔、美的、戴尔传真来的货物入库申请单，货物分别为海尔电冰箱、美的微波炉、戴尔音响。收到入库信息后，小郑需要完成如下工作。

（1）根据入库申请单的内容评估仓库是否有能力接收该批货物，进行入库申请的处理，并与客户沟通。

（2）编制入库作业计划。

（3）组织工作人员完成入库准备工作。

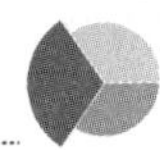

（4）货到后，组织仓库相关工作人员进行入库验收、交接、信息处理、装卸搬运及上架等工作。

那么，上述四项工作小郑应该如何分步骤完成呢？

第一节　入库作业

入库作业是仓储作业的首要环节，直接影响仓储管理质量，是整个仓储工作的重要前提。要保证入库作业的质量，就需要对入库作业进行合理规划，需要掌握入库作业的基本业务流程，并按照及时、准确、规范、严格的基本要求完成货物入库各环节的作业。入库作业主要包括如下环节：入库申请、入库作业计划、入库准备、接运、检查入库凭证、检查货物包装、办理交接手续、入库验收及登账、立卡。

一、入库作业的内涵、原则及流程

（一）入库作业的内涵

入库作业也称为收货作业，是仓储作业的开始。入库作业是指根据入库凭证，对入库货物进行的卸货、查点、验收、办理入库手续等各项业务活动的总称。

在确保货物入库时的数量和质量与入库前一致的情况下，仓管员根据入库申请单所说明的货物名称、规格、数量等内容进行检查、校对、交接、装卸搬运等一系列管理活动。

（二）入库作业的原则

入库作业的目标是迅速、安全、准确地组织收货，完成入库作业，因此，在规划入库作业时必须遵循以下原则。

1. 集中作业

在入库作业过程中，尽可能将卸货、分类、标识等作业环节集中在一个场所完成，这样既可减少空间的占用，也可以节省货物搬运所消耗的人力和物力。

2. 靠近原则

尽量使进货地点靠近货物存放点，避免货物入库过程的交叉、倒流。

3. 保持顺畅

依据各作业环节的相关性安排活动，合理布置作业顺序，避免倒装、倒流，特别是当货台有直接转运作业发生时，更应注意作业的顺畅性。

4. 集合化原则

对小件货物或可以使用托盘集合包装的货物，尽量固定在可流通的容器中进行搬运或储存，以减少货物倒装的次数。

5. 详细认真

详细认真记录入库信息，以备后续作业的查询及信息资料的管理。

6. 合理安排

合理安排装卸货站台的使用，货物在站台至储存区之间尽量保持直线流动。优先安排入库高峰作业时间，合理调配人力资源，以保证入库作业的顺利进行。

（三）入库作业的流程

为了对入库作业进行有效的控制，仓库应制定一套完整、规范的入库作业流程（见图4-1），具体如下。

1. 入库申请

入库申请是生成入库作业计划的基础和依据。入库申请由供应商提出，在其有需求时，供应商向仓库提出货物的入库申请。

2. 入库作业计划

入库作业计划编制的主要依据是存货人（供应商）向仓储企业提供的货物储存申报计划及本企业的储存能力和条件等。仓储业务部接到供应商的入库申请时，先简单了解供应商所储存货物的性质、数量，对仓库的要求及入库时间等信息，然后编制入库作业计划。入库作业计划是根据仓储合同和货物供货合同来编制的关于具体入库数量和入库时间进度的计划。

入库作业计划的主要内容包括到货时间、接运方式、包装单元与储存时间，及货物的名称、品种、规格、包装等详细信息。编制入库作业计划的目的是合理安排仓储业务活动，提高仓容利用率，合理调配人员、设备，降低仓储费用。

3. 入库准备

入库准备是保证货物入库稳中有序的重要条件。在货物未到达仓库之前，仓管员应根据仓储合同或者入库申请、入库作业计划，及时做好各项入库准备，以便货物能顺利、按时入库。入库准备包括熟悉入库货物、掌握仓库库场情况、制订仓储计划、妥善安排货位、准备苫垫材料和作业用具、合理组织人力、验收准备、装卸搬运工艺设定、文件单证准备等。

4. 接运

接运包括车站和码头提货、自提货、专用线接货、库内接货等。它涉及各当事人的权利与义务，是入库的重要环节。

做好货物接运业务管理的主要意义在于，防止在运输过程中或运输之前已经发生的货物损害和各种差错被带入仓库，减少或避免经济损失，为验收和保管、养护货物创造良好的条件。

5. 检查入库凭证

货物到库后，仓管员首先要检查入库凭证，然后根据入库凭证对货物单位和名称等内容进行核对。

6. 检查货物包装

在对货物进行大数验收的同时，还需要对每种货物的包装进行仔细的检查。仓管员应注意识别货物的包装是否完整、牢固，有无破损、受潮、水渍、油污等异状，要检查液体货物的包装有无渗漏痕迹，认真核对所有货物包装上的标识是否与入库通知单上的内容相符。

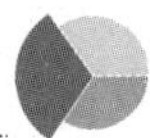

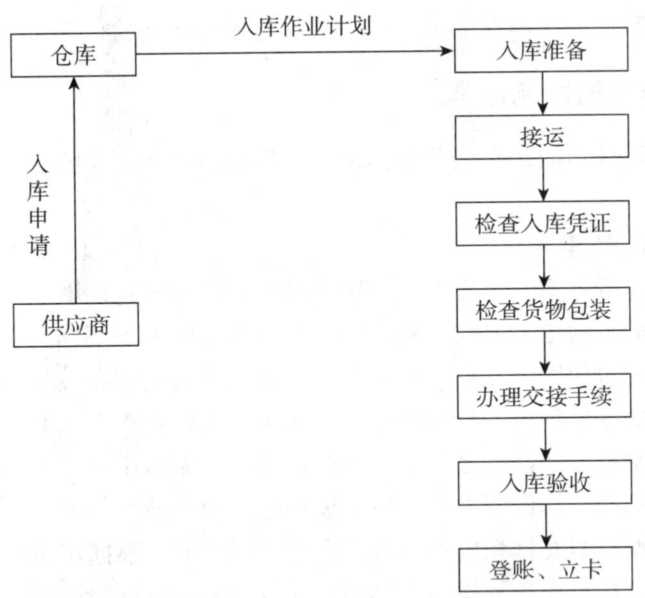

图 4-1　入库作业流程图

7. 办理交接手续

经过上述流程后，仓管员就可以与送货员办理交接手续。如果在上述环节中无异常情况出现，仓管员在送货单上盖章签字表示货物收讫；如发现有异常情况，必须在送货单上详细注明并由送货员签字，或由送货员出具差错、异常情况记录等书面材料，作为事后处理的依据。办理完交接手续，意味着划分清了运输、送货部门和仓库的责任。

有铁路专用线或水运专用码头的仓库，由铁路或水运部门运输货物入库时，仓管员从铁路专用线或水运专用码头上接货，直接与铁路或水运部门办理交接手续。

8. 入库验收

凡货物进入仓库储存，必须经过检查验收，只有检验后的货物，方可入库储存。货物入库检验是仓库把好"三关"（入库、储存、出库）的第一道，抓好货物入库质量关，能防止劣质货物流入流通领域。货物验收后，由仓管员或检验员将检验结果记录在货物入库凭证上，以便记账、查货和发货。按规定程序进行数量、质量检验是货物储存与养护的基础；可为货主退、换货及索赔提供依据；是避免库存积压、减少经济损失的手段；可杜绝假冒伪劣货物入库，维护国家与企业利益。

9. 登账、立卡

货物入库后，应及时填写验收记录表，并将有关入库信息及时准确地登记入账。仓库主管应督促、指导仓管员及时登账，更新库存货物的有关数据，并做好各种报表，仓库主管要及时审核签字。

将入库货物名称、规格、数量及出入库状态等内容填入事先做好的卡片（纸质或电子）上，并建立档案。

二、入库作业计划

入库作业计划是指仓储部门根据存货人对仓储需求的实际情况与仓储企业自身的储存

能力，通过科学的预测，突出在未来一定时期内仓库要达到的目标和实现目标的方法。

（一）入库作业的影响因素

在编制入库作业计划前，必须了解影响入库作业的因素，才能有针对性地做好各项准备工作。

1. 供应商方面的因素

供应商采用的送货方式、送货工具、送货时间等因素将直接影响入库作业的组织和计划，要根据供应商的不同送货方式，做好入库作业的各项准备工作。进行入库作业时必须考虑的影响因素主要包括以下几点。一是平均每天送货的供应商数量。来送货的供应商数量越多，入库货物的数量越多、品种越复杂，入库工作越繁重，从而导致设施设备使用紧张，进而导致服务水平下降，反之亦然。因此，进行入库作业时要合理调整每天送货的供应商的数量，保持均衡性，保证人员、设施设备配置的合理性与经济性。二是送货的车型及车辆台数。要根据车型安排相应的卸货站台及卸货方式，根据车辆台数安排相应的作业人员和设施设备。三是每辆车平均卸货时间。卸货时间越短，服务水平越高，对设施设备的自动化、机械化程度的要求就越高。四是货物到达的高峰时间。这是制订作业人员轮岗轮班计划的重要依据。五是货物的装车方式。装车方式不同，卸货的方式也不一样。

2. 货物的种类、特性与数量

不同货物具有不同的特性，这将直接影响入库作业计划的编制、接货方式及接货人员的安排等相关工作。平均每天送达的货物种类越多，货物之间的理化性质差异也就越大，对接货方式、装卸搬运机械及其他仓储设施设备的配备、库区货位的确定与分配、苫垫材料的选择等的影响就越大。货物保质期的长短直接影响货物的在库周期，保质期短的货物入库储存宜选用重力式货架，以严格保证先进先出，延长货物后续的销售周期和消费周期。

此外，单位货物的尺寸及重量对装卸搬运、堆码上架、库区货位的确定等作业环节会产生影响。尺寸小、重量小且未单元化的货物，入库时一般采用人工作业或人工辅助机械作业，上架储存；尺寸大、重量大的单位货物，则宜采用机械化装卸作业，堆码储存。

3. 作业人员

作业人员的配置直接影响入库作业的效率、准确性和安全性。入库作业要考虑现有的工作人员的技术、素质及如何合理利用这些人力资源，包括工作时间的合理调配、高峰期的作业组织等，进而尽可能缩短入库作业时间，避免车辆等待及装卸时间过长。

4. 设备及存货方式

仓库设备是影响入库作业的主要因素。在进行入库作业时，首先考虑仓库内是否配有叉车、传送带等设备；同时也要考虑货物在储存期间的作业状态，是否需要拆箱、再包装等，为入库安排提供帮助。若仓库设备齐全，机械化、自动化程度高，而且均为货架储存，则入库作业过程简单、效率高，仓容利用率高，便于管理；若仓库设备简陋，基本依赖人工操作，则入库作业效率低，仓容利用率低，管理难度大。

（二）编制入库作业计划

1. 入库申请的处理

入库申请是编制入库作业计划的基础和依据，是存货人（供货商）对仓储服务产生需求时，向仓储企业发出的需求通知。当仓储业务部收到存货人的入库申请后，要对此业务进行分析评估，包括到货日期、货物属性、数量、包装、储存时间及本企业的接运能力、储存空间、保管能力等。如分析评估后认为此业务本仓库可以承担，则仓储业务部根据入库申请编制入库作业计划，并及时通知存货人；如分析评估后认为此业务本仓库难以承担，仓储业务部可与存货人就存在的问题协商解决，如协商不能达成一致，可以拒绝此项入库申请。

2. 入库申请的形式

入库申请单是存货人给仓库的委托，即存货人向仓储企业提出入库申请的书面形式（见表 4－1）。一般入库申请单是存货人（货主或货主委托方）作为入库任务下达单位，根据仓储协议，在一批货物送达仓库前下达给仓库的申请单，仅仅起到预报入库信息的作用。在现代物流运作中，通过邮件或 EDI（电子数据交换）等形式进行入库申请，能够将仓储运作双方所需要的各种信息及时传递给对方，有效地提高运作效率及准确性，这也是无纸化办公的体现。入库申请单的内容包括入库流水单号、单据类型、入库时间、客户编号、客户姓名、入库申请人、申请人联系方式、受理人、受理人联系方式、仓库地址，以及货物的名称、单位、规格、毛重、包装材料及申请数量等信息。

表 4－1　　入库申请单

<table>
<tr><td colspan="3">入库流水单号</td><td colspan="8"></td></tr>
<tr><td colspan="3">单据类型</td><td colspan="3"></td><td colspan="2">入库时间</td><td colspan="3"></td></tr>
<tr><td colspan="3">客户编号</td><td colspan="3"></td><td colspan="2">客户姓名</td><td colspan="3"></td></tr>
<tr><td colspan="3">入库申请人</td><td colspan="3"></td><td colspan="2">申请人联系方式</td><td colspan="3"></td></tr>
<tr><td colspan="3">受理人</td><td colspan="3"></td><td colspan="2">受理人联系方式</td><td colspan="3"></td></tr>
<tr><td colspan="3">仓库地址</td><td colspan="8"></td></tr>
<tr><td>序号</td><td>入库编号</td><td>物品编号</td><td>名称</td><td>单位</td><td>规格</td><td>毛重</td><td>包装材料</td><td>申请数量</td><td>实际数量</td><td>情况说明</td></tr>
<tr><td></td><td></td><td></td><td></td><td></td><td></td><td></td><td></td><td></td><td></td><td></td></tr>
<tr><td>合计</td><td></td><td></td><td></td><td></td><td></td><td></td><td></td><td></td><td></td><td></td></tr>
</table>

供应商客户签字盖章：　　　　　　　　　　　　入库接收签字盖章：

时间：　　　　　　　　　　　　　　　　　　　时间：

三、入库前的具体准备工作

仓库管理部门要做好货物接收前的准备工作，确保货物准确、安全、迅速地入库。入库前的具体准备工作包括了解所接收货物的情况、规划存放位置、准备装卸搬运工具、准备验收工具、安排接货人员、准备相关文件资料和苫垫材料。

（一）了解所接收货物的情况

仓库在接到收货通知并确认其有效无误后，须在货物到达之前主动与采购部门或供货商联系，了解货物入库应具备的凭证及相关技术资料，如货物的性质、特点、保存方法和有关注意事项等，尤其是新货物或不熟悉的货物入库时要特别注意。

（二）规划存放位置

仓库在货物送达之前，应预先根据货物的性质、数量等信息，为货物安排好恰当的存放位置。货物的存放位置通常可以按照货物的种类、出入库批量及频率、危险性、归属单位、运输方式、仓储作业特点等进行安排。

（三）准备装卸搬运工具

根据仓库及存放货物的具体情况，选择恰当的工具对货物进行装卸搬运，从而达到缩短装卸搬运时间、提高仓库作业效率、降低企业成本的目的。

（四）准备验收工具

为保证入库作业的顺利进行，仓库应根据入库货物的验收内容和方法，以及货物的包装、体积、重量，准备各种称量器具、卡量工具、检测仪器和仪表等。同时要根据货物的特征、货位、设备条件、人员等情况，科学合理地制定装卸搬运的流程，准备好相关作业设备，安排好卸货站台或场地，提高装卸搬运作业的效率。

（五）安排接货人员

在接到收货通知时，仓库应根据货物入库的数量和时间，安排相关作业人员，包括装卸搬运员、验收员、理货员等。采用机械操作接货时，需要定人、定机，保证货物到达后，作业人员和相关设备能够及时调配到位。

（六）准备相关文件资料

仓库管理人员应提前准备好入库所需的相关文件资料，如入库记录单、理货检验单、料卡及残损单等。

（七）准备苫垫材料

仓库应根据货物的特性、体积、重量、数量和到货时间等信息，结合货物分区分类和货位管理的要求，确定货位。同时要做好防雨、防潮、防尘、防晒准备，即准备好所需的苫垫材料。苫垫材料应根据货位位置和货物特性进行合理的选择。垫垛材料应使货物避免受地坪潮气的侵蚀，并满足垛底通风的需求。其主要材料包括枕木、方木、木板、石条、水泥墩、防潮纸（布）及各种人工垫板等。苫盖材料主要应使货物免受风吹、雨淋、日

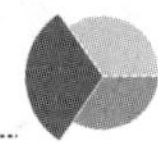

晒、冰冻的侵蚀，主要包括塑料布、席子、油毡纸、铁皮、苫布及各种人工苫盖瓦等。

四、货物接运

（一）接运的主要方式

除了一小部分货物由供货单位直接运到仓库交货外，大部分货物均通过铁路、公路、水路、航空等运输方式转运。接运的主要方式有车站和码头提货、自提货、专用线接货和库内接货等。下面介绍几种常见的接运方式与注意事项。

1. 车站和码头提货

负责接运的仓管员到车站和码头提货时，应根据运单和有关资料认真核对货物的名称、规格、数量、收货单位等，仔细进行外观检查，如包装是否铅封完好，有无水渍、油渍、受潮、锈蚀、破损等。如果发现与运单记载不相符合，应立即会同承运部门共同查清，并开具文字证明；对短缺、损坏等情况，应追究承运部门责任，并做好货运记录。

到车站和码头提货时，一般遵照以下步骤（见图 4 - 2）：①安排接运工具；②前往承运单位；③出示领货凭证；④检查货物状况；⑤装卸并运回货物；⑥办理内部交接。

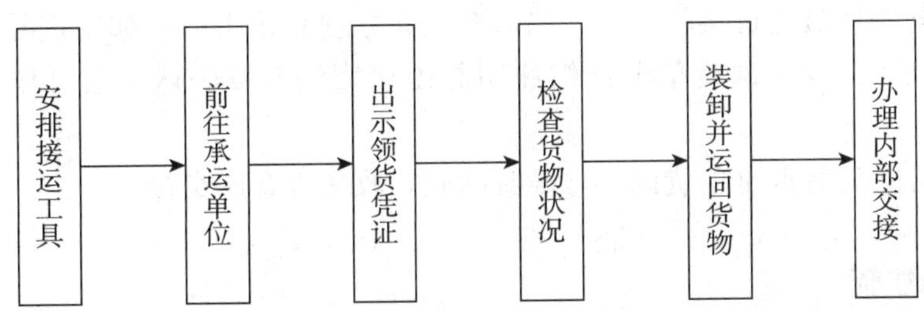

图 4 - 2　到车站和码头提货的步骤

2. 自提货

自提货是指负责接运的仓管员到供货单位处提货并自行运回的接运方式。这种方式的特点是提货与验收同时进行。仓库根据提货通知，了解所提货物的性质、规格、数量，准备好提货所需的设备、人员等；到供货单位当场进行货物验收，点清数量，查看外观质量，做好验收记录；提货回仓库后，交验收员或保管员复验。自提货时，一般遵照以下步骤（见图 4 - 3）：①做好接运准备；②前往供货单位；③出示提货凭证；④现场验货；⑤办理收货手续；⑥装卸并运回货物；⑦质量复检；⑧办理入库手续。

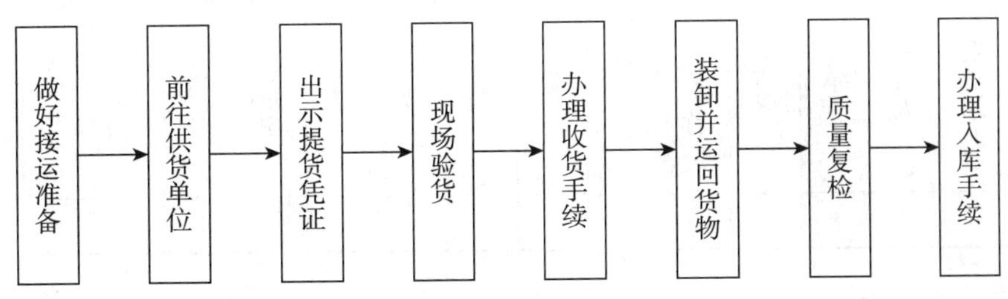

图 4 - 3　自提货的步骤

3. 专用线接货

专用线接货是一种铁路部门将转运的货物直接送到仓库内部专用线的接运方式。接运人员在接到车站到货的预报后，一般按照以下步骤（见图4-4）做好接运工作：①接车卸货准备；②卸车前检查；③卸车作业；④卸车后清理；⑤填写到货台账；⑥办理内部交接。

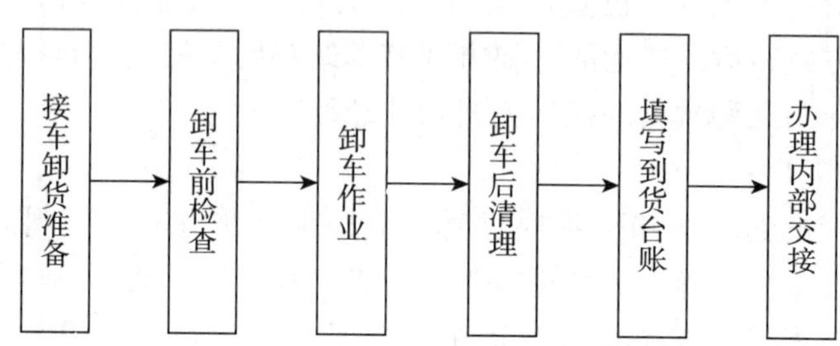

图4-4　专用线接货的步骤

4. 库内接货

库内接货是供货单位直接将货物送达仓库的方式，又称送料。当货物到达后，保管员或验收员直接与送货员进行接收工作，当面验收并办理交接手续。如发现异常情况，应该会同送货员查实，必须在送货单上详细注明并由送货员签章确认，这可作为事后处理的依据。

这种接运方式的特点是单货同行，随到随收，收货方仓库交接。

课堂讨论

图4-2至图4-4所示的接运步骤，在电子化、无纸化的环境下有何不同？

（二）接运记录

在完成货物接运工作的同时，每个步骤应有详细的记录。接运记录（见表4-2）应详列接运货物到达、接运、交接等各环节的情况。

表4-2　接运记录

到达记录									接运记录					交接记录			
通知到达时间	运输方式	发货站	发货人	运单号	车号	货物名称	件数	重量	日期	件数	重量	缺损情况	接运人	日期	接货通知单编号	附件	收货人

详细记录接运过程的目的如下。

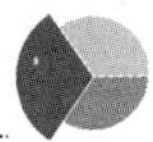

（1）用以检查接运工作各环节的效率，防止遗漏和积压。

（2）作为接运工作的基础统计。

（3）分清责任，追踪有关资料，促进验收、索赔、交涉等工作的顺利进行。

（4）有利于清理在途货物。

接运工作全部完成后，所有的接运资料，如接运记录、运单、普通记录、货运记录、损耗报告单、交接单、索赔单和文件、提货通知单及其他有关资料等均应分类输入相应的计算机系统以备复查。

（三）接运差错处理

在接运过程中，有可能会遇到错发、混装、漏装、丢失、受潮和污损等差错。面对这些情况，仓管员要先确定差错产生的原因，并要求责任单位作出合理赔偿。

1. 确认差错原因

接运人员在接运过程中，发现货物丢失、短少、变质、污染、损坏时，应首先核对运输单位（承运单位）提供的运输记录，以确定差错发生的原因。运输单位（承运单位）提供的运输记录主要有货运记录及普通记录两种。

（1）根据货运记录核对：货物名称、件数与运单记载是否相符；货物是否被盗、丢失或损坏；货物是否污损、受潮、生锈、霉变；其他货物差错方面的内容。货运记录可以明确事故责任，也可以作为货主的索赔依据。

（2）普通记录是承运单位开具的一般性证明文件，不具备向承运单位索赔的效力，但可以作为收货人向发货人交涉处理的依据。在通常情况下，由不可抗力造成的损失，由货物本身的自然性质或者合理损耗造成的损失，由托运人、收货人的过错造成的损失，供货单位是不负赔偿责任的。

2. 签收货物

确认货物情况与运输记录的内容相符后，接运人员应在运输记录中的“收货人”栏内签名，并领取运输记录的货主联。

3. 申请赔偿

收货人向承运单位申请赔偿是有一定时间限制的。在通常情况下，自领到货运记录的次日起 180 日内，收货人可以向货物到达站或发运站提出赔偿。

4. 做好接运记录

在完成货物接运工作的同时，每个步骤应有详细的接运记录。接运工作全部完成后，所有的接运资料，均应妥善保存以备复查。

五、检查入库凭证

货物运抵仓库后，仓管员首先要检查入库凭证，然后按入库凭证所列的收货单位、货物名称、规格及数量等具体内容，与货物各项标识核对。经复核无误后，即可进行下一道程序。通常入库货物应该具备以下凭证。

（1）业务主管部门或货主提供的入库通知单和订货合同、协议书等，这是仓库接收货物的主要凭证。

（2）供货单位提供的验收凭证，包括材质证明书、装箱单、磅码单、发货明细表、说明书、保修卡及合格证等。

（3）承运单位提供的运输单证，包括货物运单、货票和登记货物残损情况的货运记录、普通记录等，这些均可作为向责任方进行交涉的依据。

在整理、核实、查对以上凭证时，如果发现证件不齐或不符等情况，要与货主、供货单位、承运单位和有关业务部门及时联系解决。

六、检查货物包装

对到达货物的包装要进行仔细查看，查看包装有无被撬、开缝、污染、破损、水渍、沾湿等异常情况。被撬、开缝等有可能是货物被盗所致；污染一般为配装、堆存不当所致；破损有可能是装卸搬运作业不当、装载不当造成的；水渍和沾湿可能是雨淋、渗透、落水或潮解造成的。出现异常情况时，仓管员必须把该货物单独存放，并打开包装进行详细检查，查看内部货物有无短缺、破损或变质等情况。逐一查看包装标识，目的在于防止不同货物混入，避免差错，并根据标识指示操作，确保货物入库储存安全。

七、办理交接手续

交接手续是指仓库对收到的货物向送货人进行的确认，表示已经接收货物。办理完交接手续，意味着已划分清楚运输、送货部门和仓库的责任。完整的交接手续包括如下过程。

（一）接收货物

仓库通过理货、查验货物，将不良货物剔除、退回或者编制残损单证等明确责任，确定收到货物的确切数量。

（二）接收文件

接收送货人送交的货物资料、运输的货运记录，在随货运输单证上注明接收的文件名称、文号等，如图纸、准运证等。

（三）签署单证

仓库与送货人或承运人共同在送货人交来的送货单、交接清单上签字，并留存相应单证。若送货单与交接清单的信息不一致或货物、文件有差错，还应附上事故报告或说明，并由有关当事人签章，等待处理。

八、入库验收

凡货物进入仓库储存，必须经过检查验收，只有验收后的货物，方可入库保管。货物验收包括验收准备、核对单证和货物检验三个作业环节。

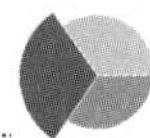

（一）验收准备

为了保证验收工作及时、准确地完成，提高验收效率，减少劳动力的消耗，仓库验收工作必须有计划、有准备地进行。仓库主管应组织相关工作人员做好各项验收准备工作，具体如图 4－5 所示。

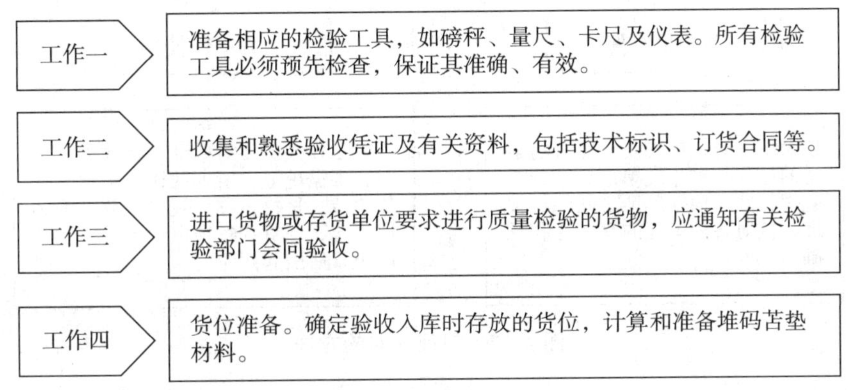

图 4－5　验收准备工作

此外，对于有些特殊货物的验收，如毒害品、腐蚀品、放射品等，还要准备相应的防护用品。

（二）核对单证

货物运抵仓库后，仓管员首先要核对货物的相关单证，然后按单证所列的收货单位、货物名称、规格、数量等具体内容与货物的各项标识核对。如发现有错误，应当做好记录，退回或另行存放，待联系后处理。经复核无误后，可进行下一道工序。需要核对的单证主要包括入库通知单、订货合同、送货单、装箱单、磅码单、原产地证明等。

1. 必须核对的单证

必须核对的单证如图 4－6 所示。

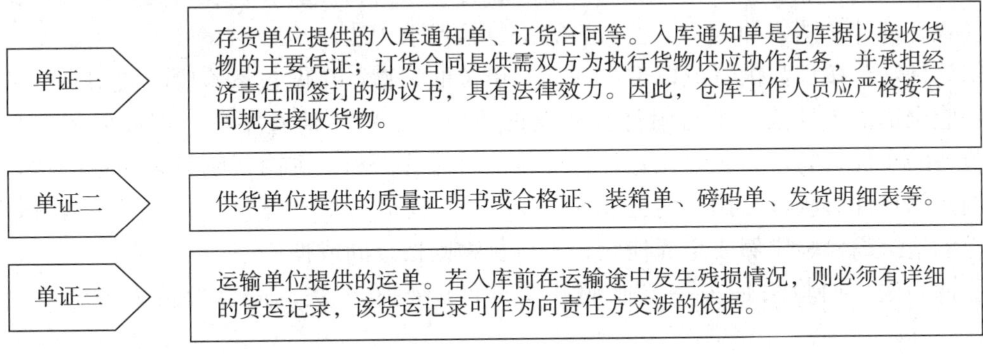

图 4－6　必须核对的单证

2. 核对单证的要求

核对单证就是将上述单证加以整理并核对。供货单位提供的发货明细表、质量证明书或合格证等均应与合同内容相符。

3. 单证核对的方法

单证核对的方法主要有两种，具体如图4-7所示。

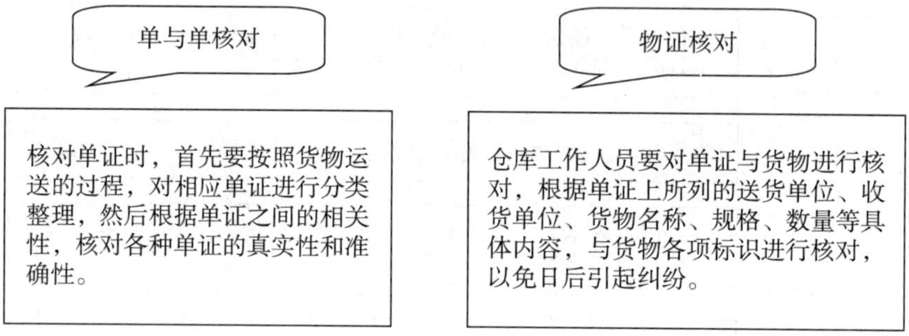

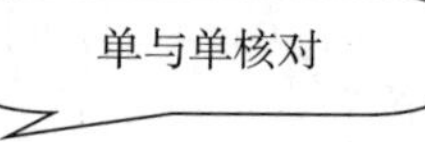

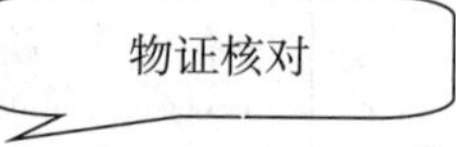

核对单证时，首先要按照货物运送的过程，对相应单证进行分类整理，然后根据单证之间的相关性，核对各种单证的真实性和准确性。

仓库工作人员要对单证与货物进行核对，根据单证上所列的送货单位、收货单位、货物名称、规格、数量等具体内容，与货物各项标识进行核对，以免日后引起纠纷。

图4-7 单证核对的方法

（三）货物检验

1. 确定检验比例

（1）全验。全验需要耗费大量人力、物力和时间，检验成本高，但可以保证验收质量。在货物批量小、规格复杂、包装不整齐的情况下，可采用此法。数量和外观质量一般要求全验。

（2）抽验。货物质量和储运管理水平的提高及数理统计的发展为抽验的实施提供了物质条件和理论基础。对于大批量、同包装、同规格、信誉较高的存货单位的货物，可采用抽验的方式检验。若在抽验中发现问题较多，应扩大抽验范围，直至全验。

2. 确定检验内容

（1）数量检验

数量检验是保证货物数量准确不可缺少的措施，要求在货物入库时一次性完成。一般在质量检验之前，由仓库保管职能机构组织进行。按货物性质和包装情况，数量检验分为四种形式，即计件法、抽验法、检斤换算法、检尺求积法。

①计件法。按件数供货或以件数为计量单位的货物，在做数量检验时要清点件数。计件货物应全部清查件数（带有附件和成套的机电设备的须清查主件、零部件和工具等）。固定包装的小件货物，如包装完好，打开包装对保管不利，国内货物可采用抽验法，按一定比例开箱点件验收，可抽验内包装5%～15%，其他只检查外包装，不拆包检查，贵重货物应酌情提高检验比例或全部检验；进口货物则按合同或惯例办理。

②抽验法。抽验法是按一定比例开箱点件的验收方法，适合批量大、定量包装的货物。

③检斤换算法。通过重量换算货物的数量，适合包装标准的货物。

④检尺求积法。对以体积为计量单位的货物，如木材、竹材、沙石等，先检尺，后求

体积，根据求得的数量验收。

凡是经过数量检验的货物，都应该填写磅码单。在做数量检验之前，还应根据货物来源、包装好坏或有关部门规定，确定对到库货物是采取抽验还是全验的方式。

（2）重量检验

①检斤法。对按重量供货或以重量为计量单位的货物，在重量检验时称重。货物的重量一般有毛重、皮重、净重之分。毛重是指货物重量加上包装重量的实重；净重是指货物本身的重量，即毛重减去皮重。我们通常所说的货物重量多是指货物的净重。金属材料、某些化工产品多采用检斤验收。按理论换算重量供应的货物，先要通过检尺，如金属材料中的板材、型材等，然后按规定的换算方法换算成重量验收。对于进口货物，原则上应全部检斤，但如果订货合同规定按理论换算重量交货，则按合同规定办理。所有经过检斤的货物，都应填写磅码单（见表4－3）。

表4－3　　磅码单

供货单位			品名		
合同编号			型号规格		
序号	重量	序号	重量	序号	重量
1		4		7	
2		5		8	
3		6		9	

②抽验法。这是对定量包装的、附有码单的货物，按合同规定的比例抽取一定数量的货物过磅的验收方法。抽验法适用于定量包装并附有码单的货物。

③平均扣除皮重法。按一定比例将包装拆下过磅，求得包装皮的重量，然后将未拆除包装的货物过磅，从而求得该货物的全部皮重和毛重。

④除皮核实法。选择部分货物分开过磅，分别求得货物的皮重和净重，再对包装标记的重量进行核对，以计算净重。

⑤约定重量法。存货方与保管方在签订保管合同时，对货物的皮重已按习惯数值有所约定，则可遵从其约定净重。

⑥整车复衡法。大宗无包装的货物，如煤、生铁等，检查时将整车引入地磅，然后扣除空车的重量，即可得到货物的净重。此法适合用于检验散装的块状、粒状或粉状的货物。

（3）质量检验

质量检验包括外观检验、尺寸精度检验、机械物理性能检验和化学成分检验。仓库一般只进行外观检验和尺寸精度检验，后两种检验如果有必要，则由仓库的技术管理职能机构取样，委托专门的检验机构检验。

①外观检验。外观检验是指通过外观来判断货物质量的方法。该方法简化了仓库的质量验收工作，避免了各部门反复进行复杂的质量检验，节约了成本。凡经过外观检验的货

物，都应填写验收记录单。外观检验的内容如下。

一是货物外观检验。对无包装的货物，直接查看其表面，检查是否有撞击、变形、生锈、破碎等损害。

二是货物的重量、尺寸检验。该检验由仓库的技术管理职能机构组织进行，对入库货物的单件重量、货物尺寸进行测量，确定货物的重量。

三是标签、标识检验。检查货物标签、标识是否具备，是否完整、清晰，标签、标识与货物内容是否一致。

四是气味、颜色、手感检验。对某些特定货物，必须通过货物的气味、颜色、手感来判断其是否新鲜，有无干涸、结块、溶化等现象。

五是打开外包装检验。外观有缺陷的货物，其质量可能受影响，当检验人员判定货物内容有受损可能时，就应该打开外包装检验。打开外包装检验时至少保证有两人在场。检验后，根据实际情况及时封装或更换包装，并印贴已验收的标识。

②尺寸精度检验。进行尺寸精度检验的货物主要是金属材料中的型材、部分机电产品和少数建筑材料。不同型材的尺寸精度检验各有特点，例如，椭圆材主要检验直径和圆度，管材主要检验壁厚和内径，板材主要检验厚度及均匀度等。对部分机电产品的检验，一般请用料单位派员工进行。尺寸精度检验是一项技术性强、很费时间的工作，全部检验工作量大，并且有些货物质量的特性只有通过破坏性的检验才能测到，所以一般采用抽验的方式进行。

③机械物理性能检验和化学成分检验。机械物理性能检验和化学成分检验是对货物内在质量进行的检验。对货物内在质量的检验要求具有一定的技术知识和检验手段，目前仓库多不具备这些条件，因此，这类检验一般由专门的技术检验部门负责，如羊毛含水量的检测、药粉含药量的检测、花生含黄曲霉的检测等。

（4）包装检验

包装检验是货物入库检验的重要内容。包装检验的标准与依据包括国家颁布的包装标准、购销双方合同或订单的要求与规定。包装检验的具体内容有：包装是否安全牢固；包装标识是否符合要求；包装材料的质量是否良好。对货物的包装要进行严格检验，凡是产品合同对包装有具体规定的要严格按规定验收，如箱板的厚度，纸箱、麻包的质量等。对包装的干潮程度，一般是用眼看、手摸的方法进行检查验收。表 4－4 列出了几种包装的安全含水量。

表 4－4　　几种包装的安全含水量

包装	安全含水量	说明
木箱（外包装）	18%～20%	内装易霉、易锈蚀货物
	18%～23%	内装一般货物
纸箱	12%～14%	五层瓦楞纸的外包装及纸板衬垫
	10%～12%	三层瓦楞纸的外包装及纸板衬垫

续表

包装	安全含水量	说明
胶合板箱	15%～16%	无
布包	9%～10%	无

3. 验收中问题的处理

仓库到库货物来源复杂，涉及货物生产、采购、运输等多个作业环节，在货物验收过程中，如果发现货物数量或质量的问题，应该严格按照有关制度进行处理。验收过程中发现的货物数量和质量问题可能发生在各个流通环节，可能是由供货方、交通运输部门或收货方本身的工作造成的。按照有关规章制度对问题进行处理，有利于分清各方的责任，并促使有关责任部门吸取教训，改进今后的工作。因此，对验收过程发现的问题进行处理时应该注意以下几个方面。

（1）单证问题的处理。验收过程中若需要的证件不齐全，要及时向供应商索取，到库货物应作为待检验品堆放在待检区，待证件到齐后再进行检验。证件未到之前，不能检验，不能入库，更不能发货。

（2）证物不符问题的处理。验收过程中发现单证与实物不符时，应把到库货物放置于待检区，并及时与供应商进行交涉，可以采取拒绝收货、改单签收或退单、退货的方式解决。

（3）数量检验问题的处理。数量短缺或溢余在规定范围内的，可按原数入账。凡超过规定范围的，应查对核实，填写验收记录和磅码单，主管部门依此向供货单位办理交涉。对数量溢余较大的情况，可选择退回货物的方式解决；对数量短缺较大的情况，可按实数签收并及时通知供应商。

（4）质量检验问题的处理。检验过程中，凡发现质量不符合检验规定的情况，应及时向供货单位办理退货、换货交涉，或征得供货单位同意代为修理，或在不影响使用前提下降价处理。发现规格不符或错发时，应先将规格对的予以入库，规格不对的做好验收记录并交给相应部门办理退货。

九、登账、立卡

（一）登账

货物到达仓库，经验收确认、办理交接手续后，仓管员应将仓储货物的有关信息录入仓库管理信息系统，录入的信息通常包含如下几方面。

（1）货物的一般信息。主要包括货物名称、类别、规格、型号、质量验收记录、生产日期或批号、保质期、包装单位、包装尺寸、包装容器、单位重量、价格等。

（2）供应商信息。主要包括供应商名称、合同号、编号、送货日期、送货订单完成情况等。

（3）订单信息。主要包括订单对应号、序号、当日收货单序号。

录入以上信息后，仓库管理信息系统将自动更新和储存录入的信息。货物入库数量的录入将增加在库货物账面余额，从而保证货物账面数目与实际库存数量一致，既为保管货物的数量与质量提供了依据，也为库存货物数量的控制和采购决策提供了参考。对作业过程中产生的单据和其他原始资料，应注意根据一定的标准（如按不同的供应商或时间顺序等）归类整理，留存备查。

（二）立卡

立卡即建立仓储卡。仓储卡又叫料签、料卡、保管卡，它是一种实物标签（在无纸化、电子化运作模式下不需要这种标签，二维码等技术可代替该项目内容），是仓管员管理货物的“耳目”，能够直接反映该垛货物的品名、型号、规格、数量、出入动态和积存数。

1. 确定仓储卡的内容

仓储卡应按入库通知单所列内容逐项填写。货物入库堆码完毕后，应立即建立仓储卡，一垛一卡。货物仓储卡的主要内容涉及以下几个方面。

（1）货物的状态，如待检、待处理、不合格、合格等。

（2）货物的名称、规格、供应商和批次等。

（3）货物的入库、出库与库存动态等信息。

仓储卡上的内容不是一成不变的，仓管员可以根据仓储业务的具体情况，对货物仓储卡的具体内容做适当的调整。例如，对设置了专门的待检区、待处理区、合格产品区、不合格产品区的仓库，在设置仓储卡时，可以省略货物的状态。为了便于对货物存量进行控制及管理，可以在货物仓储卡上增加货物的估计用量、安全库存等信息。

2. 管理仓储卡

为了使仓储卡充分发挥其作用，仓管员在管理仓储卡时需要注意以下问题。

（1）选择恰当的放置位置。货物仓储卡一般悬挂在上架货物的下方或放在货物堆垛上方。仓储卡的悬挂位置要明显、牢固，并便于随时填写。

（2）及时更新内容。在使用仓储卡时，仓管员要根据作业的内容，及时更新仓储卡上的内容。当新货物入库时，要为其设置专门的仓储卡；当货物入库、出库、盘点后，要立即在仓储卡上的相关位置填写具体信息；当某货物清库后，要将仓储卡收回，并放置于该货物的档案中。

第二节　储存作业管理

储存作业管理是仓储与配送作业的核心环节，也是货物出库作业的基础。对储存货物进行科学管理，能够保证仓储货物数量和质量完好无损，减少出入库的操作时间，提高作业效率，降低仓储成本，方便拣选和搬运，保证后续作业顺利进行。因此，必须重视储存作业管理全过程。

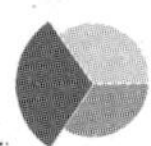

一、储存作业管理概述

(一) 储存作业管理的含义

货物经过验收入库后，便进入储存作业管理阶段。货物的储存作业管理主要是根据仓库的实际条件、货物的性质，采用合理、经济的储存方法对储存货物进行保存和养护，实施库存现场5S（整理 Seiri、整顿 Seiton、清扫 Seiso、清洁 Seiketsu、素养 Shitsuke）管理及盘点，确保储存货物的数量与质量，实现货物时间上的优化配置，提高货物的使用价值。

(二) 储存作业管理的方法

1. 建立健全的仓库管理制度

为了有法可依、有章可循，提高仓库管理水平，应建立健全的仓库管理制度，实施制度管理。仓库管理制度是指对仓库各方面的作业要求、奖惩规定、其他管理要求等进行明确的规定，给出工作的方向和目标、工作的方法和措施，如仓库安全作业指导、仓库日常作业管理流程、仓库单据及账务处理流程、仓库盘点管理流程、特殊情况处理制度等。

2. 根据实际情况制定仓库管理员的主要职责

在储存作业管理中，仓库管理员的主要职责包括以下几个方面。

（1）熟悉货物品种、规格、型号、产地及性能，对货物做好标记，分类储存，进行科学管理与养护。

（2）借助库存管理系统，随时掌握库存动态，控制货物库存数量与质量，保证及时供货，降低物流成本。

（3）通过盘点查明货物库存的实际数量，核对库存账面资料与实际库存数量是否一致。

（4）借助科学方法和手段，检查在库货物的质量有无变化，运用库存管理系统自动预警货物的有效期或保质期的剩余天数，检查有无长期积压等现象，确保货物质量，降低浪费率。

（5）检查不同种类货物的储存条件是否与各种货物的特征要求相符合，堆码是否合理、稳固，库内温度、湿度、空气成分是否符合存货要求，各类计量器具是否准确等。

（6）检查各种安全措施和消防设备、器材是否符合安全要求，防水和防火等安全措施是否妥当，建筑物和设备是否处于安全状态，货物储存、摆放是否安全、可靠，及时消除不安全因素。

(三) 储存作业管理的要求

各种原材料、在制品、成品均应储存在适宜的场所，储存场所的条件应与货物养护要求相适应。货物储存应确保符合图 4－8 所示的要求。

1. 储存区域整洁

储存区域应保持整洁。

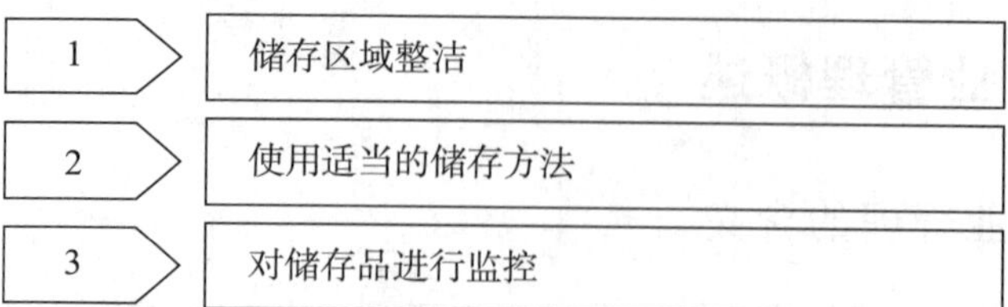

图4-8 货物储存的要求

2. 使用适当的储存方法

储存中可能会腐蚀和变质的货物，应按一定的防腐蚀和防变质的方法进行清洗、防护、特殊包装和存放。对温度、湿度和其他条件敏感的货物，应有明显的识别标记，并单独存放。

3. 对储存品进行监控

对储存品的监控主要有四个要点，具体如图4-9所示。

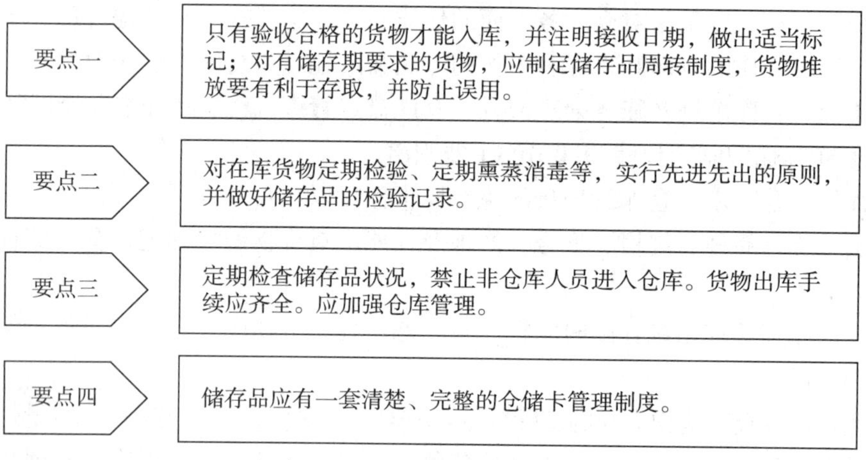

图4-9 对储存品的监控要点

二、储位管理

（一）储位管理的内涵

1. 储位管理的定义

储位管理就是通过合理规划库区，对库存进行分类储存、建立仓储秩序，对货物进行定位管理，以解决仓库空间利用和库存货物储位成本之间平衡的问题。它不仅直接影响入库作业的流畅性，还将直接对出入库作业和储存作业的成本产生影响。

储位管理的主要作用是提供准确的储存位置，方便入库、出库查询等，从而节省操作时间，提高工作效率，利于合理使用空间；便于货物养护和检查盘点；利于掌握和控制货物存量；避免货物乱堆乱放导致过期报废；利于合理配置机械设备等仓储资源；便于利用现代化信息技术科学管理并提高工作效率。

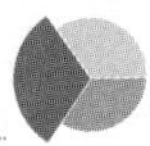

2. 储位管理的步骤

仓库中的每一批货物在理化性质、来源、去向、批号、保质期等方面都有所不同，仓库要为这些货物确定一个合理的储位，既要保证保管的需要，更要便于仓库的作业和管理。仓库需要按照货物自身的理化性质和储存要求，根据分库、分区、分类的原则，使货物存放在固定的区域与位置。此外，还应进一步在定置区域内，按货物材质和型号规格等分类，并按一定顺序依次存放。储位管理的基本步骤如图 4－10 所示。

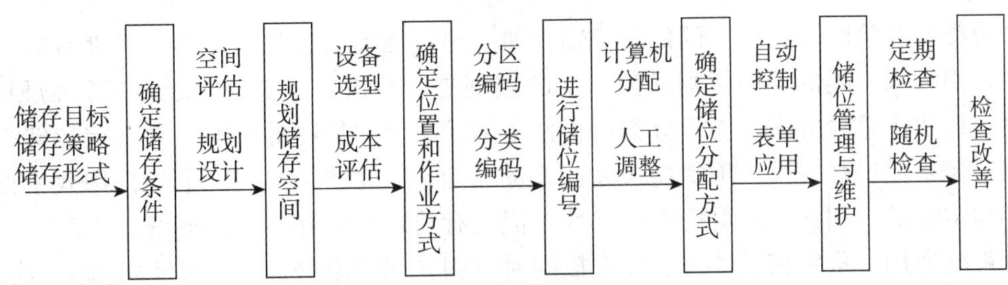

图 4－10　储位管理的基本步骤

（二）储存策略

储存作业要最大限度地利用空间，最有效地利用劳动力和设备，对货物进行良好的保护和管理，这都需要良好的储存策略来支撑。储存策略是减少出入库移动距离、缩短作业时间、充分利用储存空间、划分与管理储存货物的方法。储存策略包括定位储存、随机储存、分类储存、分类随机储存和共同储存五大策略。

1. 定位储存

采用定位储存策略时，每一项储存的货物都有固定储位，不同货物不能共用储位，因此，每项货物的储位容量不得小于其可能的最大在库量。

通过定位储存，每项货物都有固定的储存位置，拣货人员容易熟悉货物储位，进而提高工作效率。货物的储位可按周转率大小（出入库频率）安排，以缩短出入库搬运距离；也可针对各种货物的特性安排和调整储位，避免货物因生物、物理或化学特性等不同而产生不好的影响。但是储位划分必须按各项货物的最大在库量设计，因此，储存空间平时的使用效率较低。

总之，定位储存容易管理，所使用的总搬运时间较少，却占用较多的储存空间。

此策略适用于库房空间大、储存的货物量少且品种多的情况。

2. 随机储存

在随机储存策略下，货物的储存位置是随机指定的，而且可经常改变。也就是说，任何货物都可以被存放在任何可利用的位置。货物一般是由储存人员按习惯来储存的，且通常可按货物入库的时间顺序储存在靠近出入口的储位。

随机储存策略下，由于储位可共用，因此库容只需按所有库存货物最大在库量设计即可，储存空间的使用效率较高。

该储存策略的缺点是：货物的出入库管理及盘点工作困难程度较高；周转率高的货物

可能被储存在离出入口较远的位置，增加了出入库的搬运距离；具有相互影响特性的货物可能相邻储存，对货物造成伤害。

若能运用计算机进行库存管理，记录仓库中每项货物的储存位置，则不仅可以随时查询货物的储存位置，而且也能随时调配货物的储存位置。依计算机所显示的各储区储位剩余空间来配合货物储位的安排，必要时也能调整货物储存位置。

此策略适用于仓库空间有限，储存货物种类少或体积大的情况。

3. 分类储存

在分类储存策略下，所有的储存货物按照一定特性加以分类，每类货物都有固定存放的位置，而同属一类的不同货物又按一定的规则进行存放。分类储存通常按货物相关性、流动性、尺寸、重量等来分类。分类储存便于周转率大的货物的存取，具有定位储存的各项优点。但是储位必须按各项货物最大在库量设计，因此储区空间的平均使用效率低。分类储存与定位储存相比，具有更大的弹性，但也有与定位储存同样的缺点。

此策略适用于货物相关性大、经常被同时订购、周转率差别大、尺寸相差大的情况。

4. 分类随机储存

在分类随机储存策略下，每一类货物都有固定存放的储区，但在各类储区内，每个储位的指派是随机的。

分类随机储存具有分类储存的部分优点，可以节省储位数量，提高储区利用率。同时分类随机储存也存在货物出入库管理及盘点工作的困难程度较高、需要的储存空间量介于分类储存及随机储存之间的缺点。

此策略适用于仓库面积不足，储存货物品种较多的情况。

5. 共同储存

在确定知道各货物出入库时间的情况下，不同的货物可共用相同储位，这种储存方法称为共同储存。这种储存方法的优点是可节省空间，缩短搬运时间。这种储存方法的缺点是管理复杂。

此策略适用于货物品种少、周转快的情况。刚开始运营的仓库最好不要采用共同储存策略。

【例 4－1】 某仓库电器储区的 8 种货物以往的统计资料如表 4－5 所示。电器储区平面图如图 4－11 所示。

表 4－5　　某仓库电器储区的 8 种货物以往的统计资料

序号	货物种类	搬运次数（次）	所需储位数（个）	重量修正系数
1	A. 电视	900	4	1.5
2	B. 电烤箱	660	3	1.5
3	C. 电熨斗	300	1	1.0
4	D. 台式电风扇	280	1	1.2
5	E. 微波炉	420	2	1.5

续表

序号	货物种类	搬运次数（次）	所需储位数（个）	重量修正系数
6	F. 空调	530	2	1.5
7	G. 充电器	720	1	1.0
8	H. 电磁炉	560	2	1.2
合计				

8	7	6	5	4	3	2	1	
通			道					出入口
16	15	14	13	12	11	10	9	

图 4－11 电器储区平面图

靠近出入口的优先顺序如表 4－6 所示。根据表 4－6 可安排一个如图 4－12 所示的可行方案。为了使相同货物尽量在同一区域、货架同一侧，在图 4－12 所示方案的基础上进行改进，改进后的方案如图 4－13 所示。在图 4－13 中，B 和 E 各放在一侧。

表 4－6 靠近出入口的优先顺序

序号	货物种类	搬运次数（次）	所需储位数（个）	每个储位的搬运次数（次）	靠近出入口的优先顺序
1	G. 充电器	720	1	720	1
2	C. 电熨斗	300	1	300	2
3	D. 台式电风扇	280	1	280	3
4	H. 电磁炉	560	2	280	4
5	F. 空调	530	2	265	5
6	A. 电视	900	4	225	6
7	B. 电烤箱	660	3	220	7
8	E. 微波炉	420	2	210	8

8-E	7-B	6-B	5-A	4-F	3-F	2-D	1-G	
通			道					出入口
16-E	15-B	14-A	13-A	12-A	11-H	10-H	9-C	

图 4－12 初始储区平面图

8-B	7-B	6-B	5-A	4-F	3-F	2-D	1-G
通				道			出入口
16-E	15-E	14-A	13-A	12-A	11-H	10-H	9-C

图 4－13　改进后储区平面图

在例 4－1 中，若考虑重量因素，应如何安排储位？（重量修正系数参见表 4－5 最后一列）

三、货物养护

（一）货物养护概述

1. 货物养护的含义

货物养护是指货物在储存过程中所进行的保养和维护。它是根据货物在储存过程中的质量变化规律，采取相应的科学措施，对货物进行有效保养与维护，保持其使用价值及价值的活动。货物在储存过程中，受本身的自然属性和环境因素的影响，其质量容易发生一定的变化。从广义上说，货物从离开生产领域到进入消费领域之前这段时间的保养与维护工作，都被称为养护。

2. 货物养护的内容

根据货物的特点及储存条件的不同，货物养护的内容略有不同。通常货物养护的主要内容是防水、防潮、防热、防寒、防风吹日晒、防尘、防震、防虫、防霉、防火、防爆、防锈蚀、防毒害、防老化、防挥发、防溶化、防风化、防熔化、防散失、防干燥等。货物养护的重点是进行温湿度控制，主要措施是通风、密封和吸湿。

货物只能在一定的时间内、一定的条件下保持其质量的稳定性。货物经过一定的时间，可能发生质量变化，这种情况在货物运输和储存中都会出现。我们这里主要研究储存中的情况。要做好储存货物的养护工作，首先，要研究被储存物本身的自然属性，即货物的结构、成分和性质；其次，要了解货物的储存环境，包括温度、湿度、气压、气成分，以及阳光、射线、微生物等情况。

（二）引起货物质量变化的因素

货物的质量变化是由一定因素引起的。为了养护好货物，确保货物的安全，必须找出引起货物质量变化的原因，掌握货物质量变化的规律。通常引起货物质量变化的因素可分为内因和外因两种，内因决定了货物变化的可能性和程度，外因是促进这些变化的条件。

1. 引起货物质量变化的内因

货物本身的组成成分及其所具有的物理性质、化学性质和机械性质，决定了其在储存期发生损耗的可能程度（见表 4－7）。

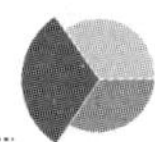

表 4－7　引起货物质量变化的内因

内因	对质量的影响
货物的物理性质，主要包括吸湿性、导热性、耐热性、透气性等	影响货物的质量变化速度
货物的机械性质，主要包括货物的弹性、可塑性、韧性、脆性等	影响货物的外形及结构
货物的化学性质，主要包括化学稳定性、毒性、腐蚀性、燃烧性、爆炸性等	易导致货物的本质发生变化
货物的组成成分	货物的组成成分有主要成分与杂质之分。主要成分决定货物的性能、用途与质量，而杂质则影响货物的性能、用途与质量，给储存带来不利影响

2. 引起货物质量变化的外因

货物在储存期间的质量变化，除了与货物本身内部组成结构的变化密切相关，同时也与外界因素有密切的联系。影响货物质量变化的外因主要有空气中的氧气含量、日光（光照）、空气温度、空气湿度、有害气体、卫生条件、微生物和仓库害虫等（见表 4－8）。

表 4－8　引起货物质量变化的外因

外因	对质量的影响
空气中的氧气含量	一些具有生命的有机体，如粮食、果蔬等，需要氧气进行有氧呼吸；货物的霉变、锈蚀、燃烧、爆炸，高分子材料的老化以及含有不饱和成分油脂的氧化、酸败现象，一般都需要氧气参与作用。该类货物的质量变化均与空气中的氧气含量有关
日光（光照）	货物经过日光中紫外线一定时间的直接照射后，温度升高，加速氧化反应，降低货物质量，如造成油脂加速酸败，酒类产品混浊，布褪色，纸张发黄、变脆，竹木制品开裂、变形，橡胶制品表面龟裂、失去弹性
空气温度	空气温度是表示空气冷热程度的物理量。空气温度的变化对某些货物的质量有很大影响。多数货物都有一个最佳仓储温度范围，超出最佳仓储温度范围或温差变动幅度过大都会损伤货物的质量
空气湿度	空气湿度即空气的干湿程度。空气湿度的改变能引起货物含水量、化学成分、外形或结构发生变化。例如，空气湿度的变化会引起货物重量和质量的变化，湿度过大使某些化工材料潮解、溶化，还容易引起有些化学物品爆炸等
有害气体	空气的有害气体主要包括二氧化硫、硫化氢、氯化物等。货物储存在有害气体浓度大的空气中，其质量变化明显

续表

外因	对质量的影响
卫生条件	货物本身和仓库的清洁卫生也是影响货物质量的重要因素。灰尘、垃圾、油垢、腥臭味道等不但容易使某些货物外观产生疵点或感染异味，甚至为微生物和仓库害虫等提供了生长繁殖的场所，引起货物的霉变和损坏
微生物和仓库害虫等	引起货物质量变化的生物主要有微生物、仓库害虫等

（三）仓储货物变化的类型

货物在储存期间，受内因和外因的影响，可能发生各种各样质量上的变化及价值的变化。

1. 物理、机械变化

货物的物理变化是指货物仅改变其本身的外部形态（如在气态、液态、固态“三态”之间发生的变化），在变化过程中没有新物质生成，而且可以反复进行变化的现象。货物的机械变化是指货物在外力的作用下发生形态上的变化。货物经过物理、机械变化后，结果不是数量损失就是质量降低，甚至失去使用价值。货物常见的物理、机械变化有挥发、熔化、溶化、渗漏、串味、破碎与变形等。

2. 化学变化

货物的化学变化是指构成货物的物质发生变化后，不仅改变了货物本身的外观形态，也改变了其本质，并有新物质生成的现象。货物发生化学变化，即货物质变的过程，严重时会使货物完全丧失其使用价值。常见的化学变化有氧化、分解、锈蚀、风化、燃烧与爆炸等。

3. 生化变化

生化变化是指有生命活动的有机体货物，在生长发育过程中，为了维持它们的生命，本身所进行的一系列生理变化，如粮食、水果、蔬菜、鲜鱼、鲜蛋等有机体货物，在储存过程中受到外界条件的影响和其他生物的作用，往往会发生这样或那样的变化。这些变化主要有呼吸、发芽、胚胎发育、后熟、霉变、虫蛀等。

（四）货物的养护措施

1. 库存货物的存放要点

仓库应合理布局，对仓库通道、包装或拆包场地要合理设计。各种库存货物应根据不同性质进行存放。库存货物的存放要点如图 4－14 所示。

2. 货物养护要点

1）温湿度的控制

货物在储存期间大都需要有一个适宜的温湿度，以确保货物的性质稳定。仓库应按照“以防为主、以治为辅、防治结合”的方针，做好仓库的温湿度控制工作。

温湿度控制是货物养护的重要日常工作，是维护货物质量的重要措施。要做好仓库的

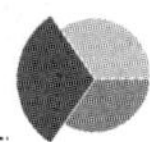

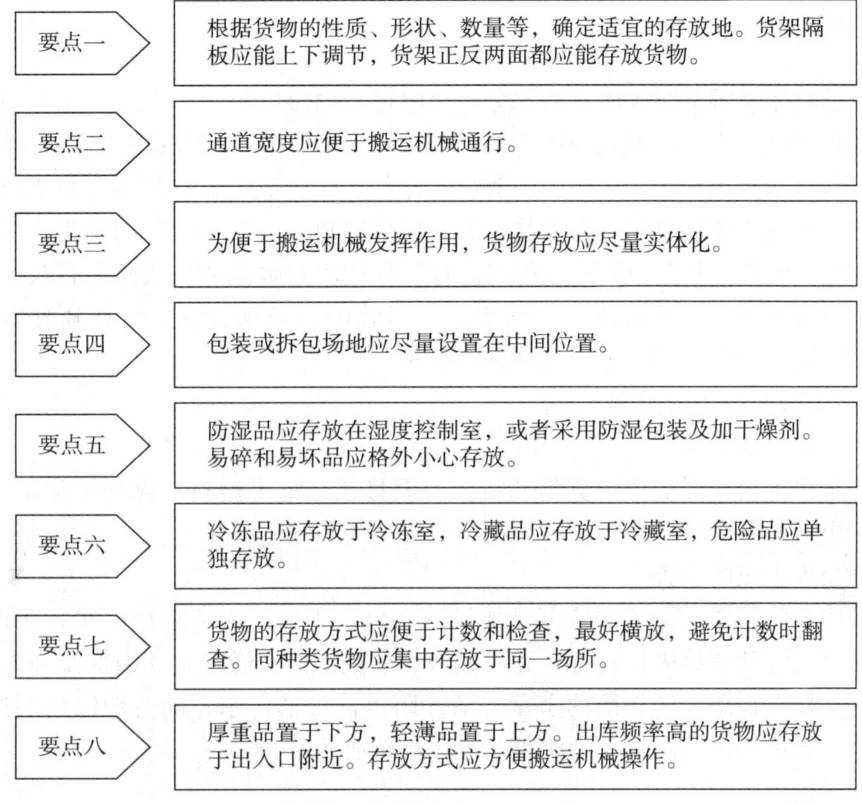

图 4-14　库存货物的存放要点

温湿度控制工作，需要观测和掌握库内外温湿度变化的规律，为库内温湿度控制和调节提供依据。常用的控制和调节仓库温湿度的方法有以下几种。

（1）通风。

通风是根据空气自然流动的规律，有计划地使库内外空气互相流通交换，以达到调节库内空气温湿度的目的。通风既能起到降温（升温）、降潮的作用，又可排除库内的污浊空气，使库内空气达到储存货物的要求。

通风的方法有自然通风和机械通风。自然通风一般是在库房顶部或侧墙设置窗，依靠热压或风压进行通风，并可通过调节开窗的幅度来调节通风量。机械通风就是在库房上部装置出风扇，在库房下部装置进风扇，利用机械进行通风，以加速库房内外的空气交换。机械通风的优点在于库房的通风换气量受外界气候影响很小。

（2）密封。

密封就是将货物严密封闭，减少外界因素对货物的不良影响，切断感染途径，达到安全储存的目的。密封是温湿度管理的基础，它是利用一些不透气、能隔热、隔潮的材料，把货物严密地封闭起来，以隔绝空气，降低或减少空气温湿度变化对货物的影响。密封前要检查货物的含水量、温度等，选择绝热、防潮材料（沥青纸、塑料薄膜、芦席等），确定密封时间，封后要加强管理。

密封的形式可以是整库密封、整垛密封、整柜密封、整件密封。密封是进行通风、吸湿等的有效保证。

（3）吸湿。

吸湿就是利用吸湿剂减少库房的水分，以降低库内湿度的一种方法。尤其在梅雨季或阴雨天，库内湿度过大，也不宜通风散潮，为保持库内干燥，可以放置吸湿剂吸湿。

常用的吸湿剂有生石灰、木炭、炉灰、氯化钙、硅胶等。生石灰学名为氧化钙，吸湿性较强，价格便宜，使用时用木箱盛装，放于库房墙角处。对一些怕潮货物，还要将生石灰放在堆垛边。木炭和炉灰也有一定的吸湿性。使用木炭吸湿的方法同生石灰一样；炉灰可铺在墙角或堆垛下，上面可盖一层薄席，与货物隔离开来。氯化钙和硅胶的吸湿能力强，但价格较高，一般只用于较贵重货物的吸湿。

2）仓库虫害及鼠害的防治

（1）仓库虫害的防治。

仓库的害虫不仅蛀蚀动植物货物和包装，而且还会危害塑料、化纤等化工合成货物。因此，仓库虫害的防治是货物养护中一项十分重要的工作。

①杜绝仓库害虫的来源。

加强入库验收工作，将货物依据具体情况，分别入库，隔离存放；在货物储存期间，要定期对易染虫害的货物进行检查，做好预测、预报工作；做好仓库内部及仓库周边的日常清洁卫生工作，铲除库区周围的杂草，清除附近沟渠的污水；同时辅以药剂进行消毒，在库房四周一米范围内用药剂喷洒防虫线，以杜绝害虫。

②物理防治。

物理防治是利用物理因素（热、光、电、超声波、远微波、红外线及高频振荡等）破坏害虫的生理机能与机体结构，使其不能生存或抑制其繁殖。

③化学防治。

化学防治就是利用化学药剂直接或间接毒杀害虫的方法。采用化学防治时，应严格遵守药物使用规定，注意人身安全和被处理货物、库房建筑及用具的安全。应采取综合防治与轮换用药等方法，以防害虫形成抗药性。

（2）仓库鼠害的防治。

危害仓储货物的鼠类有很多种，其危害及破坏力极强，且适应能力强，具有非常强的繁殖能力。仓库鼠害的防治主要有两种方法。

一是物理灭鼠。物理灭鼠就是使用鼠夹、鼠笼、粘鼠板、超声波驱鼠器等器械防治鼠害。

二是化学灭鼠。化学灭鼠又称药物灭鼠，常见的药剂有胃毒剂、熏杀剂、驱避剂和绝育剂等。采用化学灭鼠时，应注意人身及货物安全。

除了利用物理和化学手段灭鼠，仓库管理人员还要做好库内卫生，断绝其食物来源和栖身之处，库房窗户和通风孔要安装防鼠网，库门要安装防鼠板。

3）霉变的防治

霉变是仓储货物的主要质量变化形式。要想防治霉变，必须根据霉菌的生理特点和生长繁殖的环境条件，采取相应的措施，抑制或杀灭霉菌微生物。

（1）常规防霉。

常规防霉可以采用低温防霉法与干燥防霉法。低温防霉法就是根据货物的不同性能，控

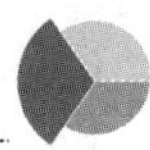

制和调节仓库温度，使货物温度降至霉菌生长、繁殖的最低温度界限以下，抑制其生长、繁殖；干燥防霉法就是降低仓库环境中的湿度和货物本身的含水量，以达到防霉变的目的。

（2）药剂防霉。

药剂防霉是将对霉菌微生物具有杀灭或抑制作用的化学药品喷洒到货物上。例如，苯甲酸及其钠盐可用于食品的防腐，甲基托布津可用于果菜的防腐保鲜，水杨酰苯胺及五氯酚钠等可用于各类日用品、工业用品及纺织品等的防腐。

防霉药剂能够直接干扰霉菌的生长、繁殖。理想的防霉药剂应当具有灭菌效果好，对人的毒害小等特点。常用的防霉药剂有水杨酰苯胺、五氯酚钠、氯化钠、多菌灵及甲基托布津等。

（3）气相防霉。

气相防霉就是利用气相防霉剂散发出的气体，抑制或杀灭货物上的霉菌。它是一种较先进的防霉方法，用法是把挥发物放在货物的包装内或密封垛内。

对于已经发生霉变但可以救治的货物，应立即采取措施进行救治，根据货物性质可选用晾晒、加热消毒、烘烤及熏蒸等办法。

4）货物的堆放

货物的堆放正确与否直接关系货物保管的质量。仓库主管须对仓管员的堆放作业和堆放效果进行指导与检查，确保货物堆放科学、合理。具体来说，货物堆放的要求如图 4 - 15 所示。

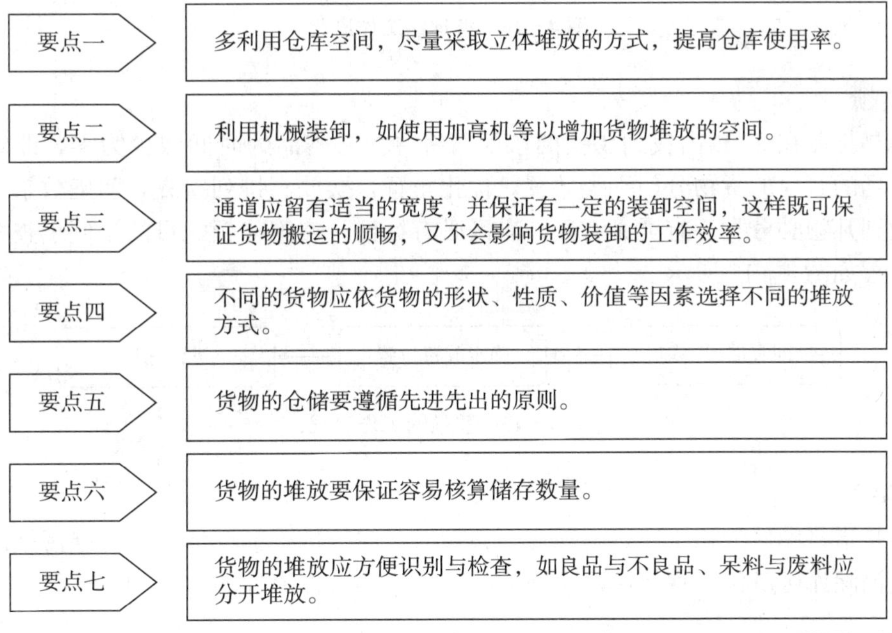

图 4 - 15　货物堆放的要求

四、库区现场5S管理

（一）5S管理的含义

5S即Seiri（整理）、Seiton（整顿）、Seiso（清扫）、Seiketsu（清洁）、Shitsuke（素养），是指在生产现场对人员、机器、材料、方法等生产要素进行有效的管理。这一理念的主要思想就是扔掉垃圾和仓库长期用不上的货物。随着对这一管理理念认识的不断深入，有人又添加了安全（Safety）、节约（Save）、学习（Study），并称之为8S管理。

5S管理既需要进行整体推进，又需要按流程单独进行，以确保取得完整的效果。

（二）5S管理的内容

1. 整理

整理是指将工作场所的任何货物都明确、严格地区分为必要的货物（必需品）与不必要的货物（非必需品），将要的货物留下来，不要的货物尽快处理掉。整理的目的是节省空间，防止误用、误送，防止挤压变质；减少寻找时间，提高工作效率。整理的工作流程如图4－16所示。

图4－16　整理的工作流程

2. 整顿

整顿是指能在30秒内找到要找的东西，将寻找必需品的时间减少为零，即对整理之后留在现场的必要的货物分门别类放置，优化布置，摆放、排列整齐，明确数量，有效标记。要做到凡物必分类，有类必有区，有区必有标记。实施整顿的目的是便于查找。整顿的工作流程如图4－17所示。

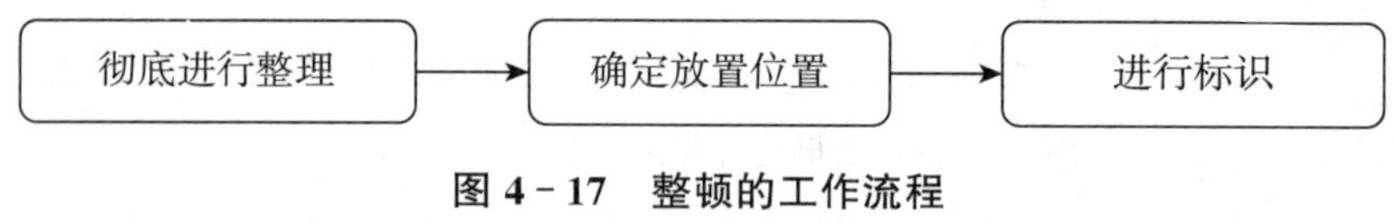

图4－17　整顿的工作流程

3. 清扫

清扫是指将库区清扫干净，在整理、整顿后对库区进行彻底清扫，杜绝污染源。清扫的目的是消除库区脏污，保持库区干净明亮。清扫的工作流程如图4－18所示。

图4－18　清扫的工作流程

4. 清洁

清洁是指库区随时保持整洁，是将上面 3S 的做法制度化、规范化，保持整理、整顿、清扫工作的结果。清洁的目的是通过制度化来维持成果，并且清洁的环境能使人心情愉快。清洁的工作流程如图 4－19 所示。

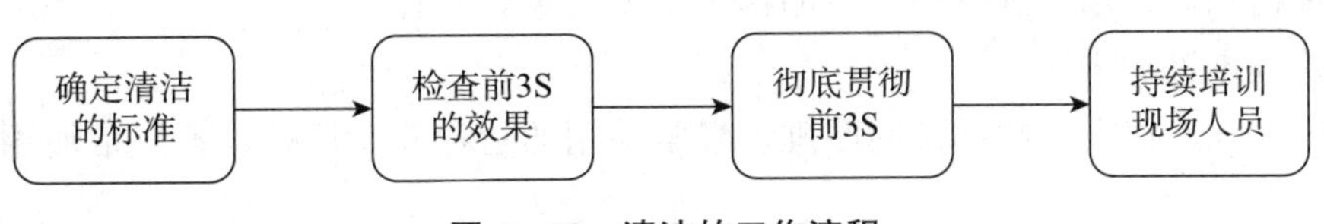

图 4－19　清洁的工作流程

5. 素养

素养是前 4S 的继续和升华。其目的是提升员工的品质，使其成为对任何工作都认真、有责任感的人。素养的培养流程如图 4－20 所示。

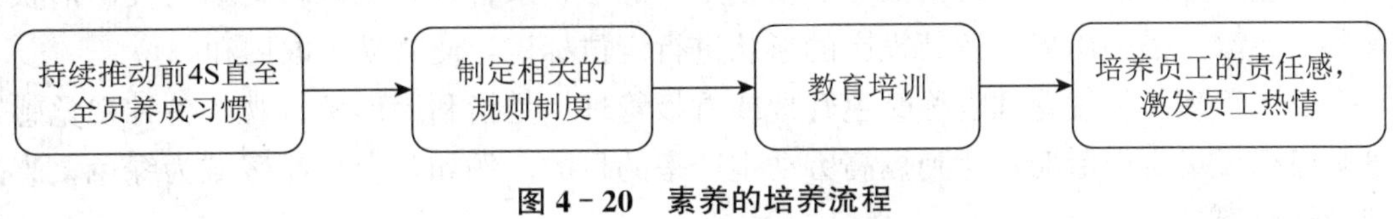

图 4－20　素养的培养流程

（三）5S 管理核心内容推进的步骤

1. 整理推进的步骤与方法

（1）整理推进的步骤。

①现场检查。检查地面、工具架、储存架、标签、垫板等。

②定点摄影。对有问题、需要改进的地方进行拍照记录，分析存在问题，待以后改进。

③制定必需品和非必需品的判定标准。必需品是经常使用的货物，没有它就会影响正常生产。非必需品是指使用周期长（1 个月以上）或对工作无任何作用的要报废的货物。

④根据使用频率确定货物指定场所的标准。常见形式如下：1 周多次使用，放在工作区内随手可得的位置；1 周使用 1 次，放在使用地点附近；1 个月使用 1 次，放在工作场所内；2 个月到 1 年使用 1 次，放在集中场所（工具室、仓库）里；1 年不用 1 次，进行特别处理或废弃。

⑤开展红牌作战。将非必需品贴上红牌待处理。

⑥清理非必需品。

（2）整理推进的方法。

整理推进的方法有如下七种：专人清理法；死角法；捡垃圾法；铲车法；考评法；持续改进、每周进一步法；提问法。

2. 整顿推进的步骤与方法

（1）整顿推进的步骤。

①分析现状。

②对货物进行分类。

③确定放置的场所。

④规定放置的方法。

⑤对现场进行画线、定位并做好标识。

⑥对货物和放置场所进行一对一的标识，实行定置管理。

（2）整顿推进的方法。

①人机工程。根据节约动作的原理，经常使用的货物放在近处，不经常使用的货物放在远处。

②画线、定位，规划区域。

③优化流程。优化调整布局，减少逆向流动，进行流程分析与改进等措施。

④定位管理。做好四定（定置、定位、定量、定点）和“4 号定位”（库房、货架、层次、货位）工作。

⑤形迹管理。形迹管理是指根据货物或工具的形状来管理归位，将货物的投影形状在保管器具或墙上描画出来，按其投影的形状进行定位标识，使其易于取用和归位。

⑥目视管理。目视管理也称颜色管理或看板管理，是指利用形象直观的各种视觉感知信息来组织现场生产活动，达到提高劳动生产率的目的。例如，合格品区域为绿色，废品区域为红色等。

第三节　盘点作业

一、仓库盘点作业

仓库盘点作业是指对库存货物定期或不定期进行数量清点和质量检查，使账、卡、物相符，以便提高仓储作业效率的作业活动。其主要作用是确保库存货物资料的真实性，确保库存货物的安全，提高库存货物的使用效率。

二、盘点作业的内容及要求

（一）盘点作业的内容

1. 检查货物数量

通过点数计数查明库存货物的实际数量，核对库存账面资料与实际库存数量是否一致，并进行账卡核对和账账核对。

2. 检查货物质量

检查库存货物质量有无变化及变化的趋势，有无超过有效期或保质期的情况及有效期或保质期的剩余天数有多少，有无长期积压等现象及产生原因，必要时还必须对货物进行技术检验，掌握质量状况。

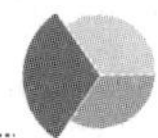

3. 检查货物储存条件

检查货物储存条件是否与各种货物的储存要求相符合，如堆码是否合理、稳固，库内温度是否符合要求，各类计量器具是否准确等，尤其是易腐蚀、易霉变等货物的储存条件是否妥当。

4. 检查仓库空间利用率

检查货物摆放是否科学合理，在满足各种约束条件下摆放数量、方式是否最佳，是否充分利用仓库空间。

5. 检查库存安全状况

检查各种安全措施是否落实，消防设备、器材是否符合使用要求，建筑物和设备是否处于安全状态，危险品的储存是否处于安全状态。

（二）盘点作业的要求

盘点作业应达到“六不”要求：一是不整理不盘点；二是不漏录一个货品；三是不漏盘一个货品；四是不错录一个货品；五是不错盘一个货品；六是不找出差异原因不结束盘点。

三、盘点作业的分类

（一）按是否盘点实物分类

库存有账面库存与现货库存之分，对应的盘点方式分为账面盘点及现货盘点。盘点时应根据实际需要选择盘点方式。

1. 账面盘点

账面盘点又称永续盘点，就是把每天入库及出库货物的数量及单价记录在计算机或账簿上，而后不断地累计加总算出账面上的库存量及库存金额。在进行账面盘点时，将每一种货物分别设立存货账卡，然后将每一种货物的出入库数量及有关信息记录在账面上，逐笔汇总出账面库存结余量。

2. 现货盘点

现货盘点又称实物盘点或实盘，就是利用人工或借助设备去清点仓库内货物的库存数，再依货物单价计算出实际库存金额的方法。根据盘点时间频度的不同，现货盘点又分为期末盘点和循环盘点。

（1）期末盘点。期末盘点是指在会计计算期末统一清点所有货物数量的方法。由于期末盘点要将所有货物一次盘点完，因此工作量大，要求严格。通常采取分区、分组的方式进行，其目的是明确责任，防止重复盘点和漏盘。

（2）循环盘点。循环盘点是指在每天、每周清点一小部分货物，一个循环周期将每种货物至少清点一次的方法。循环盘点通常对价值高或重要的货物盘点的次数多一些，而且监督也严密一些，而对价值低或不太重要的货物盘点的次数可以尽量少。循环盘点一次只对少量货物进行盘点，所以通常只需仓管员自行对照库存资料进行点数检查，发现问题按盘点程序进行复核，并查明原因，然后调整。循环盘点也可以采用专门的循环盘点单登记盘点情况。

（二）按盘点范围分类

1. 全面盘点

全面盘点是对整个仓储货物进行全面彻底的数量清点和质量检查的盘点方式。全面盘点一般安排在月末、季末、年末，盘点时间可视企业的具体情况而定。

2. 局部盘点

局部盘点又叫部分盘点，是对仓库内部分货物进行数量清点和质量检查的盘点方式。这是一种有针对性的盘点，所需要的时间、人力和物力较少，对企业的正常生产工作影响不大，必要时可随时进行，对解决局部突发问题效果明显。

（三）按时间不同分类

1. 定期盘点

定期盘点即仓库的全面盘点，是指在一定时间内，一般是每月度、每季度、每半年或年终财务结算前，进行的一次全面盘点。由公司财务部门派人会同仓管员一起进行盘点对账。

2. 临时盘点

临时盘点是指当仓库发生货物损失事故，或仓管员更换，或仓储配送中心管理人员认为有必要盘点对账时，组织的一次局部性或全面的盘点。

四、盘点作业的实施步骤

盘点作业的关键是点数。由于手工点数工作强度极大，差错率较高，通常可采用条码等技术进行盘点，以提高盘点的速度和精确性。

盘点作业的实施可细分为七个步骤。

（1）进行分工。

（2）清点货物数量。

（3）填写盘点单（见表4－9）。

（4）复盘。初盘人员（盘点人）清点完货物并填写盘点单后，复盘人员（复查人）要对其进行检查，并据实填写盘点单。

（5）统计盘点结果。

（6）填写盘点表（见表4－10）。

（7）填写其他表格，如库存变动明细表（见表4－11）等。

表4－9　　盘点单

盘点日期：　　编号：

货物编号	货物名称	存放位置	盘点数量	复查数量	盘点人	复查人

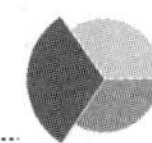

表 4－10　　　　盘点表

盘点部门：　　　　仓库：　　　　盘点日期：

序号	货物编号	货物名称	计量单位	规格型号	账面数			实际盘点			盘盈			盘亏			备注
					数量	单价	金额	数量	单价	金额	数量	单价	金额	数量	单价	金额	

表 4－11　　　　库存变动明细表

品类						
货号	品名和规格	单位	原有库存量	现有库存量	差异数量	备注

课堂讨论

（1）立体高层货架货物的盘点费时费力，如何解决这一问题？

（2）账务核对费时费力、容易出错，如何解决这一问题？

五、盘点结果处理

盘点工作负责人将盘点所得资料与账目进行核对后，如发现账物不符，应追查原因。具体可从以下几个方面着手进行追查。

（1）账物不符是否确实，是否存在因账物处理制度存在缺陷而造成账物不符的情况。

（2）是否因盘点人员素质过低产生了记账错误或进料、发料的原始单据丢失，从而造成账物不足，进而出现了盘盈或盘亏。

（3）是否为盘点人员不慎多盘或未用心盘点分置多处的货物，或盘点人员事前培训工作不到位而造成错误。

（4）盘点与账物的差异是否在允许范围之内。

找出盘盈、盘亏的原因，分析日后是否可以事先设法预防或能否降低账物差异的程度。

第四节　出库作业

一、出库作业概述

（一）出库作业的概念

出库作业是仓储作业管理的最后一个环节，是仓库根据业务部门或存货单位开出的货物出库凭证（提货单、调拨单），按其所列货物名称、规格、型号、数量等项目，组织货物出库的一系列工作的总称。做好出库作业对改善仓储经营管理、降低作业成本、提高服务质量有重要的作用。

出库作业管理是在确保货物出库时的质量和价值的情况下，仓管员根据出库单注明的相关内容核对出库凭证、备货、复核、出库等一系列管理活动。其原则是及时、准确、严格、经济、高效、安全。出库方式包括配送、送货、自提、过户、取样和转仓等。

（二）出库作业的要求

1. “三不、三核、五检查”

“三不”分别指未接单据不翻账、未经审单不发货、未经复核不出库。“三核”指在发货时，要核对凭证、核对账卡、核对实物。“五检查”即对单据和实物要进行品名检查、对规格进行检查、对包装进行检查、对数量进行检查、对重量进行检查。

2. 做好发放准备，按程序作业

为保证快速、及时、准确地发货，必须做好发货的各项准备工作，如“化整为零”、集装单元化，备好包装、复印资料，组织搬运人力及各种设施设备，按规定程序安排发货。货物出库时必须有正式凭证，仓管员应根据凭证所列品种和数量发货。

3. “先进先出”原则

出库作业应根据货物入库时间的先后顺序，实施“先进先出”的原则；同时要做到有保质期限的先出，储存条件差的先出，容易变质的先出，近失效期的先出，包装简易的先出，回收复用的先出，目的在于避免货物因库存时间过长而发生变质或影响其价值及使用价值。

4. 发货要及时、高效

实施准时生产，按规定时间发货。仓管员接到出库凭证后，应及时发货，不压票。追求出库作业效率高、成本低、服务质量好的目标。

5. 保证安全

确保出库作业及货物的安全，防止损坏包装和震坏、压坏、摔坏货物，同时还要保证运输安全，做到货物包装完整、捆扎牢固。仓管员必须经常注意货物的安全储存期限等，对已变质、过期失效或已失去原使用价值的货物，不允许出库。

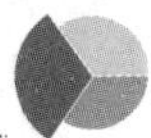

6. 手续齐全，发货准确

虽然出库凭证格式不完全一样，但其格式及内容必须有效方可出库。仓管员发货时应按照发货凭证上列明的货物品名、厂家、产地、规格、型号、价格、数量等信息准确发货，确保出库货物品名和数量准确、质量完好、包装牢固，避免发生运输差错和损坏货物的事故。

（三）出库作业的流程

为保证货物能快速、准确、保质、保量地顺利出库，在进行出库作业时必须严格履行规定的出库作业流程，使出库有序、高效进行。不同的企业办理货物出库的流程稍有不同，但是主要步骤差不多，主要包括出库前准备、审核出库凭证、出库信息处理、拣货、配货、复核、包装、刷唛、清点交接、账务处理等，具体如图 4－21 所示。

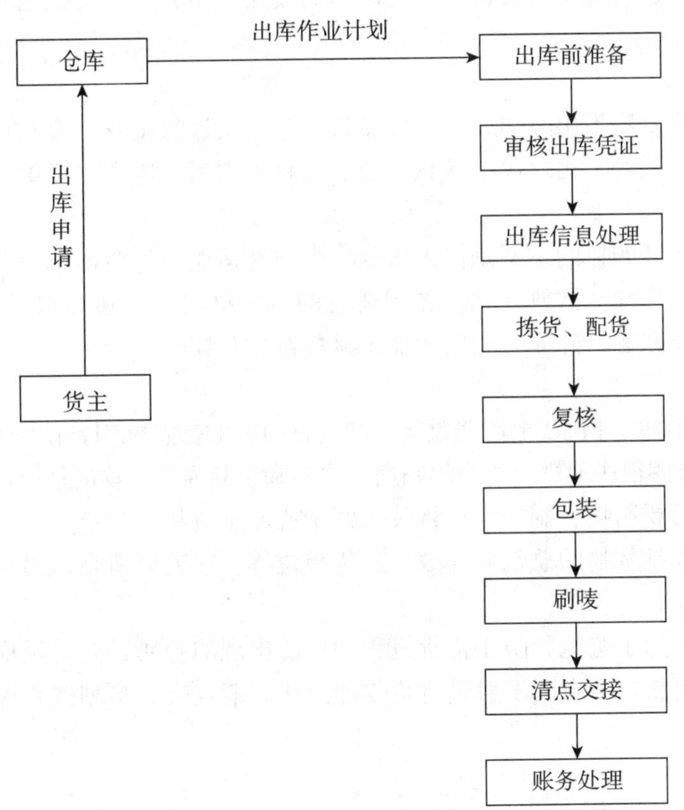

图 4－21　出库作业流程图

1. 出库前准备

为保证出库作业的顺利进行，仓管员会要求货主提前一天发送出库申请，仓管员根据出库申请，及时、正确地做好相关的各项准备工作。

2. 审核出库凭证

仓管员接到出库凭证后，必须对出库凭证进行审核。审核内容包括：凭证的合法性、真实性，是否有财务专用章和负责人签章；内容是否完整；出库货物的品名、型号、规格、价格、数量；收货单位、开户行和账号是否齐全和准确。出库凭证经审核无误后，仓管员按照凭证上相关货物的信息进行配货。

3. 出库信息处理

审核出库凭证并确认无误后，处理出库凭证信息。根据仓库的实际情况，对该信息的处理可采取人工处理或计算机处理。

4. 拣货、配货

拣货是依据客户的订货要求或仓储配送中心的送货计划，根据仓库储存、拣货系统，运用人工、半自动机械或全自动机械等方式将货物挑选出来，用最短的时间和最少的作业将货物准备好。

分拣出来的货物，根据客户或配送路线进行分类，集中放置在备货暂存区。为了作业方便，对零星货物进行配货（或称分货）时，可使用大型容器收集或者堆装在托盘上，以免出货时遗漏。

5. 复核

为了保证出库货物不出差错，在货物备好后应再次进行复核。复核内容包括品名、型号、规格、数量等是否与出库单上信息一致。复核无误后，应在提货单上签字确认。

6. 包装

在物流中，包装的目的主要是保护货物、方便储运作业。对出库货物，应根据货物的外形特点、重量、尺寸、摆放方式，选用适宜的包装材料和外包装尺寸，保证包装完整、牢固，以便于装卸搬运，并充分利用运输工具的载重与体积。

7. 刷唛

唛头是指在货物的外包装上注明收货人和货物内容的信息标识，使发货人、承运人、监管人和收货人都能够很快地辨明货物的归属、去向和包装内部货物的情况，避免混乱出错。

货物包装完后要刷唛。刷唛是指将唛头刷于或印于货物外包装上。唛头上应写清收货单位、收货人、本批货物的总包装件数、发货单位等，字迹要清晰，书写要准确。

8. 清点交接

货物备好后，为了避免和防止备货过程中可能出现的差错，仓管员应按照出库凭证上所列的内容逐项复核，清点无误后进行货物的交接。清点交接是划清仓库方和提货方责任的必要环节。

9. 账务处理

在清点交接后，仓管员应在出库单上填写实发数、发货日期等内容并签名，然后将出库单连同有关单据和文件及时交给货主，以便货主办理结算手续。仓管员根据留存的一联出库凭证，登记实物储存的细账，做到随发随记、日清月结，账面金额与实际库存和卡片上的数量相符。

在整个出库作业流程中，复核和清点交接是两个最为关键的环节。复核是防止差错的必不可少的措施，而清点交接则是划清仓库方和提货方责任的必要环节。

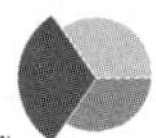

我和我的老板都有公司仓库的钥匙，有时候周末老板自己去仓库开单出货，没有全部经过我的手。公司本月盘点出来库房货物比账面少了2.5万元，现在公司要我赔偿，是否合理？另外，这个月工资也扣下不发，如果我直接离职，是否可以？

二、备货作业

在出库环节，备货作业的顺利进行是货物出库的基础。备货作业主要包括拣货、配货。

（一）拣货

拣货作业是整个配送中心作业系统的核心。应运用高效的拣货设备与工具，选用科学的拣货方法，准确、快速、高效、低成本地完成拣货作业。

1. 拣货作业概述

拣货作业是指依据客户的订货要求或配送中心的送货计划，准确、快速地将货物从其货位或其他区域拣取出来，并按一定的方式进行分类、集中、等待配装送货的作业流程。

若要快速、高效地完成拣货作业，就需要建立一个先进的货物拣选系统。一个先进的货物拣选系统不仅可以降低成本、提高工作效率，还可以提高客户满意度和企业竞争力。例如，九州通医药集团物流有限公司的九州通东西湖物流配送中心，将整箱货物储存在自动化立体仓库中，运用拆零平板电子拣选车进行拣货，提高了工作效率。

2. 拣货作业的分类

拣货作业可分为按单拣货作业、批量拣货作业、复合拣货作业和其他拣货作业。

1）按单拣货作业

按单拣货作业是根据每一个用户订单上所列明的货物品种、规格及数量，逐一拣选，将配齐的货物放置到指定的货位后再进行下一个订单的拣货作业。这个过程类似进入百果园，按所需不同种类的果品和数量，走到不同树下，进行摘果，故也称摘果法（见图4－22）。

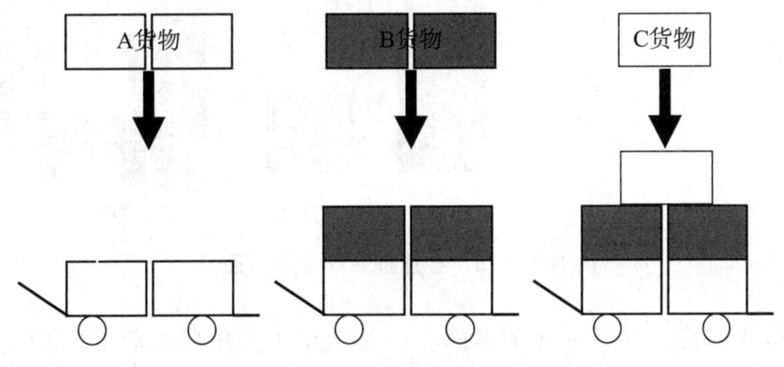

图4－22　按单拣货作业示意图

按单拣货作业具有以下特点。一是作业方法简单，准确率高。二是作业对象明晰，各单之间互不影响，拣货顺序可根据紧急程度进行调整。三是对物流系统、拣选设备等没有特定要求，机动灵活。

在库区比较大，单张订单出库量比较大的情况下，根据实际情况，按单拣货作业又可分为单人拣货、分区接力拣货和分区汇总拣货。

单人拣货是指一张订单由一个人从头到尾负责完成。按此种拣货方式，只需将订单资料转给拣货人员即可。分区接力拣货是指将储存区或拣货区划分成几个区域，一张订单由各区人员采取前后接力方式合力完成。分区汇总拣货是指将储存区或拣货区划分成几个区域，将一张订单拆成各区域所需的拣货单，再将各区域所拣取的货物汇集到一起。

按单拣货作业简单灵活，主要适用于：批量小、品种多，或批量大、品种少，临时性订单的数量较多的拣货；季节性订单的拣货。

2）批量拣货作业

批量拣货作业也称为播种式拣货，是指将多张订单汇集在一起，依据不同用户订单上同种货物的数量集中进行拣货作业的方法。例如，作业人员将每批订单上的相同货物累加起来，通过拣选设备或自动化拣选系统将货物从货位上取出集中送到作业区，然后根据每个订单的数量分放，如此反复进行，直至用户需要的所有货物都分放完毕。（见图 4－23）

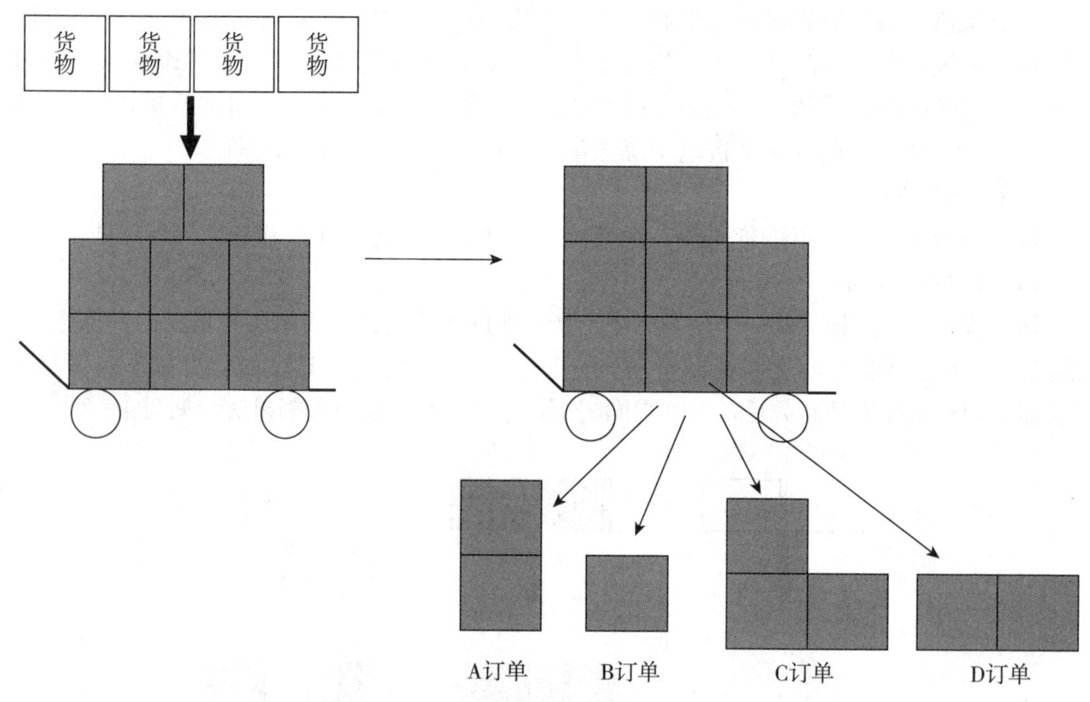

图 4－23　批量拣货作业示意图

批量拣货作业的特点有以下几个方面。一是适用于多用户订单上同种货物的大批量拣货作业。二是对同种货物集中进行拣货作业，可减少在货架之间拣选货物时的行走距离，有利于实现规模经济及优化配送环节，提高拣货作业效率。三是由于先汇总需批量拣选的

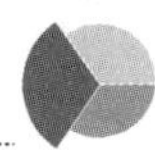

货物，再根据客户订单配货，容易发生差错，同时增加了装卸搬运环节。四是有时快速反应能力差，需要累积到规定数量，或等到规定时间才能拣货，造成作业前置时间加长，给后续的作业带来一定压力，订单履行的总时间也相对较长。

批量拣货作业适用于订单（配送单）内容变化较小、订单数量稳定、包装较规范、品种较稳定的情况。

3）复合拣货作业

单一的拣货作业方式或多或少存在一定的局限性，为了更有效地进行拣货作业，更多的是采用按单拣货和批量拣货的组合方式，这种将两种方式组合起来进行拣货作业的方法称为复合拣货作业。复合拣货作业是根据订单上货物的品种、规格、数量及出库频率有针对性地采取相应的拣货作业方式，以提高拣货作业的效率。

复合拣选作业最大的优点是整个拣货作业的准确率较高、效率高，提高了用户的满意度，降低了作业成本。因此，大型配送中心多采用复合拣选作业。

4）其他拣货作业

①计算机辅助拣货系统。随着信息技术的发展，很多仓储配送中心通过引进自动拣货系统来提高拣货效率，计算机辅助拣货系统（电子标签拣货系统）就是其中之一。

采用计算机辅助拣货系统时，首先要将所需拣选的货物清单（或客户的订单）输入操作台上的计算机中，然后所需拣选的货物的具体位置和数量就会在货架上显示出来，作业人员便可从货架里取出货物，放入拣货运输工具（如周转箱或拣货车）里，最后按下显示按钮，熄灭货位指示灯和品种显示器，完成某种型号货物的拣选。当完成货物清单的拣货后，装着订单货物的拣货运输工具由输送带送入自动分拣系统。这样可提高效率，减少差错。

②重力式货架拣货。重力式货架的特征是用具有斜度的滚动导轨取代了隔板。利用货物的自身重力使货物从隔板的后面自动向前流动，流动过程中，通过控制部分滑轮调节移动速度。这种方法具有减少作业人员的工作强度、提高拣货效率、有效实施先进先出原则的优点，但是，也具有占用空间较大的缺点。

③自动化立体仓库拣货。自动化立体仓库建在大型建筑物内，主要由高层货架、高速运行的堆垛机和计算机系统组成，实现了标准化和单元化，并且货位是固定的，货物存放在托盘或统一规格的料箱中，通过在巷道中运行的堆垛机来存取货物。

这种方法具有可充分利用仓储空间，减少仓库占地面积，不需要作业人员进行巡货、拣货和运输等优点。

（二）配货

拣货完成后即将进入配货作业阶段。配货作业是指将分拣出来的货物根据客户或配送路线进行分类，再次核验无误后装入容器和做好标识，放置在暂存区等待装车发运的作业过程。这一作业的基本步骤为分类、复核、包装和标识。

1. 分类

拣货作业完成后，必须对分拣出来的货物根据客户或配送路线进行分类，集中放置在暂存区。如果在拣货的同时已经完成了分类，这一步就可以省略了。分类的方法主要有人工分类、旋转货架分类及自动分类机分类等。

2. 复核

为防止配错货物，分类后需要进行复核，以保证所配货物的品种、数量、质量及厂商等信息无误。除此之外，在发货作业的各个环节也贯穿着复核工作。例如，理货员核对单货、门卫凭票放行、财务员核对账单等。为了提高人工复核的效率，可以将货物按照“五五化”堆码等方式有规律存放，以便于点数；或者采用称重的办法，先称出货物的总重量，再对照货物的单位重量，计算并核对配货数量。

在信息技术发达的今天，还可以应用一些信息技术来进行配货检查，如通过扫描货物上的条码等进行配货检查，采用无人机完成配货检查。

3. 包装和标识

正常情况下，复核后的货物需要重新进行包装、打捆，以保护货物，降低货损、货差，提高运输效率，而包装外的标识可以便于配送到户时客户识别各自的货物等。包装可以传递产品的信息，工作人员或客户可以扫描包装上的条码进行货物跟踪，也可以根据包装上的操作说明对货物进行正确的装卸搬运等操作。

三、出库常见问题的处理

（一）出库凭证的异常情形处理

第一，出库凭证超过提货期限时，客户前来提货，必须先办理手续，按规定缴纳逾期仓储费用后方可发货。任何非正式凭证都不能作为发货凭证。

第二，出库凭证有疑点以及出库凭证有假冒、复制和涂改等情况时，仓管员应及时与相关领导及出具出库凭证的单位或部门联系，核对信息的真实性。

第三，出库凭证上货物规格开错或印鉴不符时，仓管员不得调换规格发货，必须由制票员重新开票后方可发货。

第四，如客户因各种原因将出库凭证遗失，客户应及时与仓管员和账务人员联系并挂失；如果货物已被提走，仓管员不承担责任，但要协助客户找回货物；如果货物还没有提走，经仓管员和账务人员查实后，做好挂失登记，将原凭证作废，缓期发货。

（二）提货数与实存数不符的异常情形处理

当实存数小于提货数时，如果是入库时记错账，则可以采用报出报入方法进行调整；如果是仓管员串发、错发引起的，应由仓库方面负责解决；如果是客户漏记账而多开提货数，应由客户出具新的提货单，重新组织提货和发货；如果是仓储过程中的损耗，就需要分析该损耗是否在合理的范围内，并与客户协商解决。合理范围内的损耗应由客户承担；超过合理范围的损耗，则由仓储部门负责赔偿。

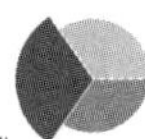

第五节　温控仓库作业

温控仓库是指对储存条件有严格要求的仓库，可根据不同货物对温度和湿度的需求，设定相应的仓库温度和湿度。作为专业化的仓库，温控仓库具有特别的布局和结构。温控仓库内储存货物的类型包括生鲜类、药品等，储存环境的变化对货物的质量有很大的影响，处理不善不仅会造成货损事故，还会发生食物不安全事故，影响人的身体健康。因此，创造适合货物安全储存的温湿度条件、严格按照温控仓库的作业要求办理相关程序，就成为温控仓储作业中的一项重要的日常工作。

一、冷库的概念及分类

（一）冷库的概念

冷库是指利用降温设施创造适宜的湿度和低温条件的仓库，又称冷藏库。它是加工、储存产品的场所，能摆脱气候的影响，延长各种产品的储存期限，以调节市场供应。

（二）冷库的分类

1. 按货物所需的温度分类

根据不同货物需要的温度不同，冷库可以分为高温冷库、中低温冷库、低温冷库和超低温冷库四种类型。

（1）高温冷库。

高温冷库即冷藏保鲜冷库，通常用来储存果蔬、蛋类、药材等。温度通常保持在0℃左右。高温冷库采用冷风机进行吹风冷却。

（2）中低温冷库。

中低温冷库即高温冷冻冷库，温度通常在－18℃以内，主要用来储存肉类、水产品及其他适合该温度的货物。

（3）低温冷库。

低温冷库又称冷冻冷库，温度通常为－30～－20℃。低温冷库通过冷风机或专用冷冻设备来完成对食物的冷冻。

（4）超低温冷库。

超低温冷库，即温度低于－30℃的冷库，主要用于保存冷冻食物、工业实验品、医疗制品等。

2. 按其用途不同分类

按其用途不同，冷库可分为生产性冷库、分配性冷库和综合性冷库。

（1）生产性冷库。

生产性冷库是生产企业在产品生产过程中的一个环节所需要的冷库，这类冷库被设在企业内部，以储存半成品或成品。如肉类加工厂内或药品制造厂内的冷库便属于此类。生产性冷库只对物品作短期储存，储存的物品一般零进整出，其规模根据生产能力及运输能力来确定。

（2）分配性冷库。

分配性冷库是为保持已经冷却或冻结货物的温度和湿度条件而设置的，其功能是保持市场供应的连续性和长期储备的需要。这类冷库一般建在大中型城市、交通枢纽和人口稠密的地区。分配性冷库储存量较大，货物以整进零出的方式进出仓库，但在交通枢纽处的货物则以整进整出的方式进出冷库。

（3）综合性冷库。

综合性冷库则是将生产性冷库与分配性冷库融为一体的冷库，连接产品的生产和货物的流通。由于这一特点，综合性冷库的容量往往较大，货物进出较为频繁。这类冷库用于当地生产、当地消费的货物储存。

二、仓库温湿度变化的规律

仓库内温湿度的变化可以改变货物的含水量，引起某些易溶、易挥发的液体货物，易吸潮及有生理机能的货物发生质量变化。因此，需要掌握仓库温湿度变化的规律，做好仓库温湿度的控制。

（一）温度变化的规律

一年内，气温变化具有一定的规律。在北半球，一般最高气温出现在7、8月，最低气温出现在1、2月。一日内，随着太阳的升起，温度逐渐上升，一般在14：00—15：00达到最高值，之后气温逐渐下降，到第二天太阳升起前达到最低值。

库内温度随着外界气温的变化而变化，但是库内温度的变化比外界的气温变化滞后1～2小时，并且库内温度变化的幅度小于外界气温变化的幅度。库内温度与库外气温相比，夜间库内温度高于库外气温，而白天库内温度却比库外气温低。

（二）湿度变化的规律

库内的湿度主要受库外湿度的影响。但仓库建筑结构和储存货物的状况等对库内湿度也有一定的影响。相对湿度随着气温的升高而减小，随气温的降低而增大，所以相对湿度的年变化趋势与气温年变化趋势相反。一般相对湿度的最高值出现在冬季，最低值出现在夏季，但是，各地相对湿度的年变化也不完全一样。

库内的各个部位的相对湿度也不一样。比如库内四角，空气不流通，相对湿度通常偏高。库内向阳一面，因气温高，相对湿度较低；背阴一面则相反。库内上部因空气的温度较高，相对湿度较小；下部因靠近地面，气温较低，相对湿度则较高。

三、仓库温湿度对货物质量的影响

温度是影响货物质量变化的重要因素，温度过高，会促使货物发生霉变、挥发、融化、渗漏等各种质量变化，而温度过低又会导致一些货物发生冻结、沉淀等变化，可见温度过高、过低都会对货物的质量产生不良的影响。

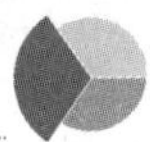

湿度会影响货物的含水量，进而导致货物质量发生变化。随着库内温度的变化，库内湿度也会发生变化。如果湿度下降，货物的水分会挥发，货物含水量下降，如果蔬类、肥皂类等货物会出现萎蔫、干缩变形现象，纸张、皮革制品会出现脆损或干裂等现象。如果湿度上升，货物吸收水分，其含水量和重量增加，如糖、食盐、化肥等易结块、膨胀或进一步溶化，金属则易生锈，卷烟、竹木制品等易发生霉变等。

四、冷库货物的出入库管理及仓储管理

（一）冷库货物的出入库管理

冷库货物出入库作业掌握“两短”原则，即货物在库外待的时间短、搬运距离短，为此出入库运输车辆应尽可能靠近冷库门，防止隔车搬运。冷库应采用高月台装卸，尽可能利用高效搬运设备，保持出入库通道畅通以提高作业效率。

为了减少冷耗，货物出入库作业应选择在气温较低的时间进行，如早晨、傍晚、夜间。

出入库作业时，集中仓库内的作业量，尽可能缩短作业时间。在货物出入库中出现库温升高时，应停止作业，封库降温。

1. 入库作业

货物入库时，要对货物的温度进行测定，查验货物内部状态，并进行详细记录，对于霉变货物不接受入库。

货物在进入冷藏间或冷冻库之前，先在冷却或冷冻间（冻结间）进行预冷处理，未经预冷处理的货物不得直接进入冷藏间或冷冻库，以免高温货物大量放热，造成库内温度升高，影响库内其他冻货。

不是同一天入库的货物应分别摆放，并标注入库日期，出库时按照先进先出的原则，避免货物因储藏时间过长导致质量下降或变质。

2. 出库作业

货物出库时应认真核对，防止错发、错取。对于出库时需要升温处理的货物，应按照作业规程进行加热升温，不得采用自然升温。另外，冷库内不便于作业，而且会造成库内温度波动较大，因此，货物出库时应迅速将货物从冷藏间或冷冻库移到分发间，在分发间进行装运作业。同时，货物出库前要把装运货物的车辆提前预冷，防止内外温差太大导致货物质量发生变化。

（二）冷库货物的仓储管理

1. 货物堆垛规定

为保证冷库制冷效果，冷库内的各类货物要按位存放，堆放整齐，堆垛距离要合适，货堆要稳固，不能太高。储存期长的应存在库里端，储存期短的应存在库门附近。

货物必须按规定摆放，货物堆垛要求如下：有操作阀门的地方应留出操作位置；冷库要求在冷风机周围留出 1.5m 的距离；货物最高点距冷库顶棚不得小于 1m；货物与冷库墙面的距离不得小于 0.25m；货物不能直接放在地上，必须要有托盘（地垫板）架空；垛

与垛之间也应留足间距，便于冷热气流交换。

2. 货物的储存

冷冻货物的储存指经预冷达到冷冻保存温度的冷冻货物较长时间的保存。冷冻货物的货垛一般较小，以便降低内部温度。库内以叉车作业为主。

冷库要特别注意保证库内储存货物的质量，对含水货物应减少干耗，对食用品应加强卫生检疫。冷库应设专职的卫生检疫人员，对出入库货物进行检验，库内应做到无污染、无霉菌、无异味、无鼠害、无冰霜。

当将预冷处理后的货物转入冷藏间或冷冻库时，若货物温度还高于冷藏间或冷冻库温度，其温差不能超过3℃，要严格控制库内温湿度的变化。

对于腐烂的货物、受污染的货物及其他不符合卫生要求的货物，在入库前需经过挑选、除污、整理和包装后方可储存。

每天对库内货物进行查看，要及时清理积压货物，对超期变质的货物，要及时向上级汇报，并妥善处理。

3. 库房的使用

为确保冷库能充分发挥作用，保证生产的安全和储存货物的质量，企业应设立专门的库房管理小组，并且责任到人，非库房工作人员，未经冷库管理人员同意不得进入冷库。人员进入冷库要穿戴保暖服装，随手关门，及时关灯。

冷库必须注重防水、防潮、防热及防漏冷。为此，要防止库内积水，严禁库内带水作业；对库内的冰、霜、水应及时清除；冷库门应由专人管理，以防冷气外漏。当冷库暂时空库时，冻结间和冷藏间的温度应保持在－5℃以下，而对温度较高的冷却间，温度应保持在露点温度以下，以防受潮滴水。

要防止运输工具和货物碰撞库门、柱子、墙壁和制冷系统管道等。库内电器线路要经常维护，防止漏电。确认冷库内无人员，方可锁门。

第六节 案例分析及实习实训指导

案例分析

长虹电器的流动仓库

四川长虹电器股份有限公司（以下简称长虹电器）是一家集产业研发、生产和销售的多元化综合型企业。长虹电器在某地就拥有40多个原材料库房、50多个成品库房、200多个销售库房。过去的仓库管理操作主要由手工完成，各种原材料信息通过手工录入，效率低，差错率高，在出库频率提高的情况下，问题更为严重。虽然应用了ERP（Enter-Prise Resource Planning，企业资源计划）系统，但有关原材料的各种信息记录在纸面上，

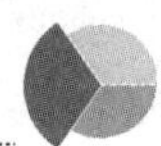

而存放地点完全依靠工人记忆。由于库存信息的滞后性，总部无法及时做出准确的决策。为了解决上述问题，长虹电器采用了美国讯宝科技公司及其合作伙伴高立开元公司共同开发的企业移动解决方案。该解决方案采用美国讯宝科技公司的条码技术，并以 Symbol MC3000 作为移动处理终端，配合无线网络部署，进行仓库数据的采集和管理。

一、出库操作

一个完整的出库操作包括下架、封装、发货等。通过使用无线网络，长虹电器的仓库管理人员可以在下架时实时查询待出库产品的库存状态，实现先进先出的操作，为仓库操作人员指定需发货的产品库位，并通过系统下发动作指令，实现路径优化。封装时，系统自动记录包装内的货物清单，并自动打印装箱单。发货时，系统自动记录发货的产品数量，并自动修改系统库存。通过这些步骤，长虹电器可以在系统中追踪到每个订单产品的发货情况，实现及时发货，提高服务效率，缩短客户响应时间。仓库操作人员收到仓库数据中心的发货提示，会查阅无线终端上的任务列表，并扫描发货单号和客户编码，扫描无误后确认发送，仓库数据中心收到后关闭发货任务。

二、盘点操作

长虹电器会定期对库存货物进行盘点。在未使用条码和无线网络技术之前，长虹电器的仓库操作人员清点完货物后，将盘点数量记录下来，将所有的盘点数据单提交给数据录入员，数据录入员再将数据输入计算机。

由于数量清点和数据录入工作都需要耗费大量的时间，且不能同时进行，因此往往会出现盘点时计算机录入员无事可做，然后数据录入时忙到焦头烂额的情况，仓库操作人员则是盘点时手忙脚乱，而后围在计算机录入员身边等待盘点结果。这样的场面几乎每个月都要发生一次。采用了企业移动解决方案后，长虹电器杜绝了这种现象。仓库操作人员手持 Symbol MC3000 移动处理终端，直接在库位上扫描货物条码和库位，系统自动与数据库中的记录进行比较，通过移动处理终端的显示屏幕将盘点结果返回给仓库操作人员。企业移动解决方案可以准确反映货物库存，帮助企业实现精确管理。

案例思考题

1. 长虹电器仓储效率低的主要原因是什么？
2. 长虹电器是如何进行盘点的？
3. 长虹电器出库操作流程是怎样的？

实习实训

一、实训名称：电子标签拣货实训

二、实训目的

（1）掌握拣货的流程。

（2）学习电子标签拣货系统的工作原理及操作技巧。

（3）学会现场拣货、装货等操作技能。

三、实训操作指导

（1）实训布置。实训指导教师带领学生到物流实训室（实训基地），并讲解本次实训的目的、内容及注意事项。

（2）分组。全班同学分成若干学习小组，一组 3～5 人为宜，选出组长。

（3）教师讲解并进行操作示范。实训指导教师现场讲解电子标签拣货的基本原理、电子标签拣选设备的构成及操作方法。

（4）学生根据教师的要求，熟悉电子标签拣选设备及软件的使用特点，并能做到熟练、规范地操作电子标签拣选设备，掌握拣货策略和拣货作业的方法，学习电子标签拣货系统的信息传递方式。

（5）能够现场按订单上客户所需的货物、数量确定货位，将货物从货位上拣选出来。

（6）在实训过程中，教师需要监督并指导学生的练习，对每个小组提出的疑惑或问题进行及时解答，必要时再进行设备操作示范。

（7）以小组为单位，教师对学生进行考核。

四、实训作业

以个人为单位，每人上交一份实训总结报告。

五、实训条件

（1）货物（选择 20 种以上的货物）。

（2）电子标签拣选设备。

（3）仓储管理信息系统。

（4）手持终端。

（5）计算机。

六、实训考评

实训考评表如表 4－12 所示。

表 4－12　　实训考评表

考评人		被考评人	
考评地点			
考评内容		分值（分）	得分（分）
严格遵守出勤制度、实训纪律		20	
拣选设备操作正确		20	
拣选货物的名称和数量正确		20	
软件操作正确		20	
执行 5S 管理		10	
能进行团队协作		10	
合计		100	

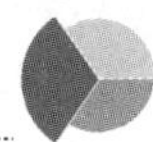

练习题

一、名词解释

1. 储存作业管理
2. 储位管理
3. 货物养护
4. 出库作业

二、单项选择题

1. 货物出库要求做到“三不、三核、五检查”，其中“三核”是指核对凭证、（ ）和核对实物。

A. 核对规格　B. 核对数量　C. 核对账卡　D. 核对品名

2. 下列不属于入库作业的基本业务流程的是（ ）。

A. 组织入库　B. 货品检验　C. 接运　D. 发货检查

3. 按照客户订单或出库单的要求将货物从储存货位取出，并放在指定位置的物流作业活动是（ ）。

A. 拣货作业　B. 入库作业　C. 盘点作业　D. 流通加工

4. 下列属于入库前准备工作的是（ ）。

A. 货物验收　B. 货位准备　C. 转货作业　D. 手续交接

5. 针对每一份订单，作业员巡回于仓库中，按照订单所列品种和数量，逐一将货物从其货位或其他作业区挑选出来集中的方式，这是（ ）。

A. 摘果法　B. 播种式拣货　C. 分货式拣货　D. 批量拣货

6. （ ）不是入库作业中常见的问题。

A. 操作不熟练　B. 单证不全　C. 数量不符　D. 质量问题

三、填空题

1. 根据不同货物需要的温度不同，冷库可以分为（ ）、（ ）、（ ）和（ ）四种类型。

2. 5S 管理是指（ ）、（ ）、（ ）、（ ）和（ ）。

四、简答题

1. 简述入库作业的流程。
2. 简述储存策略的种类。
3. 简述仓储货物变化的类型。
4. 简述盘点的要求。
5. 简述出库作业的流程。

第五章　现代仓储经营管理

知识目标

1. 理解仓储经营管理的含义和特征。
2. 了解仓储经营管理的内容。
3. 掌握仓储合同的特征。
4. 了解仓储合同的内容。
5. 掌握仓单的含义及仓单的性质。
6. 理解仓储成本的定义和构成。
7. 掌握降低仓储成本的策略。
8. 了解仓储绩效关键指标体系。

能力目标

1. 能够区分实际业务中仓储合同当事人的权利和义务。
2. 能够办理实际业务中仓单的转让。
3. 能够识别实际业务中不合理仓储的表现形式。
4. 实际业务中能够采取合理化的储存措施。
5. 能够使用提升仓储绩效管理的方法。

仓储合同与仓单的法律属性

原告诉称：本人半年前成为百货公司的承包经营人，此后多次向被告请求提取百货公司原来存放在被告处的自行车 150 辆，均遭拒绝。现诉请法院判决被告将所扣自行车归还。

被告辩称：本案第三人百货公司与自己存在长期合作关系，3 年来一直将所进家电、五金产品等寄存在自己的仓库中，并按月支付保管费 1000 元。目前仓库中仍存放第三人 1 年前寄存的各种型号的自行车 150 辆。其中前半年的保管费已按时支付，可是自从内部职工林某后半年开始承包经营该百货公司起，没有人支付保管费，欠款至今累计已达人民币

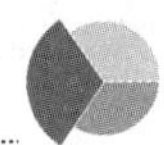

6000 元，屡屡交涉，双方也没有达成一致意见。所以本物资站拟将该批自行车扣下，直到林某还清保管费为止。

第三人称：本公司与被告原来存在仓储合同关系，但公司从半年前开始已由林某承包经营，被告所要求的保管费应当由林某承担。经查明，百货公司已将仓单交给林某，物资站也在仓单上盖章。

法院判决：本案第三人与被告之间确实存在仓储合同关系，该合同不因第三人内部经营权的变动而自动终止，第三人仍应向被告支付保管费，原告凭仓单即可向被告提货，被告不得拒绝。

【分析】在此案件中，仓储合同的双方当事人是百货公司和物资站，百货公司在转让时，已获得了保管人在仓单上的签名或者盖章，形成了有效的仓单转让，林某持仓单就可向物资站提取货物。物资站不得以保管费未支付为由留置已属于林某的货物，物资站只能向百货公司主张保管费的支付。负有给付保管费义务的是百货公司，百货公司不得以其内部经营权的变更为由拒绝履行仓储合同义务。可见，在转让仓单时，存货人应与新的仓单持有人就保管费的承担达成一致，避免因约定不明导致存货人货财两空的结果。

（资料来源：仓储合同与仓单的法律属性）

第一节　仓储经营管理概述

一、仓储经营管理的含义

仓储经营管理是仓库经营人利用仓库储存能力向社会提供的以获得经济收益为目的的仓储服务，并对这一过程所进行的计划、组织、指挥和控制等活动。仓储经营管理属于企业管理的一部分，是独立经营的仓储企业对外经营行为的内部管理，属于企业管理的一个方面。仓储经营管理是仓储企业高层管理者的核心工作，也需要得到其他部门的大力支持。

仓储经营管理的作用体现在：首先，做好仓储经营管理工作能够满足社会对仓库资源的需求，实现社会仓库资源的共享，进一步降低仓储成本，提高仓储服务水平，塑造企业良好形象；其次，通过仓储经营管理，可以完善相关制度和人员队伍的建设工作，做好仓储部门与其他部门之间的信息共享。

二、仓储经营管理的特征

和仓储企业其他部门管理相比，仓储经营管理具备以下几点特征。一是经济性。仓储经营管理过程特别注重仓储环节的收入，以完成公司的经营收入目标。二是外向性。仓储经营管理一般发生在公共仓储活动和营业仓储活动中，企业自营仓储过程中不发生仓储经营管理活动，因为仓储经营管理活动是仓储部门与外部客户的经营交易活动。三是整体性。仓储经营管理收入是公司整体收入的一部分，并且在仓储经营过程中需要后勤、安保、法务等各部门的支持，因此仓储经营管理具有整体性。

三、仓储经营管理的内容

仓储经营管理作为仓储企业管理的重要组成部分，在管理过程中要明确管理的主要内容，以便更好地开展工作。

（1）选拔并确定仓储经营管理人员，组建经营管理团队，制定经营管理的各项规章制度和操作流程。

（2）有序开展市场调研，了解市场需求信息，拜访各行业客户，有效制订仓储营销计划和竞争策略。

（3）线上和线下方式相结合，降低经营成本，提高企业的影响力和竞争力。

（4）与财务结合，进一步核算经营成本，完善经营方案，确定合适的价格，提高产品的竞争力。

（5）以优质、高效的服务满足客户的需要，提高企业的经济和社会效益。

（6）加强交易磋商管理和合同管理，严格依合同办事，守信用，讲信誉。

（7）建立风险防范机制，妥善处理经营纠纷和冲突，防范和降低经营风险。

（8）加强仓储经营管理人员的培训，充分调动全体经营管理人员的积极性和主动性，确保其跟上时代发展的要求，保持企业发展后劲。

第二节　仓储合同及仓单管理

一、仓储合同

（一）仓储合同的含义和特征

1. 仓储合同的概念

《中华人民共和国民法典》（以下简称《民法典》）第九百零四条规定：仓储合同是保管人储存存货人交付的仓储物，存货人支付仓储费用的合同。提供储存保管服务的一方被称为保管人；接受储存保管服务并支付报酬的一方被称为存货人；交付保管的货物为仓储物。

2. 仓储合同的特征

作为一种特殊的经营合同，仓储合同具有以下特征。

①仓储合同的经营对象为动产。仓储合同的经营对象为动产，存货人交付的储存对象只能是动产，存货人以不动产为经营对象订立的仓储合同无效。

②仓储合同为诺成、平等、有偿合同。仓储合同签订的目的是保管货物、实现盈利，这也决定了仓储合同应为诺成合同，只要签订仓储合同的双方无异议，合同即可成立。在合同成立后，保管人应按照合同规定提供货物的储存服务，存货人按照合同约定支付相应的仓储费用及其他费用。双方的义务具有对应性和对价性。所以，仓储合同为双方的有偿合同。

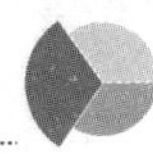

③存货人的货物交付或返还请求权以仓单为凭证。货物的存入和提取必须依靠具有法律效力的书面凭证，即仓单。这是仓储合同的另一重要特征。仓单是表示一定数量的货物已交付的法律文书，属于有价证券的一种。仓单不规范、内容不完整或者有误的，不得办理货物的存入或提取。

（二）仓储合同的内容

仓储合同没有严格的条款规定，不同的合同当事人可根据实际情况商定不同的合同事项，并且由双方共同决定采取何种合同形式。但是主要合同内容不可缺少，主要包括仓储合同当事人及其基本信息，合同标的货物的名称、数量等信息，货物验收的内容、标准，货物的储存要求，货物的储存期限，货物的出入库手续、时间、地点、运输方式等，货物的损耗约定，仓储费用及结算方式，货物的保险约定，责任划分和违约处理，合同的变更、解除和终止，争议处理的办法，合同签署。

1. 仓储合同当事人及其基本信息

存货人和保管人作为仓储合同的双方当事人，在签署合同时应在合同上填写完整的姓名或名称、地址和联系方式，确保在紧急情况下能够联系到相关人员。保管人必须拥有仓库、货架、叉车等相关设施设备，并取得相应的公安、消防部门的许可。存货人可以是企业，也可以是个人。存货人为个人时，需要填写完整的个人信息，并提供相关的个人有效身份证等。

2. 合同标的货物的名称、数量等信息

合同双方应在合同中明确规定储存货物的名称、数量、规格及库存要求。货物的名称必须具体，数量由双方入库时共同确定，货物的质量按国家或者有关部门规定的质量标准标明。储存的货物必须是有形的实物动产，知识产权、数据、技术等无形资产或精神产品不能作为仓储物。在合同有效期内，保管人应妥善保管仓储物，以免发生损毁，在储存期满后应当按约定将仓储物交还给存货人。

3. 货物验收的内容、标准

货物在入库前由合同双方共同对货物进行验收，再次确认货物的品种、规格、质量、包装等基本情况，并在合同中明确验收货物的内容和标准。货物验收的内容、标准具体包括以下几点。第一是对于无须开箱、拆捆的货物，主要是验收货物的名称、规格、数量、外包装状况等。第二是对有包装的货物，包装内的货物名称、规格、数量以外包装或者货物上的标记为准，无标记的，以供货方提供的验收资料为准。第三是散装货物按国家有关规定或合同规定验收。关于验收期限，依照惯例，国内货物不超过 10 天，国外货物不超过 30 天，法律另有规定或当事人另有约定的除外。

关于货物验收的方法，根据双方当事人的约定，可以采取全部验收，也可以采取按比例抽验。

4. 货物的储存要求

保证货物在储存期间的质量完好是对保管人的基本要求。这就要求保管人在保管货物时，要了解货物的基本性质和对仓储条件的要求。由于储存的货物种类繁多，性质不同，要求不同，因此针对不同的货物，应在合同中规定对应的仓储条件。比如易燃易爆、有

毒、有腐蚀性、有放射性等危险货物，或者易变质货物，在储存时需要有专门的仓储设备，并配备具有专业技术知识的人负责管理。必要时存货人还应向保管人提供储存、养护、运输等方面的技术资料，以便保管人根据货物的性能，按国家或合同规定的要求操作、储存危险货物和易变质货物。

5. 货物的储存期限

一般情况下，合同都有固定的期限，但是也有个别合同没有规定期限，只要货物尚在库内储存，合同就继续有效。合同的有效期的表示方法有三种：一是用期限表示，如储存 4 个月，起始日期为货物的入库日期；二是用日期表示，如 2022 年 3 月 5 日至 6 月 5 日；三是不约定具体的存放日期，但约定到期方式，如提前 1 个月通知等。

储存期限是保管人计算和收取仓储费用的基础，也是保管人承担货物保管责任的期限，也是做好仓库库容计划安排的基础。如果存货人不能遵守储存期限条款，保管人有权要求存货人承担违约责任。仓储物在储存期间临近过期时，保管人应提前通知存货人，如果保管人未通知或通知不到位，货物的损失由保管人承担。否则，货物的损失由存货人承担。

6. 货物的出入库手续、时间、地点、运输方式等

入库作为仓储合同业务的第一个环节，双方当事人应高度重视货物入库的环节。在货物入库时，双方当事人应共同对货物进行清点、验收，无误后开具仓单，并在仓单上签字确认，同时在合同中要明确入库应办理的手续和理货方法、入库的时间和地点，以及货物运输、装卸搬运的方式等内容，以防止纠纷的发生。

出库时间应该是存货人提出并经保管人确认后双方共同确定的，合同中应列明出库手续办理需要提供的单据、运输方式、交货地点等事项，以便双方共同协作完成货物的出库工作。

7. 货物的损耗约定

由于自身性质所致，货物在储存期间不可避免地会由于挥发、氧化和扬尘等造成一定的损耗，对于这类数量减少或质量变化的责任，应在合同中明确规定一定的损耗率，在损耗率以内的损失不追究保管人的责任。具体的货物损耗标准可以采用国家标准或行业标准，也可由双方协议约定。

8. 仓储费用及结算方式

仓储费用的计收标准和收费项目由合同双方共同确定并在合同中列明。仓储费用一般包括出入库装卸费用、转仓费用、代理包装费用，以及货物特殊养护费用等。合同中应明确列出各项费用由哪一方承担，各项费用的计收标准、支付方式、支付时间和地点、开户行和账号、违约金等基本信息。

9. 货物的保险约定

货物在储存期间应及时购买保险。若保险人已对仓储物投保，必须告知保管人所投保的保险人、保险金额、保险期间；若保险人未对仓储物投保，存货人可以自己购买保险，也可以委托保管人购买保险，费用由存货人承担。

10. 责任划分和违约处理

关于合同双方的责任是合同的一项重要内容，应在合同中明确规定，划清各自责

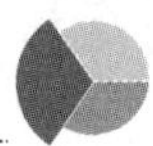

任范围。具体责任划分可从货物入库、货物验收、货物储存、货物包装和货物出库等方面进行明确，同时，应规定违反合同时应承担的违约责任。违约处理的方式有协商、调解、仲裁、诉讼等，违约责任的形式有违约金、赔偿金等，这些都必须在合同中明确。

11. 合同的变更、解除和终止

合同在履行过程中，可能会因一系列的客观因素导致合同不能正常进行，这就需要在合同中规定合同变更或解除的条件、期限。合同的当事人如果需要变更或解除合同，必须事先通知另一方，双方意见一致即可变更或解除合同。如果发生了法律或合同中规定的可以单方变更或解除合同的情形，那么拥有权利的一方可以变更或解除合同。

合同的当事人之间可以根据一定的法律事实和法律程序设立合同的权利义务关系，也可以根据一定的法律事实和法律程序终止合同。一般在合同中，应明确规定终止合同的条件及责任。

12. 争议处理的办法

合同履行过程中，如遇到争议，应该根据合同中规定的争议处理的方法解决争议。

13. 合同签署

合同签署是合同当事人对合同协商一致的表示，一经签署，意味着合同开始生效。签署合同由企业法人代表签名，注明签署时间，法人或组织还需要盖合同专用章；个人签署合同时只需签署个人完整姓名。

（三）仓储合同当事人的权利和义务

仓储合同一旦成立，合同当事人应按照合同要求履行相应的权利和义务。合同当事人的权利和义务有些在合同中是明示条款，有些则是默示条款。不管是明示条款还是默示条款，合同当事人都应当享受相应的权利和承担对应的义务。

1. 存货人的主要权利和义务

（1）存货人的主要权利。

①查验、取样权。在仓储保管期间，存货人有对仓储物进行查验、取样的权利，能提取合理数量的样品进行查验。

②仓储物的领取权。当事人对储存期限没有约定或者约定不明确的，存货人或者仓单持有人可以随时提取仓储物，保管人也可以随时请求存货人或者仓单持有人提取仓储物，但是应当给予必要的准备时间。

③获取仓储物孳息的权利。如果仓储物在保管期间产生了孳息，存货人有权获取该孳息。

（2）存货人的主要义务。

①告知义务。告知义务是指存货人将仓储物的完好程度告知保管人，让保管人了解货物的真实情况。存货人的告知义务包括两个方面：完整告知和瑕疵告知。

完整告知是指在订立合同时，存货人要完整细致地告知保管人仓储物的准确名称、数量、包装方式、性质、仓储作业要求等涉及验收、仓储、交付的资料。对于危险货物，存货人应向保管人说明货物的性质和预防危险的方法，并提供详细的说明资料。存货人未明确告知的仓储物属于夹带品，保管人可以拒绝接受。

瑕疵告知是指存货人应将仓储物及其包装的不良状态、潜在缺陷、不稳定状态等已存在的缺陷或将会发生损害的缺陷告知保管人，便于保管人对有瑕疵的仓储物采取针对性的措施，避免发生损害和危害。因存货人未告知仓储物的性质、状态造成保管人验收错误、作业损害、仓储损坏的，由存货人承担赔偿责任。

②妥善处理和交存货物。即将入库的货物，存货人应对其进行妥善处理，包括分类、捆扎、堆放整齐等，使之适合仓储作业和保管。

存货人应在合同约定的时间内向保管人交存仓储物，并提供验收单证。交存仓储物不是合同生效的条件，而是存货人履行合同的义务。若存货人未按照约定交存仓储物，则构成违约。

③支付仓储费用和其他必要费用。仓储合同为有偿合同，支付仓储费用是存货人的基本义务，除非当事人之间另有约定。获取仓储费用是保管人的权利。存货人应根据合同约定按时、足额支付仓储费用，否则构成违约。

存货人应在规定期限内缴纳足额的仓储费用，逾期不缴纳时，保管人可对仓储物行使留置权，并可通过拍卖留置的仓储物等方式获得款项。逾期缴纳者，保管人可加收一定的滞纳金。

除此之外，仓储物在储存期间发生的应由存货人承担责任的费用支出或垫费，如保险费用、货物自然特性的损害处理费用、有关货损处理费用、运输搬运费用、转仓费用等，存货人应及时支付。

④按时提货。按时提货是存货人的基本义务。存货人应按照合同的约定，按时提出仓储物。如果存货人未将仓储物提出，会影响保管人下一份仓储合同的履行，由此产生的相关损失由存货人承担。

2. 保管人的主要权利和义务

（1）保管人的主要权利。

①收取仓储费用的权利。仓储费用是保管人订立合同的目的，是对仓储物进行保管所获得的报酬，是保管人的合同权利。保管人有权按照合同约定收取仓储费用或在存货人提货时收取仓储费用。

②保管人的提存权。储存期限届满，存货人或者仓单持有人不提取仓储物的，保管人可以催告其在合理期限内提取；逾期不提取的，保管人可以提存仓储物。

③验收仓储物的权利。验收仓储物不仅是保管人的义务，也是保管人的一项权利。保管人有权对仓储物进行验收，在验收中发现仓储物溢短的，对溢出部分可以拒收，对于短少的有权向存货人主张违约责任。对于仓储物存在不良状况的，有权要求存货人更换、修理或拒绝接收。

（2）保管人的主要义务。

①提供符合货物要求的仓储条件。提供符合货物要求的仓储条件是保管人的基本义务。基本的仓储条件包括干净整洁的库内环境、便于储存和装卸货物的设施设备（叉车、货架、拣货车等）、安全保卫设施等。同时，仓库还应配备一定的保管人员和养护人员，制定有效的管理制度和操作规程等。如果保管人提供的仓库不具备仓储条件，则不可接收

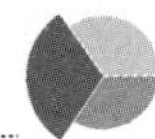

货物，否则将构成根本违约。

②验收货物。按照合同规定，货物入库时应由保管人对货物进行验收。验收货物是保证入库货物质量的基础，也是划分货损责任的条件。保管人在接收货物时，要进行理货、计数、查验，在合同约定的期限内检验货物质量，并签发验货单证。

③签发仓单。货物入库后，保管人应及时向存货人签发仓单，以确认收到货物。在存货人提取货物时，保管人根据仓单的记载向仓单持有人交付货物，并承担仓单所明确的责任。保管人要根据实际收取的货物情况签发仓单，根据合同条款确定仓单的责任事项，避免将来向仓单持有人承担超出合同约定的责任。

④合理化仓储。对于入库的货物，保管人应根据库内规划和货物的性质，选择合适的地点存放货物，并使用先进的技术、科学的方法、严格的制度，高质量地做好仓储管理工作。保管人对于货物的储存承担责任。因其储存不善使货物在仓储期间发生损害时，除非保管人能证明损害是由于货物性质、包装不当、超期以及其他免责原因造成的，否则保管人要承担赔偿责任。

⑤危险通知义务。货物储存期间，在货物验收时发现不良情况、发生不可抗力损害、仓储物变质等，以及其他涉及仓储物所有权的情况，保管人应及时通知存货人或者仓单持有人，并根据实际情况快速做出相应的决定，减少损失。同时，在货物遭遇危险时，保管人也应及时采取紧急措施，减少货物的损失。

（四）违约责任和免责

1. 违约责任

违约责任是指存货人或者保管人不能履行仓储合同约定的义务或者履行合同义务不符合合同的约定而产生的责任。

1）保管人的主要违约责任

（1）合同签订后，保管人不能完全按合同约定及时提供仓库，致使货物不能全部入库，或者在合同有效期限内要求存货人退仓的，应当按约定支付违约金。

（2）储存期间，若货物品种、数量、质量、规格、型号、包装等不符合合同约定，保管人承担违约赔偿责任。

（3）储存期间，因保管人保管不善或储存条件未达到要求造成仓储物损坏、短少、变质以致灭失的，保管人承担违约赔偿责任。

（4）储存期间，因约定的仓管条件发生变化而未及时通知存货人，造成仓储物毁损、灭失的，由保管人承担违约损害责任。

（5）储存期满后，保管人没有按照合同规定的时间、数量返还仓储物，应承担违约责任。

（6）合同双方约定的其他违约责任。

2）存货人的主要违约责任

（1）存货人没有按合同的约定对仓储物进行必要的包装或包装不符合约定要求，造成仓储物毁损、灭失的，自行承担责任，并由此承担给保管人造成的损失。

（2）存货人没有按合同约定的仓储物的性质交付仓储物，或者超过储存期，造成仓储物毁损、灭失的，自行承担责任。

（3）对于危险有害物品，存货人必须在合同中注明，并提供必要的资料，否则，由此造成损失的，自行承担民事和刑事责任，并承担由此给保管人造成的损失。

（4）逾期储存的，存货人承担加收费用的责任。

（5）储存期满不提取仓储物，经催告后仍不提取的，存管人承担提存仓储物的违约赔偿责任。

3）违约处理形式

违约是指存货人或者保管人不履行合同约定的义务或者履行合同义务不符合合同的约定。

在合同履行过程中，应减少各种违约形式的出现，一旦出现违约，应由违约方承担违约责任，以弥补对方的损失。违约方需对对方直接造成的损失和合理预见的利益损失给予弥补。违约责任的承担方式有支付违约金、继续履行合同等。

违约金是指当一方违反合同约定时需向另一方支付的金额。从违约金本身来说，这是一种对违约的惩罚。违约金以约定支付的方式进行赔付。对合同履行中因责任造成对方损失的赔偿，也采取支付违约金的方式，这样有利于简化索赔过程。

继续履行合同是指发生违约行为后，被违约方要求对方或请求法院强制对方继续履行合同的义务。继续履行合同是一种违约责任的承担方式，不能违背原合同的性质和法律关系。若法律上或者事实上不能履行合同、继续履行合同费用过高、被违约方未在合理期限内提出继续履行合同的请求，违约方可免除继续履行合同。

2. 免责

免责又称为免除民事责任，是指不履行合同或法律规定的义务，致使他人财产受到损失，由于有不可归责于违约方的事由，违约方可以不承担民事责任。但是造成对方人身伤害的，因故意或者重大过失造成对方财产损失的，不能免责。

免责事由包括不可抗力、仓储物自然特性、存货人的过失或隐瞒以及合同约定的其他免责事由。

不可抗力的免责条件包括以下几种。

发生不可抗力事件后，遭受不可抗力的当事人应当积极采取有效措施，尽最大努力避免和减少损失。如果当事人有能力避免损失的加剧，但未采取有效措施而致使损失扩大，扩大的损失不属于不可抗力造成的损失。

发生不可抗力事件后，遭受不可抗力的当事人应当及时向对方当事人通报不能履行或延期履行合同的理由。及时通报的目的是使对方当事人根据合同不能履行的具体情况，采取适当措施，尽量避免或减少由此造成的损失。如果遭受不可抗力的一方没有及时通报，由此而加重了对方当事人的损失，则加重部分不在免责之列。

发生不可抗力事件后，遭受不可抗力的当事人要取得有关机关的书面证明材料，这样如果日后发生纠纷，也可以做到有据可查。

以下是一个仓储合同范例。

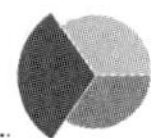

仓储合同范例

合同编号：

存货人（甲方）：________地址：________联系人及电话：________

保管人（乙方）：________地址：________联系人及电话：________

合同签订地：________

存货人和保管人根据《中华人民共和国民法典》，经双方协商一致，签订本合同。双方同意本着友好合作的原则共同信守。

第一条　储存货物的名称、规格、包装、数量、质量（或者采用如表 5-1 所示的格式）

表 5-1　储存货物明细表

编号	包装	名称	规格	数量	质量	备注

第二条　货物包装

一、存货人负责货物的包装，包装标准按国家标准或行业标准规定执行。没有以上标准的，在保证运输和储存安全的前提下，由合同当事人议定。

二、包装不符合国家或合同规定，造成货物损坏、变质的，由存货人负责。

第三条　保管方法

保管方法：根据________规定进行保管，或者______（双方协商进行保管）。

第四条　保管期限

保管期限：从____年____月____日至____年____月____日。

第五条　验收项目和验收方法

一、存货人应当向保管人提供必要的货物验收资料，如未提供必要的货物验收资料或提供的资料不齐全、不及时，所造成的验收差错，或者发生货物品种、数量、质量不符合合同规定时，保管人不承担赔偿责任。

二、保管人应按照合同规定的包装外观、货物品种、数量和质量，对入库货物进行验收，如果发现入库货物与合同规定不符，应及时通知存货人。保管人未按规定的项目、方法和期限验收，或验收不准确而造成的实际经济损失，由保管人负责。

三、验收期限：国内货物不超过____天，国外货物不超过____天。

超过验收期限所造成的损失由保管人负责。货物验收期限，是指货物和验收资料全部送达保管人之日起，至验收报告送出之日止。日期均以运输或邮电部门的戳记或直接送达的签收日期为准。

第六条　入库和出库的手续

按照有关入库、出库的规定办理，如无规定，按双方协议办理。入库和出库时，双方代表或经办人都应在场，检验后的记录要由双方代表或经办人签字。该记录就视为合同的有效组成部分，双方当事人各保存一份。

第七条　损耗标准和损耗处理

按照有关损耗标准和损耗处理的规定办理，如无规定，按双方协议办理。

第八条　保管费用和结算办法

保管费率为______元/（天·吨），不足12小时按半天计算；总保管费用为______元。总保管费用在货物交存保管的______天内交付给保管人，保管到期前交付。

结算办法：________________。

第九条　违约责任

一、保管人的责任

（一）由于保管人的责任，造成退仓或不能入库时，应按合同规定赔偿存货人运费和支付违约金________元。

（二）对危险物品和易腐货物，不按规程操作或妥善储存，造成毁损的，保管人负责赔偿损失。

（三）货物在储存期间，由于储存不善而发生货物灭失、短少、变质、污染、损坏的，保管人负责赔偿损失。如属包装不符合合同规定或超过有效储存期而造成货物损坏、变质的，保管人不负赔偿责任。

（四）由保管人负责发运的货物，不能按期发货，赔偿存货逾期交货的损失；错发到货地点除按合同规定无偿运到规定的到货地点外，并赔偿存货人因此造成的实际损失。

二、存货人的责任

（一）易燃易爆、有毒等危险物品和易腐物品，必须在合同中注明，并提供必要的资料，否则造成货物毁损或人身伤亡的，由存货人承担赔偿责任直至由司法机关追究刑事责任。

（二）存货人不能按期存货的，应偿付保管人的损失，向保管方支付违约金__元。

（三）超过议定储存量或逾期不提货时，除交纳储存费外，还应偿付违约金____元/（天·吨）。

三、违约金和赔偿方法

（一）违反货物入库和货物出库的规定时，当事人必须向对方交付违约金。违约金的数额，为违约所涉及的那一部分货物的__个月保管费（或租金）或__倍的劳务费。

（二）因违约使对方遭受经济损失时，如违约金不足抵偿实际损失，还应以赔偿金的形式补偿其差额部分。

（三）前述违约行为，给对方造成损失的，一律赔偿实际损失。

（四）赔偿货物的损失，一律按照进货价或国家批准调整后的价格计算；有残值的，应扣除其残值部分或残件归赔偿方，不负责赔偿实物。

第十条　不可抗力

由于不能预见并且对其发生和后果不能防止或避免的不可抗力事故，致使直接影响合

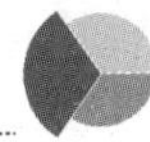

同的履行或约定的条件履行时，遇有不可抗力事故的一方，应立即将事故情况通知对方，并应在__天内，提供事故详情及合同不能履行或者部分不能履行或需要延期履行的理由的有效证明文件，此项证明文件应由事故发生地区的公证机构出具。按照事故对履行合同影响的程序，由双方协商决定是否解除合同，或者部分免除履行合同的责任，或者延期履行合同。

第十一条 争议处理

本合同所发生的争议，双方应协商解决，不能协商解决的，双方同意在仲裁委员会仲裁。

第十二条 其他

保 管 人：________（盖章）	存 货 人：________（盖章）
法定代表人：________	法定代表人：________
地 址：________	地 址：________
银 行 账 户：________	银 行 账 户：________
____年____月____日	____年____月____日

二、仓单

（一）仓单的含义

仓单是保管人接收货物后签发的一种凭证，表明收到一定数量的货物，并承担对仓储物的储存责任以及保证将向仓单持有人交付仓储物。保管人只有在仓单上签名或者盖章后，仓单才能生效，否则仓单不具有法律效力。

签发仓单是保管人的法律义务。根据《民法典》的规定，存货人交付仓储物时，保管人应当给付仓单。仓单一式两联，正式仓单交付存货人，底单由保管人保管。

（二）仓单的性质

1. 仓单是有价证券

有价证券是指表明一定财产权的证券，其权利的行使或处分必须借助证券的占有或转移。仓单是仓储物的书面凭证，持有仓单表明对该仓储物拥有占有权，保管人依据仓单返还仓储物。

转让仓单需要对方支付与仓储物价值等同的资产或价款，因而仓单是表明仓储物价值的有价证券。由于仓单所表示的是实物资产的价值，其价格受实物市场供求关系的影响，需要根据供求规律确定仓单的具体价格。

2. 仓单是提货凭证

存货人在提取货物时，必须出具和货物匹配的仓单，没有仓单无法提取货物，货物出库后，保管人应该收回仓单并注销。仓单持有人为第三人，且无法出示仓单时，除非能证明其提货身份，否则保管人应当拒绝返还仓储物。

3. 仓单为物权证券

存货人获取仓单后，要妥善保管，谁占有仓单就等于占有该货物。在存货人将仓储物出售时，只需将仓单转让，背书并经保管人签名后，货物的所有权就可实现转移。仓单的转移就是物品所有权的转移，货物不必经过一系列周转。

4. 仓单为记名证券

《民法典》第九百零九条规定，仓单应当记载存货人的姓名或名称和住所。另外，《民法典》对仓单的格式和记载事项有严格规定，即仓单必须经保管人签名或者盖章，并必须具备一定的必要记载事项，否则，仓单不具有效力。

5. 仓单是仓储合同的证明

当双方没有订立仓储合同时，仓单是存货人与保管人双方订立的仓储合同存在的一种证明，证明合同关系的存在。只要签发仓单，存货人和保管人就必须按照仓单的记载承担合同责任。

（三）仓单的内容

保管人收到货物后要为存货人开具仓单，以表示收到货物，存货人和保管人共同核对仓单内容，无误后共同在仓单上签字确认。仓单一般为一式两联。第一联交给存货人；第二联为存根，由保管人保存，以便核对仓单。根据《民法典》第九百零九条，仓单包括下列事项。

1. 存货人的姓名或者名称和住所

存货人是库内货物的所有人，有权对库内货物进行处理，同时也要承担规定的义务，并在仓单上如实、准确、完整地填写存货人的姓名，并要求与营业执照上名称完全一致。当存货人为个人时，采用该人的完整姓名，并提供身份证原件和复印件。

存货人的住所地址为存货企业的所在地、主营业部所在地、发生仓储业务关系的分营业部所在地、个人的居住地或者常驻地地址。住所地址要求采用完整的名称。住所地址是仓单发生争议时影响司法管辖权的因素之一，同时也是仓储业务中保管人与存货人联系的途径，因而一般还会注明联系电话等。

2. 仓储物的品种、数量、质量、包装及其件数和标记

开具仓单时，有关仓储物的品种、数量、质量、包装及其件数和标记等基本因素必须准确描述，详细记载，以防止发生争议。

其中，品名应是仓储物的标准名称或双方认可的名称。货物的质量可以采用公认的等级质量标准表示，或者标明具体的质量水平，或者标明检验结论。货物的包装必须是在储存期间存续的包装方式，一般来说为保管人所认可的包装方式。

3. 仓储物的损耗标准

由于自然因素或货物自身的性质，货物在储存期间可能发生损耗，如干燥、风化、挥发等，这就不可避免地造成货物数量减少或者质量发生变化。货物自身特性的自然减量和公认的合理耗损，保管人不承担责任。对此，仓单中应当明确规定货物的损耗标准，以免在返还仓储物时发生纠纷。

仓储物的损耗标准按照国家标准或者行业标准规定执行；无相关损耗标准的，由双方共同约定。

4. 储存场所

储存场所是货物的具体储存位置，应在仓单上明确记载，以便存货人能够准确、及时

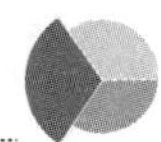

提取货物。

储存场所应该具备基本的保管条件和操作设施设备。储存场所也是发生仓储争议时的合同履行地、财产所在地，是司法管辖权的判断依据。

5. 储存期限

储存期限是货物在库内存放的起止时间，也是保管人履行保管货物义务的起止时间，也是存货人或仓单持有人提取仓储物的时间界限。为了使存货人或仓单持有人明确掌握储存期限，仓单上应当明确储存期限。

6. 仓储费

仓储费是保管人为存货人提供仓储服务而获得的报酬，也是保管人经营仓库的目的。仓储费的计收标准、支付方法、支付时间和违约金等都应由双方共同约定，存货人应按时缴纳仓储费，以保证货物的正常进出。

7. 仓储物已经办理保险的，其保险金额、期间以及保险人的名称

为了降低货物在储存期间的风险，仓储物需要购买保险。保险原则上由货物所有人购买，如果货物所有人未购买货物保险，由保管人代为购买，但是费用由货物所有人承担，并在仓单上标注保险金额、期间以及保险人的名称，在遇到货物损坏时，便于及时快速地通知保险人。

8. 填发人、填发地和填发日期

仓单在填发人签字后即产生效力。填发人为仓储经营人的企业名称或者法定代表人的姓名。

填发地和填发日期是签发仓单的地点和日期，不仅表示仓单发生效力的地点和日期，同时也是属地管辖的依据和时效起算时间的依据。

一份有效的仓单应当包含以上所有内容或者其他保管人认为必要的内容，但是也可以缺省一些内容。只要仓单的内容能够充分表达出仓储物的物权、保管人的责任和义务承担程度、仓单持有人提取仓储物的权利等，保管人签发的仓单就应该有效。如果仓单缺乏保管人、存货人、仓储物、存货地点、保管人签名等条件事项，那么仓单是无效的。

（四）仓单的转让

《民法典》第九百一十条规定，仓单是提取仓储物的凭证。存货人或者仓单持有人在仓单上背书并经保管人签名或者盖章的，可以转让提取仓储物的权利。根据这条规定，存货人行使转让提取仓储物的权利时，应具备以下两个条件。

1. 背书

作为记名证券，仓单的转让要采取背书转让的方式。因此，存货人转让仓单时，必须由存货人在仓单上进行背书。

背书格式为：

兹将本仓单转让给×××（被背书人的完整名称）。

×××（背书人的完整名称）

×××（背书经办人的完整名称）

×××（日期）

仓单可以进行多次背书转让，第一次背书的存货人为第一背书人。如果进行第二次转让，第一次被背书人就成为第二背书人。背书过程是相互衔接的完整过程，任何参与该仓单转让的人都要记载在仓单的背书过程中。

2. 保管人须在仓单上签名或者盖章

随着仓单的转让，货物的所有权也发生了改变，保管人与存货人订立仓储合同的主体也发生了改变。因此存货人如果转让仓单，必然告知保管人并要求保管人在仓单上签字确认，受让人方可凭仓单提取仓储物。仓单转让的每一次背书都须经保管人签名或者盖章后才能生效。

第三节　仓储成本管理

成本对企业的经营效益具有非常重要的影响，在仓储经营过程中，仓储环节是企业经营中成本较多的一个环节，仓储成本是企业成本的重要组成部分。在保证货物储存质量的前提下，应努力控制各项仓储经营成本，争取最大限度地为企业创造效益。因此，做好仓储成本管理对降低整个企业的成本、增强企业的盈利能力具有重要的意义。

一、仓储成本的定义和构成

（一）仓储成本的定义

仓储成本是指一段时期内对库内货物进行储存、保养、维护等发生的各种费用，是企业在开展仓储业务中以货币计算的各种要素投入的总和。只要开展仓储业务，就会产生各种成本，仓储成本的高低直接影响企业的利润。因此在仓储经营过程中，应最大限度地利用仓储设施设备，用尽量少的人力、物力、财力把库存控制到最佳数量。仓储成本也是物流成本的重要组成部分，对物流成本的高低有直接影响。

（二）仓储成本的构成

仓储成本主要包括仓储持有成本、订货或生产准备成本、缺货成本和在途库存持有成本等。

1. 仓储持有成本

仓储持有成本是指为保持适当的库存而产生的成本。仓储持有成本主要包括资金占用成本、仓储维护成本、仓储运作成本、仓储风险成本。

（1）资金占用成本。

资金占用成本也称利息费用或机会成本，是仓储成本的隐含费用。如果资金投入其他方面会取得相应的投资回报，这种因没投入其他方面而未能获得的回报就是资金占用成本。资金占用成本反映失去的盈利能力。为了方便核算，一般情况下，资金占用成本可用所占用资金需要支付的银行利息来衡量，也可用持有库存的货币价值的百分比来表示，或者用确定企业新投资的最低回报率的方法来计算。资金占用成本是仓储持有成本的一个重

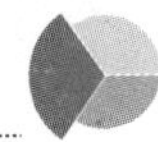

要组成部分。

（2）仓储维护成本。

仓储维护成本主要包括与仓库有关的租赁费用、取暖费用、照明费用、设备折旧费用、保险费用和税金费用等。仓储维护成本因企业的仓储方式不同而不同。如果企业利用自有的仓库，大部分仓储维护成本是固定的；如果企业利用公共仓库，仓储维护成本为变动成本，并随库存数量的变化而变化。

（3）仓储运作成本。

仓储运作成本主要与货物的出入库作业有关，主要涉及货物的装卸搬运费用。装卸搬运费用是指完成货物的出入库作业需要支付给装卸搬运工人、司机及其他人员的工资、加班费用，装卸搬运过程中消耗的燃料费用、电能费用、轮胎费用、垫带费用及装卸搬运机械和工具的折旧费用、货损费用、机械损坏费用、人员伤亡费用等。

（4）仓储风险成本。

仓储风险成本是由企业无法控制的原因造成的库存货物贬值、损坏、丢失、变质等损失费用。

2. 订货或生产准备成本

（1）订货成本。

订货成本是指企业每次完成货物的采购而产生的各项费用，包括处理订货的差旅费用、办公费用等。根据产生订货成本的因素不同，可将订货成本分为固定成本和变动成本两部分。固定成本是指与订货次数无关的项目产生的成本，如常设机构的基本开支等；变动成本指与订货次数有关的项目产生的成本，如差旅费用、通信费用等。

（2）生产准备成本。

生产准备成本是指当库存的某些货物是由本企业自己生产时，企业为完成这批货物的顺利生产而产生的各项准备成本。其中，与生产货物的数量无关的项目，如更换模具、增添某些专用设备等产生的成本属于固定成本；与生产货物的数量有关的项目，如购买材料等产生的成本属于变动成本。

3. 缺货成本

缺货成本是指由库存供应中断造成的损失，包括原材料供应中断造成的停工损失、产成品库存缺货造成的延迟发货损失和失去销售市场的损失。如果紧急采购解决库存的燃眉之急，那么缺货成本表现为紧急额外采购成本，即紧急采购成本大于正常采购成本的部分。

4. 在途库存持有成本

在途库存持有成本是一种比较隐蔽的成本，是指企业以货到付款的方式销售货物，尚在运输途中未到达客户指定场所的货物，由于货物的所有权并未转移，从理财的角度来看，仍属于企业的库存，因此也就会产生资金占用成本、仓储维护成本、仓储运作成本和仓储风险成本。实践中，需要根据实际情况对每部分成本进行仔细分析，才能核算出具体的实际成本。

二、不合理仓储的表现形式

所谓不合理仓储是指在生产、加工、运输等活动之前或之后的不合理储存，主要表现为仓储物数量不合理、储存条件过剩或不足、储存结构失衡、储存时间过长等。

（一）仓储物数量不合理

在仓储物数量方面，如果数量过低，对供应、生产、销售等的保障能力会降低，只能满足一定比例的市场需求，其带来的损失可能远远超过降低仓储量、防止货损等方面带来的收益。随着仓储物数量的增加，可以逐渐提高保障供应、生产、销售的能力。但是保障能力的提高和仓储物数量不成正比，而是遵从边际效用原理，每增加一单位的仓储物，保障能力虽然会随之增加，但边际效用会逐渐降低。

（二）储存条件过剩或不足

储存条件是指储存货物所需的仓库面积、设施设备及人员等。如果储存条件过剩，大大超过储存货物的需求，从而使仓储物过多地负担仓储成本，进而产生较大的成本负担。如果储存条件不足，如仓储设施简陋、仓储设施不足、维护手段及措施不力等，就不能很好地养护货物，造成仓储物的损失。

（三）储存结构失衡

储存结构失衡主要是仓储物的品种、规格和质量等同市场需求不协调，造成库存积压和供应短缺同时存在，仓储成本大幅度增加。

（四）储存时间过长

随着货物储存时间的增加，被储存货物可以获得时间效用，若仓储时间继续增加，有形及无形消耗加大，时间效用逐渐降低，甚至可能出现周期性波动。当然，货物的储存时间与仓储总效用之间有着复杂的关系，不能一概而论。但是，对绝大多数货物而言，过长的储存时间都会影响仓储总效用。

三、降低仓储成本的策略

（一）优化整合供应链，实施合理的库存管理模式

1. 实施供应商管理库存

供应商管理库存（Vendor Managed Inventory，VMI）是一种在供应链环境下的库存运作模式，是指供应商等上游企业基于其下游客户的生产、销售与库存信息，对下游客户的库存进行管理与控制。通常上游企业判断下游客户库存是否需要补充，当需要补充时，自动向本企业物流中心下达发货指令，补充下游客户库存。

供应商管理库存是以实际或预测的消费需求和库存量作为市场需求预测和库存补货的解决方法。供应商通过收集和分析分销中心、仓库的销售和库存数据，实现需求和供应相结合；下

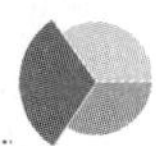

游客户只需要帮助供应商制订计划，就能实现“零库存”，供应商的库存也将大幅减少。

2. 实施联合管理库存

联合管理库存（Jointly Managed Inventory，JMI）是介于供应商管理库存和客户管理库存之间的一种库存管理方式。联合管理库存模式下，对产品制造更为熟悉的生产者、供应商，以及掌握消费市场信息，能对消费者的消费习惯作出更快、更准反应的零售商共同管理库存，因此能更准确地对供应和销售作出判断。根据零售商提供的销售信息和库存状况，供应商能够更加灵敏地掌握市场变化。

3. 协作计划、预测与补货方法

协作计划、预测与补货方法（Collaborative Planning，Forecasting and Replenishment，CPFR）是指利用互联网，通过零售商与生产者的合作，共同进行商品预测，并在此基础上实行连续补货的库存管理模式。采用 CPFR 模式，既能降低零售商的存货量，又能增加供应商的销售额。

（二）运用科学管理理念和优化方法，提高管理水平，降低成本

没有思路就没有出路，应借鉴精益生产的先进理念，持续改进；没有最好的，只有更好的；消除一切浪费现象，开展工业工程，不断提高效率、降低成本；运用互联网、物联网、大数据、人工智能等先进技术，实施精准服务，提高服务质量；运用优化方法，优化布局设计、作业顺序，提高仓容率，充分利用各种资源，提高物流管理水平；实施准时生产、准时物流，降低库存。

四、储存合理化的主要措施

（一）储存合理化的含义

所谓储存合理化是指在保证实现仓储功能的前提下，采用适当的方法实现货物储存经济性的过程。主要内容有货物储存数量合理化、货物储存结构合理化、货物储存时间合理化、货物储存空间合理化。主要判断标志有质量标志、数量标志、时间标志、结构标志、分布标志、费用标志。质量标志指仓库须保证被储存货物的质量；数量标志指在保证仓储功能实现的前提下有一个合理的数量范围；时间标志指在保证仓储功能实现的前提下，寻求一个合理的储存时间，一般与数量标志结合判断，仓储量越大，消耗速度越慢；结构标志指不同品种、规格的储存货物的储存数量的比例关系，相关性很强的各种货物的比例关系更能反映储存的合理性；分布标志指不同地区储存货物的数量比例关系，以此判断当地市场需求比例以及对需求的保障程度；费用标志是通过考虑租金、维护费用、储存费用、损失费用、资金占用利息支出等，从实际费用上判断储存合理与否。

（二）储存合理化的主要措施

1. 实施 ABC 分类法，控制关键货物的库存水平

ABC 分类法是实施储存合理化的基础，其核心思想是放弃次要的多数（80%），抓关键的少数（20%），在此基础上解决好各类货物的结构关系、储存量和重点技术的实施等

问题。在 ABC 分类基础上进行重点关键货物的管理，可以更好地控制货物的库存水平，达到适度集中库存的目的，提高机械化、自动化的水平和对客户的服务水平，避免出现集中库存和分散库存的局面。

2. 加速货物在库周转速度，提高单位产出

将静态储存变为动态储存是现代储存追求的目标。货物在库时间越短，损耗就越少，资金占用时间就越短；仓库的吞吐能力越强，仓储成本就越低。要想实现这个目标需要对货物进行集装储存，或者建立快速分拣系统，提高周转速度。

3. 采用有效的先进先出方式

先进先出是一种有效的保证货物质量，减少货物在库存放时间的方法。在实施先进先出方式出货时，除了借助软件外，还可以采用贯通式货架系统和"双仓法"储存两种方式。

贯通式货架系统指利用货架的每层，形成贯通的通道，入库时货物从一端进入，出库时货物从另一端取出。该方法能有效地保证先进先出，提高出入库的效率。

"双仓法"储存是在制定货物的货位时，都准备两个货位，轮流进行存取，先放入货位的货物被取完后，才能取另外一个货位的货物。

4. 提高储存密度及仓容利用率

所谓提高储存密度及仓容利用率，就是在单位面积或体积下尽可能储存更多的货物，提高单位面积的利用率，减少储存设施的投资，降低成本。具体可采取以下措施。

（1）采取高垛的方法，增加储存的高度。在库内高度限制范围内和满足货物称重的条件下，尽可能增加货物的堆垛高度，比如利用高层货架仓库、集装箱等，都可大大增加储存高度。

（2）减少库内通道数量，增加有效储存面积。在保证货物正常进出的情况下，尽量减少库内通道数量，因为过多的通道会占用货物的有效储存面积。可采用密集型货架、可卸式货架以及各种贯通式货架等，增加货物储存的有效面积。

（3）缩小库内通道宽度，增加有效储存面积。过宽的通道也会影响货物的有效储存面积。可采用窄巷道式通道，配以轨道式装卸车辆，以减少车辆运行宽度；采用侧叉车、推拉式叉车，以减少叉车转弯宽度。

5. 采用有效的储存定位系统

储存定位是指确定被储存货物的位置。通过储存定位系统可以快速地查找所需要的货物，大大节约寻找、存放、取出的时间，还能防止出现差错，便于清点。储存定位系统可采取计算机软件与无线定位技术结合的方式，快速自动定位；也可采取一般人工定位，比如"四号定位"方式。若利用"四号定位"方式，可事先对仓库存货区做出规划，这样有利于提高取货速度，降低差错率。随着信息技术的发展，我们还可采用更先进的计算机定位系统，实现随机储存、快速检索，充分利用每一个货位，提高仓库的储存能力。

6. 采用有效的监测清点方式

对储存货物的数量和质量进行监测清点不但是保管的要求，也是科学库存控制的要求。在实际工作中，保管人员必须及时且准确地掌握实际储存情况，经常与账卡核对，不管是人工管理还是计算机管理，这都是必不可少的。此外，经常监测清点也能更好地掌握储存货物质量的实际情况。监测清点的有效方式主要有以下几种。

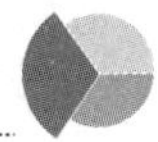

（1）光电识别系统。在货位上设置光电识别装置，利用该装置对储存货物的条码进行识别，准确的数目就会自动显示。该方法不需要耗费人力，并且效率和正确率都很高。

（2）计算机监控系统。用计算机监控系统控制货物存取，可以降低存取差错率。如果在储存货物上采用条码识别技术，并使识别装置与计算机连接，每存取一件货物，识别装置自动识别条码并将其输入计算机，计算机会自动进行存取记录。这样只需通过计算机进行查询，就可了解所存货物的准确信息。

（3）"五五化"堆码。"五五化"堆码是指储存货物堆垛时，以五为基本计数单位，堆成总量为"五"的倍数的垛形，使货物"五五成行、五五成方、五五成包、五五成堆、五五成层"，易于控住数量和进行库存盘点，还能减少差错。

第四节　仓储绩效管理

一、仓储绩效管理的内涵

仓储绩效是仓储活动取得的可测量的社会效益与经济效益，是仓库生产管理成果的集中体现，是衡量仓储管理水平的尺度。

仓储绩效管理是指采用一定的指标体系，按照一定的评价标准，通过定量分析、定性分析等，对仓储绩效进行综合评价的一系列管理活动。

通过仓储绩效管理，可以对仓库各个环节的计划执行情况进行考核，改善运作过程中出现的问题，提高仓储经济效益；可以利用考核指标对市场开发和客户关系维护进行管理，为客户提供相对应的质量评价指标和参考数据；可以对员工起到督促和激励的作用；可以发现工作过程中的不足之处，进而进行有效调整。

仓储绩效管理系统可对仓库和保管人员等的绩效进行界定、评价和考核。在实际应用中可作为管理系统的纽带，也可用来验证管理系统的运作效率。其核心是将结果管理过渡为行为过程管理，最终将两者有机结合，并与企业长期的发展战略融为一体。

二、仓储绩效管理的基本原则

仓储绩效管理要遵循一定的原则，才能保证绩效管理科学、公正。仓储绩效管理的基本原则如下。

（一）指标全面

指标全面是指在设定仓储绩效考核指标时，要结合企业实际情况，把影响仓储绩效的各种因素包含在内。

（二）科学实用

科学实用是指仓储绩效评价体系要具有科学性和实用性，评价内容、评价方法及评价指标要适宜，这样才能获得客观、真实的评价结果。

（三）标准规范

标准规范是指评价方法标准、操作程序规范，这样仓储绩效评价才具有可比性，才能够起到激励和约束的作用，否则会对仓储绩效评价的真实性产生影响。

（四）客观公正

客观公正是指坚持定量分析与定性分析相结合，以客观的立场评价优劣，以公平的态度对待得失，以合理的方法评价业绩，以严密的计算评价效益。避免因评价结果偏颇而导致评价结论的使用者做出错误判断，进而导致错误的决策。

三、仓储绩效管理的主要内容

（1）高效有序地进行货物的收发作业，保证出入库数量准确且合乎品质管理、计单管理和财务管理要求。

（2）单据、账卡管理有序，登记及时、准确。计算机入单高效、无误、明晰。

（3）库房管理科学、有序，货物摆放整洁、整齐，符合货物储存和安全管理要求。

（4）定期盘点或循环盘点，及时查处差异，保证账、卡、物一致。

（5）与客户及外协单位及时对账，及时查处差异，维护公司利益。

（6）及时反映和跟催不合格品、呆滞品的处理过程，减少不良损失，降低库存资金占用。

（7）做好防火、防水、防盗等安全防护工作，保障仓库财产物资的安全。

四、仓储绩效关键指标体系

仓储绩效关键指标体系主要由仓库资源利用程度的主要指标、反映仓库作业与管理能力的指标、反映仓库服务水平的指标、反映仓储经济效益的指标构成。

（一）仓库资源利用程度的主要指标

1. 仓库利用率

仓库利用率是衡量和考核仓库利用程度的指标。仓库利用率是进行仓库管理首先要考虑的一个问题，它可以用仓库面积利用率和仓库容积利用率来表示。相应的计算公式如下。

仓库面积利用率＝(仓库可利用面积/仓库建筑面积)×100%

仓库容积利用率＝(库存商品实际数量或容积/仓库应存数量或容积)×100%

仓库面积利用率越大，表明仓库面积的有效使用情况越好。仓库容积利用率越大，表明仓库的利用率越高。

仓库利用率是反映仓库管理工作水平的重要经济指标。仓库利用率可以反映货物储存面积与仓库实际面积的对比关系，也可以为提高仓库面积的有效利用率提供依据。

2. 设备利用率

对仓储系统而言，设备利用率主要是考核起重运输和搬运设备的利用程度。对多台设

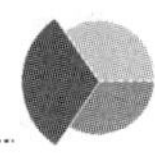

备而言，设备利用率可以用加权平均数来计算。设备利用率包括设备能力利用率和设备时间利用率，相应的计算公式如下。

设备能力利用率＝(设备实际载重量/设备额定载重量)×100％

设备时间利用率＝(设备实际作业时数/设备额定作业时数)×100％

设备额定载重量和设备额定作业时数可以由设备的性能情况和设备工作时间计算得出。

(二) 反映仓库作业与管理能力的指标

这类指标反映的是储存工作的质量。通过对这类指标的考核，可以全面反映储存工作的质量，进而减少损耗，降低费用，提高经济效益。这类指标包括仓储吞吐能力实现率、货物周转速度、货物的损耗率、设备完好率。

1. 仓储吞吐能力实现率

仓储吞吐能力实现率是指仓储期内实际吞吐量与仓库设计吞吐量的比率。用公式表示为：

仓储吞吐能力实现率＝(仓储期内实际吞吐量/仓库设计吞吐量)×100％

2. 货物周转速度

货物周转速度是反映仓储工作水平的重要效率指标，如果货物的总需求量不变，仓库货物的储备量越低，则其周转的速度就越快，从而能够降低对流动资金的占用，提高仓库利用效率。但是，不能一味地减少库存，还要考虑库存的降低是否影响货物的供应。因此，仓库的货物储备量应保持在合理的水平上，即要在保证供应需求的前提下，尽量降低库存量，加快货物的周转速度。

货物的周转速度可以用货物周转次数和货物周转率两个指标来反映。

(1) 货物周转次数。

货物周转次数＝(全年货物平均储存量×360)/全年消耗货物总量

＝全年货物平均储存量/货物平均日消耗量

全年消耗货物总量是指全年仓库中发出货物的总量。全年货物平均储存量即为全年每月月初货物储存量的平均数。货物周转次数越多，则周转天数越少，货物周转越快，周转效率就越高，反之则越低。

(2) 货物周转率。

货物周转率对于企业的库存管理来说具有非常重要的意义。例如，制造商是从资金→原材料→产品→销售→资金的循环活动中获取收益的，如果这种循环速度很快，也就是周转的速度很快时，在同额资金下的利益率也就越高。因此，周转的速度代表了企业利益的测定值。周转的速度又被称为货物周转率。

对于货物周转率，没有绝对的评价标准，通常是同行业相互比较，或与企业内部的其他期间对比分析。

在实际评价中，货物周转率可用如下公式进行计算。

货物周转率＝(使用数量/库存数量)×100％

使用数量并不等于出库数量，因为出库数量包括一部分备用数量。除此之外也有以金额计算货物周转率的。

货物周转率=(使用金额/库存金额)×100%

使用金额并不等于出库金额。使用金额也好，库存金额也好，不能确定是何时的金额，需要规定某个期限来研究金额时，需用下列算式。

货物周转率=(该期间的出库总金额/该期间的平均库存金额)×100%

=[该期间的出库总金额×2/(期初库存金额+期末库存金额)]×100%

3. 货物损耗率

货物损耗率反映的是在保管期中，货物保管与养护的实际状况。该指标越低越好。货物损耗率的计算公式如下。

货物损耗率=(货物的损耗数量/货物的总数量)×100%

=(货物的损耗金额/货物的总金额)×100%

该指标主要适应于易挥发、失重或破碎的货物。针对这类货物应制定一个相应的损耗限度，在实际保管过程中，如果损耗没有超过限度，说明仓储管理有成效。反之，则需要加强改进对仓储货物的保管。

4. 设备完好率

设备完好率是指处于良好状态且随时能投入使用的设备占全部设备的百分比。该指标反映设备维护保养的效果。其计算公式如下。

设备完好率=(期内设备完好台数/同期设备总数)×100%

期内设备完好台数是指设备处于良好状态的累计台数，不包括正在修理或待修理设备的台数。

（三）反映仓库服务水平的指标

1. 准时交货率

准时交货率是用来评价发货的及时性的指标。其计算公式如下。

准时交货率=(准时交货次数/总交货次数)×100%

2. 收发货差错率

收发货差错率反映了收发货的准确程度。其计算公式如下。

收发货差错率=(收发货发生差错的累计笔数/收发货累计总笔数)×100%

收发货差错率是仓储管理的重要质量指标，可用于衡量收发货的准确性，以保证仓储量。

3. 顾客满足程度

顾客满足程度是用来评价仓储服务的顾客满意程度的指标。其计算公式如下。

顾客满足程度=(满足顾客要求数量/顾客要求数量)×100%

如果这个指标过低，主要原因可能有以下几方面。

（1）产品品质不良。

（2）服务态度不佳。

（3）交货时间无法满足实际需求。

（4）和同行业比较有差距。

（5）客户本身存在的问题。

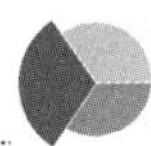

4. 缺货率

缺货率是反映存货控制决策是否适宜，是否需要调整订购点与订购量的指标。其计算公式如下。

缺货率＝(缺货次数/顾客订货次数)×100％

产生缺货的常见原因有：一是存量控制不好，库存档案资料不正确；二是采购不及时；三是供应商交货不及时；四是库存与实际客户需求或生产需求不一致。

(四) 反映仓储经济效益的指标

这类指标可以综合反映仓库的经济状况，使仓库管理人员能够及时根据经营结果对各项业务活动进行完善，以提高经营管理的效益。主要指标有资金利润率、收入利润率、人均利润率、每吨储存货物利润率、利润增长率。

1. 资金利润率

资金利润率可以用来反映仓库资金的利用效果。其计算公式如下。

资金利润率＝[仓库利润总额/(固定资金平均占用金额＋流动资金平均占用金额)]×100％

仓库利润总额是利润核算的主要指标，它表明利润的实现情况，是企业经济效益的综合指标。仓库利润总额的计算公式如下。

仓库利润总额＝仓库总收入额－仓库总支出额
＝仓库营业收入－储存成本－税金＋其他业务利润－营业外收支净额

2. 收入利润率

收入利润率可以反映仓库收入与仓库利润之间的关系，一般按年度评价。其计算公式如下。

收入利润率＝（仓库利润总额/仓库营业收入）×100％

3. 人均利润率

人均利润率是反映年度内实现的仓库利润总额与仓库中的全员人数之比。其计算公式如下。

人均利润率＝(仓库利润总额/仓库中的全员人数)×100％

4. 每吨储存货物利润率

每吨储存货物利润率＝(仓库利润总额/货物储存总量)×100％

5. 利润增长率

利润增长率用以衡量利润增长速度。其计算公式如下。

利润增长率＝[(当年仓库利润总额－上年仓库利润总额)/上年仓库利润总额]×100％

五、提升仓储绩效管理的方法

(一) 加强客户服务

由于客户对服务、价值等方面的期望越来越高，物流管理和物流作业必须以客户为导向，重新定义和设计客户服务的内容。加强客户服务可从以下几方面进行。①企业需要通过改善物流管理，提高服务质量，降低价格，吸引新客户，提高企业市场竞争力和营销效果。②将收集的有关客户信息、产品基本生产状况、产品资料、产品市场营销状况、仓储运用情况、运输情况、物流成本支出的数据，以及仓储、运输保险情况的基础数据输入系统数据库，进行集成管理，并适时更新。③引入客户关系管理，开展客户服务。对企业所有现有客户及潜在客户有针对性地进行管理，以维系现有客户，同时提高现有客户的服务水平，扩大现有客户的业务作业量。④对相关数据进行分析，最大限度地帮助客户改进产品生产、销售和物流状况，实现与客户的双赢。⑤进行客户满意度调查，通过设计各种不同的报表，对客户进行跟踪管理，分析客户的满意度。

（二）引入信息技术，提高仓库作业效率

将信息技术应用于仓库作业的全过程，从入库作业、储存保管作业、库内包装和分拣作业到出库作业，实行程序操作，在将客户资料和货物资料录入计算机系统后，对不同客户及货物进行管理，并对所有客户货物进行分仓库、分时间、分货品、分货位或分客户实时库存管理。

（三）统计管理自动化

统计管理自动化可实现实时库存管理。仓库每接收或发出一件货物，所有相关方面的库存就会自动变化，相关部门和客户可及时得知货物“进、出、存”的实时情况，在第一时间准确掌握货物的在库状况。统计管理自动化可实现各种操作：自动生成日报表、月报表及各种有关统计报表；计算货物吞吐量、库房占用率等各种数据；汇总、统计各种经济指标，并对其销售趋势、销售地域、销售差异以及利润进行分析。

（四）增加仓储增值服务项目

随着电子商务和现代信息技术的不断发展，与物流相关的产业也得到了快速的发展。企业要充分利用其联系面广、仓储手段先进等有利条件，开展加工、配送、包装、贴标签等各项仓储增值服务，这对提高企业的整体竞争优势，提高仓储部门的效率和效益，具有重要的现实意义。

第五节　保税仓储管理

一、保税仓储的含义

根据《中华人民共和国海关对保税仓库及所存货物的管理规定》，保税仓库是指经海关批准设立的专门存放保税货物及其他未办结海关手续货物的仓库。保税仓储是指使用海关核准的保税仓库存放保税货物的仓储行为。保税仓储受到海关的直接监控，虽然说货物也是由存货人委托保管，但仓管人要对海关负责，入库或者出库单据均需要由海关签署。

二、保税仓储与一般仓储的区别

保税仓储的本质也是储存货物，但是它和普通仓储还是有一定的区别，主要体现在以下几个方面。

（一）仓库类型及具备条件

1. 一般仓库

一般仓库的设立只需要具备基本的营业执照、审批规划即可，根据申请和批复的情况，进行建设。

2. 保税仓库

保税仓库的建设除了具备一般仓库的条件外，还需要具备以下条件。

（1）符合海关对保税仓库布局的要求。

（2）具备海关监管要求的隔离设施、监管设施和办理业务必需的其他设施。

（3）具备海关监管要求的保税仓库计算机管理系统并与海关联网。

（4）具备海关监管要求的保税仓库管理制度。

（5）公用保税仓库面积最低为 2000 平方米。

（6）液体保税仓库容积最低为 5000 立方米。

（7）寄售维修保税仓库面积最低为 2000 平方米。

（8）法律、行政法规、海关规章规定的其他条件。

（二）仓库经营人

1. 一般仓库

作为一般仓库的经营人，要具备一定的仓库经营经验，同时对货物的基本性质有一定的了解。

2. 保税仓库

经营保税仓库的企业，应当具备下列条件。

（1）经工商行政管理部门注册登记，具有企业法人资格。

（2）具有专门存储保税货物的营业场所。

（3）法律、行政法规、海关规章规定的其他条件。

企业申请设立保税仓库的，应当向仓库所在地主管海关提交以下书面材料。

①《保税仓库申请书》。

②申请设立的保税仓库的位置图及平面图。

③对申请设立寄售维修保税仓库的，还应当提交经营企业与外商的维修协议。

申请设立保税仓库的企业应当自海关出具保税仓库批准文件 1 年内向海关申请保税仓库验收，由主管海关按照《中华人民共和国海关对保税仓库及所存货物的管理规定》第八条、第九条规定的条件进行审核验收。申请企业无正当理由逾期未申请验收或者保税仓库验收不合格的，该保税仓库的批准文件自动失效。

保税仓库验收合格后，经海关注册登记并核发《保税仓库注册登记证书》，方可以开展有关业务。

保税仓库经营企业负责人和保税仓库管理人员应当熟悉海关有关法律法规，遵守海关监管规定，接受海关培训。

（三）货物类型

1. 一般仓库

所有普通货物都可存入一般仓库，特殊货物，比如危险品、生鲜类商品，需要存入特殊仓库。

2. 保税仓库

存入保税仓库的货物，首先需要企业负责人在海关处进行备案，并办理经营人需要办理的其他手续，比如注册公司、签订合同等。然后根据海关的要求，办理货物入库。下列货物，经海关批准后可以存入保税仓库。

（1）加工贸易进口货物。

（2）转口货物。

（3）供应国际航行船舶和航空器的油料、物料和维修用零部件。

（4）供维修外国产品所进口寄售的零配件。

（5）外商暂存货物。

（6）未办结海关手续的一般贸易货物。

（7）经海关批准的其他未办结海关手续的货物。

（四）监管条件

1. 一般仓库

一般仓库只需要仓库经营人对库内货物进行保管，保证库内货物的安全，不需要其他部门的参与。

2. 保税仓库

（1）海关对保税仓库实施计算机联网管理，并可以随时派人员进入保税仓库检查货物的收、付、存情况及有关账册。

（2）海关认为必要时，可以会同保税仓库经营企业双方共同对保税仓库加锁或者直接派员驻库监管，保税仓库经营企业应当为海关提供办公场所和必要的办公条件。

（3）保税仓库经营企业应当如实填写有关单证、仓库账册，真实记录并全面反映其业务活动和财务状况，编制仓库月度收、付、存情况表和年度财务会计报告，并定期报送主管海关。

（五）出入库管理

1. 一般仓库

一般仓库出入库流程详见第四章。

2. 保税仓库

保税仓库的库内操作和一般仓库类似，都是到货检验、入库、分拣、上架、出库拣

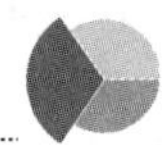

货、包装及装车等基本操作。保税仓库及库内所有的货物受海关的监督管理，未经海关批准，货物不得入库和出库。保税仓库的经营者既要向货主负责，又要向海关负责。

保税仓储货物入库时，收发货人或其代理人凭有关单证向海关办理货物报关入库手续，海关对报关入库货物的品种、数量、金额进行审核，并对入库货物进行核注登记。

保税仓储货物可以进行包装、分级分类、加刷唛码、分拆、拼装等简单加工，不得进行实质性加工。

保税仓储货物，未经海关批准，不得擅自出售、转让、抵押、质押、留置、移作他用或者进行其他处置。

保税仓储货物存储期限为 1 年。确有正当理由的，经海关同意予以延期；除特殊情况外，延期不得超过 1 年。

保税仓储货物出库运往境内其他地方的，收发货人或其代理人应当填写进口报关单，并随附出库单据等相关单证向海关申报，保税仓库向海关办理出库手续并凭海关签印放行的报关单发运货物。

第六节 案例分析及实习实训指导

案例分析

仓单背书所引发的法律纠纷

某服装贸易公司与某仓库签订了一份仓储合同。合同约定，仓库为服装贸易公司储存 50 万件羽绒服，并在储存期间保证羽绒服完好无损。服装贸易公司交纳 3 万元仓储费用，储存期限至 12 月 20 日。合同标明了储存的羽绒服的质量、包装和标记等，同时约定了双方具体责任的划分和违约条款。合同签订以后，服装贸易公司依约将羽绒服送至仓库并交纳了仓储费用，仓库在收到羽绒服并验收后向服装贸易公司签发了仓单。

12 月月初，百货商场向服装贸易公司订购了 50 万件羽绒服，服装贸易公司为了简便手续，使百货商场早日提货，节省交易费用，于是将仓单背书交给百货商场，实际上就是把提取羽绒服的权利转让给了百货商场，并在事后通知了仓库。百货商场持背书的仓单向仓库要求提货时，仓库以百货商场不是合法的仓单持有人为由，拒绝交付羽绒服。百货商场认为，该仓单已由原存货人背书转让给了己方，并已通知仓库对百货商场履行返还羽绒服的义务。由于仓库拒绝给百货商场交付羽绒服，百货商场蒙受了较大的经济损失。百货商场向法院起诉，要求仓库赔偿损失。

（资料来源：仓单背书所引发的法律纠纷）

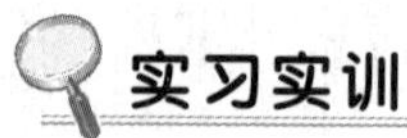

案例思考题

基于本案例的事实，法院应如何判决？

实习实训

一、实训名称：仓储合同编制

二、实训目的

（1）了解仓储合同签订的注意事项。

（2）掌握仓储合同签订的过程。

（3）掌握仓储合同条款的主要内容。

（4）能够正确、熟练地草拟仓储合同。

三、实训操作指导

（1）将全班同学分成若干学习小组，一组 3～5 人为宜，选出组长。

（2）通过查看相关网站和论坛，阅读、收集并整理仓储合同的样例。

（3）分析两份背景材料，具体如下。

材料一　2019 年 5 月 3 日，SC 食品集团向 SH 物流储运公司发出一份 E－mail 文件称：“由 SH 物流储运公司为 SC 食品集团储存食品产品，储存期限自 2019 年 9 月 1 日至 2020 年 8 月 30 日，仓库租金是全国统一价每平方米 12 元/月，任何一方违约，均需支付违约金三万元，如无异议，一周后正式签订合同。”SH 物流储运公司对 SC 食品集团提出的“要约”表示完全同意，总经理委托市场开发部人员代理签订仓储合同。

材料二　广东叮当网购有限公司向上海速达物流仓储公司发出要约，希望与上海速达物流仓储公司签订仓储合同，用于储存其网上销售的产品。上海速达物流仓储公司接受要约，双方约定于 2019 年 7 月 20 日在上海速达物流仓储公司签订书面仓储合同。合同有效期从 2019 年 8 月 1 日至 2020 年 8 月 1 日，储存费用是每月 5000 元，任何一方违约，均需支付违约金两万元。

四、实训作业

每组结合仓储合同的订立原则和方法，分析两份背景材料提供的主要信息，根据材料一和材料二，分别起草和签订一份仓储合同。

五、实训条件

（1）物流实训室计算机与互联网。

（2）国家正式仓储合同（样式）、《中华人民共和国民法典》等相关资料。

六、实训考评

仓储合同编制实训项目考核评分表如表 5－2 所示。

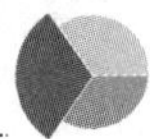

表 5-2　　实训考评表

考评人		被考评人	
考评地点			
考评内容		分值（分）	得分（分）
出勤、实训纪律、态度		10	
相关物流理论知识的掌握情况		10	
判断仓储合同业务操作知识点的熟练程度；各种资料是否准备充分、齐全，摆放是否整齐		20	
是否了解仓储合同的特征；是否能够合理、正确地根据具体的货物性质选择相适应的仓储方式		40	
团队分工的合理性、协调性；是否具有团队合作精神		20	
合计		100	

练习题

一、名词解释

1. 仓储合同　2. 仓单　3. 仓储成本　4. 储存合理化　5. 供应商管理库存

二、单项选择题

1. 装卸搬运费用属于（　　）。

A. 仓储风险成本　B. 仓储维护成本　C. 仓储运作成本　D. 资金占用成本

2. 反映仓库服务水平指标的是（　　）。

A. 设备完好率　B. 货物的损耗率　C. 收入利润率　D. 收发货差错率

3. 以下说法不正确的是（　　）。

A. 仓单是存货人向保管人出具的仓储物收据

B. 仓单是仓储合同存在的证明

C. 仓单是仓储物所有权的凭证

D. 仓单是提取仓储物的凭证

4. 属于存货人主要义务的是（　　）。

A. 支付仓储费用和其他必要费用　B. 验收货物

C. 合理化仓储　D. 危险通知义务

5. 下列不属于合理的库存管理模式的是（　　）。

A. 供应商管理库存　B. 季节性管理库存

C. 联合管理库存　D. 协作计划、预测与补货方法

三、填空题

1. 仓储成本主要包括（　　　）、（　　　）、（　　　）和（　　　）。

2. “五五化”堆码使货物（　　　）、（　　　）、（　　　）、（　　　）和（　　　）。

四、简答题

1. 简述仓单的性质。
2. 简述不合理仓储的表现形式。
3. 简述储存合理化采用的主要措施。
4. 简述仓储持有成本的构成。
5. 简述保管人的义务。

第六章　仓储安全管理

知识目标

1. 掌握仓储安全管理的基本知识。
2. 掌握仓库火灾的特点。
3. 熟悉仓库安全生产管理的主要内容。
4. 掌握特殊物品的管理与控制。

能力目标

1. 具有使用消防器材的能力。
2. 具有制定消防管理制度的能力。

8·12天津滨海新区爆炸事故

2015年8月12日22时51分46秒，位于天津市滨海新区天津港的瑞海国际物流有限公司危险品仓库发生火灾爆炸事故，经法院审理查明，事故造成165人遇难、8人失踪，798人受伤住院治疗，304幢建筑物、12428辆商品汽车、7533个集装箱受损。截至2015年12月10日，事故造成直接经济损失人民币68.66亿元。

案件回放。瑞海国际物流有限公司成立于2011年，是天津海事局指定危险货物监装场站和天津交委港口危险货物作业许可单位。2015年8月12日22时51分46秒，位于天津市滨海新区天津港的瑞海国际物流有限公司危险品仓库最先起火，23时34分06秒发生第一次爆炸，相当于15吨TNT（三硝基甲苯），发生爆炸的是集装箱内的易燃易爆物品。现场火光冲天，在强烈爆炸声后，高数十米的灰白色蘑菇云瞬间腾起。随后爆炸点上空被火光染红，现场附近火焰四溅。23时34分37秒，发生第二次更剧烈的爆炸，相当于430吨TNT。截至2015年8月13日早8点，距离爆炸8个多小时，大火仍未完全扑灭。事故现场形成6处大火点及数十个小火点。2015年8月14日16时40分，现场明火才被扑灭。

经国务院调查组认定，8·12天津滨海新区爆炸事故是一起特别重大生产安全责任事故。事故直接原因是瑞海国际物流有限公司危险品仓库运抵区南侧集装箱内的硝化棉由于湿润剂散失出现局部干燥，在高温（天气）等因素的作用下加速分解放热，积热自燃，引起相邻集装箱内的硝化棉和其他危险化学品长时间大面积燃烧，导致堆放于运抵区的硝酸铵等危险化学品发生爆炸 。

仓库安全管理是仓库管理的重要组成部分。仓库是商品重要的集散地，也是广大仓储职工进行各种仓储作业的场所。一旦发生水灾、火灾、爆炸、盗窃等，或者放射性物品、腐蚀性物品、有毒物品泄露，不但毁坏仓库设施、物品，还对仓库管理人员的人身安全造成威胁，影响生产的正常进行，给国家和企业造成巨大的经济损失。因此，仓库的安全工作应该位于一切管理工作的首位，加强仓库安全管理，提高安全技术水平，及时发现和消除仓库中不安全的因素，杜绝各类事故的发生，保护仓库中的人、财、物安全。

（资料来源：中国政府网）

第一节　仓库安全管理

仓库火灾是灾难性事件，不仅会造成仓储货物的损害，还会损毁仓库设施，而燃烧产生的有毒气体甚至会直接危及人身安全。仓库储存大量的物资，物资存放密集，机械、电气设备大量使用，管理人员偏少，这些都是发生火灾的原因。仓库的消防工作，是仓库安全管理的重中之重，也是长期的、细致的、不能疏忽的工作。

一、仓库火灾的基本知识

（一）仓库火灾的着火源

1. 明火与明火星

常见的明火与明火星有：生产、生活中使用的炉火、灯火，气焊气割的火焰、火柴火焰、打火机火焰、蜡烛火焰，未熄灭的烟头、未熄灭的爆竹火星，内燃机机械、车辆的排烟管火星等。当明火与爆炸性混合气体接触时，气体分子会因火焰中的自由基和离子的碰撞及火焰的高温而引发连锁反应，瞬间导致燃烧或爆炸。当明火与可燃物之间有一定距离时，火焰散发的热量通过导热、对流、辐射三种方式向可燃物传递热量，促使可燃物升温，当温度超过可燃物自燃点时，可燃物将被点燃。

2. 电火花

电火花是一种电能转变成热能的常见引火源。常见的电火花有电气开关开启或关闭时发出的火花、短路火花、漏电火花、接触不良火花、电气接点开关时发出的火花、电动机整流子或滑环等器件上接点开关时发出的火花、过负荷或短路时保险丝熔断产生的火花、电焊时的电弧、雷击电弧等。通常的电火花，当其放电能量大于可燃气体、可燃粉尘与空气混合物的最小点火能量时，有可能点燃这些爆炸性混合物。

3. 化学反应和爆炸性火灾

一些化学反应会释放大量热能，甚至直接发生火焰燃烧，从而引发火灾。如活泼轻金属遇水燃烧，硫化亚铁氧化燃烧，高锰酸钾与甘油混合燃烧等。具有爆炸危险的货物在遇

到冲击、撞击或热源时，会发生爆炸而引起火灾。一定浓度的易燃气体、易燃物的粉尘，遇到火源也会发生爆炸。

4. 雷电与静电

雷电是带有不同电荷的云团接近时瞬间放电而形成的电弧，电弧的高能量能引起可燃物燃烧。静电则是因为摩擦、感应，使物体表面电子大量集结，向外以电弧的方式传导的现象，这同样也能使易燃物燃烧。

5. 自燃

自燃是指物体自身的温度升高，达到自燃点时，无须外界火源，就发生燃烧的现象。容易发生自燃的物质有谷物、煤炭、棉花、化纤、干草、鱼粉、部分化肥、油污的棉纱等。

6. 撞击和摩擦

金属或者其他坚硬的非金属，在撞击时会出现火花，引起附近的易燃物燃烧。物体长时间摩擦也会升温导致燃烧。

7. 聚光

太阳光的直接照射会使物体表面温度升高，如果将太阳光聚合，形成强烈的光束就会使易燃物升温而燃烧。玻璃的折射、镜面的反射光，都可能出现聚光现象。

火发生的三要素

火是燃烧的一种方式，一种剧烈的氧化反应。燃烧具有放热、发光和生成新物质三个特征。火的发生必须具备三要素：可燃物、助燃物及着火源。

可燃物：是指在常温条件下能燃烧的物质，包括一切植物性物料、油脂、煤炭、蜡、硫黄、大多数有机合成物等。

助燃物：是指支持燃烧的物质，包括空气中的氧气、释放氧离子的氧化剂。

着火源：是指物质燃烧的热能源，无论是明火源还是其他火源，实质上就是引起易燃物燃烧的热能，该热能引起易燃物汽化，形成易燃气体，易燃气体在火源的高温中燃烧。着火源是引起火灾的罪魁祸首，是仓库防火管理的核心。

（二）仓库火灾的种类

按国家标准（GB/T 4968—2008），根据可燃物的类型和燃烧特性，可将仓库火灾分为 A、B、C、D、E、F 六大类。

A 类火灾：固体物质火灾。这种物质通常具有有机物性质，一般在燃烧时能产生灼热的余烬。如由木材、干草、煤炭、棉、毛、麻、纸张、塑料（燃烧后有灰烬）等造成的火灾为 A 类火灾。

B 类火灾：液体或可熔化的固体物质火灾。如由煤油、柴油、原油、甲醇、乙醇、沥青、石蜡等造成的火灾为B类火灾。

C类火灾：气体火灾。如由煤气、天然气、甲烷、乙烷、丙烷、氢气等造成的火灾为C类火灾。

D类火灾：金属火灾。如由钾、钠、镁、钛、锆、锂、铝镁合金等造成的火灾为D类火灾。

E类火灾：带电火灾。物体带电燃烧的火灾为E类火灾。

F类火灾：烹饪器具内的烹饪物（如动植物油脂）火灾。

（三）仓库火灾发生的原因

根据仓库的一般特点，即库房长、跨度大、顶棚高、耐火等级低、竖向孔洞多、可燃物品堆垛高大密集、垛间存有缝隙等特点，可将引起火灾的原因归结为以下几个方面。

1. 火种控制不严、用火不慎、接触明火

普通物资仓库内存放大量的可燃物，如纺织化纤制品、木材纸张、橡胶制品、塑料制品等，大部分混存在一个库内，分别采用堆垛存放、货架分层存放、托盘堆放等方式储存。堆放的数量多，密度大，而且种类繁多。如有违章动火、玩火、纵火、燃放烟花爆竹、吸烟、违章切割、违反规定操作等，容易引起火灾。

2. 物资不按性质分类、分堆贮存，而乱堆乱放，布局混乱，通道不畅

部分商家认为，普通物资仓库无所谓分类堆放，能利用的空间尽量用，不能利用的空间想办法用，整个仓库纵横交错，杂乱无章，布局比较混乱。有的仓库将采购的原材料长期散堆而不及时堆垛；有的干脆仓库、车间合为一体，发生火灾后堆垛坍塌，连成一片，不仅火势燃烧猛烈，蔓延速度快，而且易造成消防通道堵塞，使消防车辆和救援人员不便进入救援。

3. 电气设备安装、使用不符合规定

这主要表现为：一是库房违章安装电气设备造成短路；二是有仓库照明灯具选用不当、堆垛超高未保持灯距、照明施工质量差导致灯脱落；用后未切断电源；临时照明设置不妥，受风或电线拉动而倾倒，无人看管等。

4. 危险物品管理不当

危险物品通风、散热条件不良，防潮、防火、防暑降温措施不力，堆放不规范，缺乏专业知识致使库存物品发生生物、物理或化学反应，引起自燃、燃烧或爆炸；危险物品没有分类分项存放、装卸作业无有效防静电措施，这也易引起火灾。

5. 仓库建筑及平面布局不合理，防雷设计有盲区或避雷设施保养不善

防雷设计有盲区，防火安全间距不够，避雷设施保养不善，对球雷、感应雷、带状雷的研究与防护不够，这也易引起火灾。

6. 防火制度措施不健全，思想麻痹大意

这主要表现为：仓库管理人员少，下班后人员更少，通常只有值班室有人值班，一旦发生火灾，不能及时发现和报警；乱搭、乱建、乱堆，甚至吃住在库区；人员和物资进出极度混乱；消防设施不完善等。

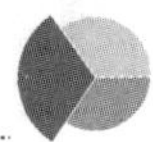

7. 人为纵火

这是指人为恶意地将火源引入仓库造成火灾。

（四）仓库火灾的特点

1. 火灾初起阶段引燃时间长，不易发现，具有引发大火的条件

仓库起火后，由于物资过于密集，空间密闭性强，室内空气不流通，在库内氧气不足的条件下，较长时间处于阴燃、聚热状态，火势不会一下扩大。但当发现后，打开库房准备投入扑救时，由于空气的瞬间流通和氧气的补充，火势迅速蔓延，温度迅速升高，物质分解出气体的速度不断加快，燃烧强度急剧增大，火势蔓延速度加快，很快进入猛烈燃烧阶段。再加上库房内有大量的可燃物，堆垛间距较小，大量的新鲜空气进入，会使火势迅速扩大，直至扩大成灾。

2. 扑救难度大，持续时间长，消防用水量大，过火面积大，经济损失大

仓库内可燃物堆垛和货架发生火灾时，最初仅在表面燃烧和蔓延，但很快会沿着堆垛的缝隙向内部纵深发展，火焰钻心。而火势一旦突破屋面或堆垛出现坍塌后，由于燃烧区和周围环境温差较大，形成强烈的空气对流，从而产生大量飞火，出现多处新的火点。大风天更为严重，飞火往往可飘出上千米，对下风向物资堆垛和可燃物威胁较大，在扑救过程中，时间持续较长，难度大，若扑救不及时，将会给国家和人民的生命财产造成巨大的损失。

3. 危险物品仓库火灾危害大，施救难度高，极易造成伤害事故

由于危险物品具有易燃易爆、腐蚀、毒害、放射性等危险性质，并在一定条件下能引起燃烧，燃烧不充分时，会产生大量的烟雾及有毒气体，而且烟气中的高温让人难以忍受，毒气和缺氧使人无法呼吸，并且能见度低，使消防人员无法辨别方向。

4. 仓库火灾同经济社会发展有密切关系

随着经济的不断发展，仓库火灾也呈上升趋势。

二、仓库防火与灭火

从仓库不安全的因素及危害程度来看，火灾造成的损失最大，它可以在很短的时间内使整个仓库变成一片废墟，给国家和人民的生命财产造成极大的损失。对于火灾要防患于未然，仓库必须认真贯彻“预防为主，防消结合”的消防方针，坚决执行《中华人民共和国消防法》和《仓库防火安全管理规则》。

（一）仓库防火的工作要点

（1）仓库的防火工作要依法办事，根据企业法人是第一责任人的规定，遵循“谁主管谁负责”的原则，成立防火灭火安全委员会（领导小组），全面负责仓库的消防安全工作。

（2）建立以岗位责任制为中心的三级防火责任制，把防火安全工作具体落实到各级组织和责任人。

（3）建立、健全各工种的安全操作制度和安全操作规程，特别是各种用电设备的安全作业规程，经常进行安全教育，坚持做到职工考核合格后方可持证上岗的制度。

（4）定期开展防火灭火的消防安全检查，消除各种火灾隐患，落实各项消防措施，及

时处理各类事故，做到“三不放过”。

（二）仓库防火措施

1. 普及防火知识

坚持经常性的防火宣传教育，普及消防知识，不断提高全体仓库职工防火的警惕性，让每个职工都学会基本的防火灭火方法。

2. 遵守《建筑设计防火规范》

新建的仓库要严格遵照《建筑设计防火规范》的规定，不得擅自搭建违章建筑，也不得随意改变建筑的使用性质。仓库的防火间距内不得堆放可燃物品，不得破坏建筑物内已有的消防安全设施、消防通道、安全门、疏散楼梯、走道，要保持各种通道畅通。

3. 易燃易爆的危险品仓库必须符合防火防爆要求

凡是储存易燃易爆物品的危险品仓库，进出的车辆和人员必须严禁烟火。危险品储存应专库专储，性能相抵触的物品必须严格分开储存和运输，专库须由专人管理，防止剧烈震动和撞击。易燃易爆的危险品仓库内，应选用不会产生电火花的电气开关。

4. 电气设备应始终符合要求

仓库中的电气设备不仅要符合相关规定，而且要经常检查，一旦发现绝缘损坏，要及时更换，不应超负荷，不应使用不合规格的保险装置。电气设备附近不能堆放可燃物品，工作结束后应及时切断电源。

5. 明火作业须经消防部门批准方可动火

若需电焊、气割、烘烤取暖、安装锅炉等，必须经过有关消防部门的批准才能动火工作。

6. 配备适量的消防设备和火灾报警装置

根据仓库的规模、性质、特点，配备一定数量的防火灭火设备及火灾报警器，按防火灭火的要求，分别布置在明显和便于使用的地点，并定期进行维护和保养，使之始终保持完好状态。

7. 遇火情或爆炸事故应立即报警

如仓库发生火情或爆炸事故，必须立即向当地的公安消防部门报警。事故过后，相关部门应根据“三不放过”原则，认真追查原因，严肃处理事故责任人，并以此教育广大职工。

（三）常用的灭火器材及其使用范围

灭火器材主要有灭火器、水和砂土等，还有自动消防设备。

1. 灭火器

常用灭火器有干粉灭火器、二氧化碳灭火器、卤代烷灭火器、1211灭火器、泡沫灭火器。干粉灭火器不导电、不腐蚀、毒性低，可用于扑救易燃液体、有机溶剂、可燃气体和电气设备的初起火灾。二氧化碳灭火器不导电、不含水分、不污损仪器和设备，可用于扑灭贵重仪器、电气设备及其他忌水物资的初起火灾，但不能用于含碳物品的初起火灾，如木材、棉、毛、纸张等的初起火灾。卤代烷灭火器不导电、不腐蚀、不污损仪器和设备。1211灭火器主要用于扑救可燃气体、可燃液体、带电设备及一般物资的初起火灾。泡沫灭火器可导电，不能用于电气设备的初起火灾，可用于扑救汽油、煤油等油类，香蕉

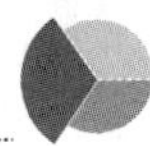

水、松香水等易燃液体，木材及一般货物的初起火灾。

2. 水

水是仓库消防的主要灭火剂。仓库中应有足以保证消防用水的给水、蓄水、泵水的设备以及水塔、消防供水管道、消防车等。当库场中无自来水设备、距自然水源又远时，则必须修建水池，以储备消防用水。有自来水设备的仓库，按面积大小，合理设置消火栓，应保证在每一个可能着火点上有不少于两个水龙头可进行灭火。但不能用水对反应剧烈的化学危险品（如电石、金属钾、保险粉等）进行灭火，也不能对比水轻、不溶于水的易燃液体（如汽油、苯类等）进行灭火。

3. 砂土

砂土可用以扑救电气设备及液体燃料的初起火灾，也可用于扑灭酸、碱性物质的火灾和过氧化剂及遇水燃烧的液体、化学危险品的火灾。因此，仓库中应备有砂箱。但须注意的是，爆炸性物品（如硫酸铵等）不可用砂土灭火，而应用冷却法灭火，可用水浸湿的旧棉絮、旧麻袋覆盖在燃烧物上。

4. 自动消防设备

常见的自动消防设备有离子烟感火灾探测报警器、光电烟感报警器、温感报警器、紫外火焰光感报警器、红外火焰光感报警器和自动喷洒灭火装置等。

三、仓库消防管理措施

（一）货物储存管理

由于不同货物的火灾危险性不同，库存货物应当分类、分垛储存。严禁性质互抵货物、有污染或易感染货物、食品与毒品、容易引起化学反应的货物、灭火方法不同的货物相互混存。库存货物要进行合理的堆码苫垫，对能发生自燃的货物要堆通风垛，使之易散潮、散热，以防此类货物因紧压受潮而积热自燃。对于有温湿度极限的货物，要严格按规定安排适宜的储存场所，并要安排专用仪器定时检测。货物在入库前，要进行严格的检查和验收，确定无火种隐患后方可入库。

（二）装卸搬运机械的管理

进入库区的所有机动车辆，必须安装防火罩，以防止排气管喷射火花引起火灾。汽油车、柴油车原则上一律不准进入库房。各种机动车辆装卸货物后，不准在库区、库房、货场内停放修理。装卸危险物品时，操作人员不得穿戴易产生静电的工作服、工作帽和使用易产生火花的工具，严防震动、撞击、重压、摩擦和倒置。对易产生静电的装卸设备要采取防静电措施。搬运机械设备要由专人负责、专人操作。装卸作业结束后，应当对库区、库房进行检查，确认安全后，方可离开。

（三）电气装置的管理

仓库的电气装置必须符合国家现行的有关电气设计、施工、安装、验收的标准和规范。库房内不准设置移动式照明灯具。照明灯具下方不准堆放货物，其垂直下方与储存货物水平间距不得小于 0.5 米。库房内铺设的配电线路，需穿金属管或用难燃硬塑料管保护。库区的每个库房应单独安装电闸箱，保管人员离库时，必须拉闸断电。禁止使用不合规格的保险装置。库房内不准使用电炉、电烙铁、电熨斗等电热器具和电视机、电冰箱等家用电器。仓库电气设备的周围和架空线路的下方严禁堆放货物。对提升、码垛等机械设备易产生火花的部位，要设置防护罩。仓库的电气设备，必须由持合格证的电工进行安装、检查和维修、保养。电工应当严格遵守各项电气操作规程，严禁违章作业。

（四）火源管理

库区应当设置醒目的禁火标识。对外来提送货物的车辆要严格检查，防止汽油、柴油、易燃易爆货物进入仓库。库房内严禁使用明火。库房外动用明火作业时，必须办理动火证，经防火负责人批准，并采取严格的安全措施。动火证应当注明动火地点、动火时间、动火人、现场监护人、批准人和防火措施等内容。仓库的生活区和生产区要严格划分隔开，库房内不准使用火炉取暖。仓库需要使用火炉取暖时，每个取暖点都要经过仓库防火负责人的批准。防火负责人在审批火炉的使用地点时，必须根据储存物品的分类，按照有关防火安全规定审批，并制定防火安全管理制度，落实到人。库区以及周围 50 米内，严禁燃放烟花爆竹。

（五）消防设施和器材管理

仓库应当按照国家有关消防技术规范，设置、配备消防设施和器材。消防器材应当设置在明显和便于取用的地点，周围不准堆放物品和杂物。仓库的消防设施和器材，应当由专人管理，负责检查、维修、保养、更换和添置，保证完好有效，严禁圈占、埋压和挪用。对消防水池、消火栓、灭火器等消防器材，应当经常进行检查，保持完整好用。地处寒冷地区的仓库，天气寒冷时要对消防设施、器材采取防冻措施。甲、乙、丙类物品国家储备库、专业性仓库以及其他大型物资仓库，应当按照国家有关技术规范的规定，安装相应的报警装置，附近有公安消防队的，宜设置与其直通的报警电话。库区的消防车道和仓库的安全出口、疏散楼梯等处严禁堆放物品。

第二节　仓库安全生产管理

一、仓库治安保卫管理

（一）仓库治安保卫管理的含义

仓库治安保卫管理是仓库为了制止恶性侵权行为的发生，防范意外事故对仓库财产造成的破坏，维护稳定安全的仓库环境，保证生产经营的顺利开展所进行的管理工作。它不仅涉及财产安全、人身安全，同时也涉及仓库能否按照合同如约履行各项义务等。仓库治安保卫管理的原则是：坚持预防为主、严格管理、确保重点、保障安全和主管负责制。

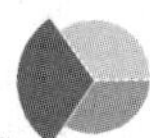

（二）仓库治安保卫管理组织

仓库治安保卫管理组织由仓库的整个管理机构组成。高层领导对整个仓库的安全负全责；各部门的领导是本部门的治安责任人，负责本部门的治安保卫管理工作，对本部门的治安保卫工作负责；治安保卫职能机构协助领导进行治安保卫管理工作，指导各部门的治安保卫工作，领导治安保卫执行机构。治安保卫执行机构采用由专职保卫机构和兼职保安员相结合的组织方式。

专职保卫机构既执行整个仓库的保卫工作，同时也负责治安管理。专职保卫机构根据仓库规模的大小、人员的多少、任务的繁重程度、仓库所在地的社会环境，确定机构设置和人员配备。一般设置保卫部、保卫队、门卫队等。专职保卫机构在仓库高层领导的领导下，制定仓库治安保卫规章制度和工作计划；督促各部门领导的治安保卫工作，组织全员的治安保卫学习和宣传，做好仓库内的治安保卫工作；与当地公安部门保持密切联系，协助公安部门在仓库内的治安管理活动，管理治安保卫的器具，管理专职保卫员工。

治安保卫的兼职制度是实行治安保卫群众管理制度的体现。兼职保安员主要承担所在部门和组织的治安保卫工作，协助部门领导的管理工作，督促部门执行仓库治安保卫管理制度，组织治安保卫学习、组织各项检查工作。

（三）仓库治安保卫管理的内容

仓库治安保卫工作主要有防盗、防火、防抢、防破坏、防骗以及员工人身安全保护、保密等工作。治安保卫工作不仅可由专职保卫员工承担，如门卫管理、治安巡查、安全值班等，还有大量的治安工作可由在岗的员工负责，如办公室防火防盗、财务防骗、商务保密、锁门关窗等。仓库主要的治安保卫工作及要求有以下几方面。

1. 大门守卫

大门守卫是维持仓库治安的第一道防线。大门守卫除了要负责开关大门，限制无关人员进出，接待入库办事人员，并及时审核身份与登记以外，还要检查入库人员是否携带火源、易燃易爆物品，检查入库车辆的防火条件，放行内容是否相符，收留放行条，查问和登记出库人员随身携带的物品，特殊情况下有权检查当事者物品、封闭大门。对于危险品仓库、贵重品仓库、特殊品仓库等重点仓库，需要安排专职守卫看守，限制无关人员接近，防止危害、破坏和失窃。

2. 治安检查

治安责任人应按规章准则，经常检查治安保卫工作。治安检查实行定期检查与不定期检查相结合的制度。班组每日检查、部门每周检查、仓库每月检查，及时发现治安保卫漏洞和安全隐患，通过有效手段消除各种隐患。

3. 巡逻检查

巡逻检查一般由两名保安员共同进行，携带保安器械和强力手电筒不定时、不定线、经常巡视整个仓库。保安员应查问可疑人员，检查各部门的防卫工作，关闭无人办公的办公室，关好仓库门窗、关闭电源，禁止挪用消防器材，检查仓库内有无异常现象，停留在仓库内过夜的车辆是否符合规定等。巡逻检查中如发现不符合治安保卫制度要求的情况，应采取相应的措施处理或者告知主管部门处理。

4. 防盗设施、设备的使用

仓库应该根据相关法规和治安保管的需要设置和安装防盗设施、设备。仓库使用的防盗设备主要有视频监控设备、自动警报设备、人工报警设备。仓库应按照规定合理利用配置的设备，专人负责操作和管理，确保其有效运作。

5. 治安应急

治安应急是指仓库发生治安事件时，采取紧急措施，防止和减少事件造成的损失。治安应急需要通过制定应急方案，确定应急人员的职责，规定发生事件时的信息（信号）发布和传递方法。这些应急方案要在平时经常进行演习。

（四）仓库治安保卫管理规章制度

仓库应通过规章制度明确工作规范、工作行为，划分岗位责任；通过规章制度建立管理系统，及时顺畅地交流信息，随时堵塞保卫漏洞，确保工作进行得及时有效。仓库治安保卫管理规章制度有安全防火责任制度、安全设施设备保管使用制度、门卫值班制度、人员和车辆进出库管理制度、保卫人员值班巡查制度等。

为了使仓库治安保卫管理规章制度得以有效执行，规章制度需要有相对的稳定性，使每一位员工都清楚，以便依照规章制度严格行事。随着社会的发展、技术的革新、环境的变化，规章制度也要适应新的需要进行相应修改。

仓库需要依据国家法律法规，结合仓库治安保卫的实际需要，以保证仓储安全、防止治安事故的发生为目的，科学地制定仓库治安保卫管理规章制度。仓库的规章制度不得违反法律规定，不能侵害公民人身权或者其他合法权益，避免或者最大限度地减少对社会秩序的妨碍。

二、仓库安全生产的内容

（一）人力作业安全

（1）人力作业仅限制在轻负荷的作业。男工人力搬举货物每件不超过 80 千克，距离不大于 60 米；集体搬运时每个人负荷不超过 40 千克；女工不超过 25 千克。

（2）尽可能采用人力机械作业。人力机械承重也应在限定的范围，如人力绞车、滑车、拖车、手推车等不超过 500 千克。

（3）作业人员按要求穿戴相应的安全防护用具，使用合适的作业工具进行作业。采用安全的作业方法，不采用自然滑动和滚动、推倒垛、挖角、挖井等不安全的作业方法，作业人员在滚动货物的侧面作业。注意人员与操作机械的配合。在机械移动作业时人员须避开。

（4）只在适合作业的安全环境下进行作业。作业前应使作业员工清楚作业要求，让作业员工了解作业环境，指明危险因素和危险位置。

（5）必须有专人在现场进行安全指导，严格按照安全规范进行作业指挥。人员避开不稳定货垛正面塌陷、散落的位置，运行设备的下方等不安全位置进行作业；在作业设备调位时暂停作业；发现安全隐患时及时停止作业，消除安全隐患后方可恢复工作。

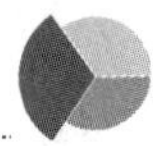

（6）合适安排工间休息。每作业 2 小时至少有 10 分钟休息时间，每 4 小时有 1 小时休息时间，并合理安排生理需要时间。

（二）机械安全作业

仓库中大量的作业是用机械来完成的，在作业过程中安全作业可以保证货物和人身的安全。仓库机械作业一般运用在货物的装卸、搬运和堆垛过程中，这个过程要做好对员工的教育工作。第一，在思想上要高度重视。第二，普及作业技术知识、货物的特点、机械的性能等，防止因装卸、搬运、堆码不当发生危险。第三，要严格遵守操作规程，做好准备——了解物品性能、包装情况、堆码地点、操作中的注意事项等，清楚可能出现情况的挽救办法，做到胸中有数，防患于未然，在此基础上合理安排人员、设备、工具和维护用品，检查设备及维护用品运转是否灵活，有无故障。第四，机械作业的司机或操作员必须经过培训，考试合格后方可独立驾驶，驾驶人员需了解机械构造，熟悉运用及保养规则，掌握机械的最大速度和负荷量等。运行机械下方不能有人，听从调度或指挥的指令或信号。第五，危险货物的装卸、搬运必须严格遵守安全操作规程。操作前应有专人对防护用品予以检查并鉴定其使用效果，作业后应及时对用过的防护用品进行清洗、消毒和保管。

（三）仓库电气设备的操作安全

仓库应注意电气设备的操作安全，防止火灾或触电事故的发生。电气设备在使用过程中应有可熔保险器和自动开关；电动工具必须有良好的绝缘装置，使用前必须使用保护性接地；高压线经过的地方，必须有安全措施和警告标识；电工操作时，必须严格遵守安全操作规程；高大建筑物和危险品库房，要有避雷装置。

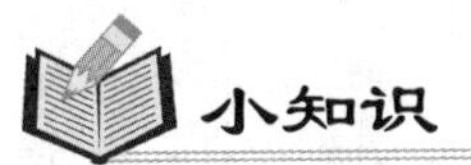
小知识

劳动保护制度

劳动保护是为了改善劳动条件，提高生产的安全性，保护劳动者的身心健康，减轻劳动强度。仓库要遵守《中华人民共和国劳动法》规定的劳动时间和休息时间，每日 8 小时、平均每周不超过 44 小时的工时制，依法安排加班，保证员工有足够的休息时间，包括合适的工间休息。提供合适和足够的劳动防护用品，如高强度工作鞋、安全帽、手套、工作服等，并督促作业人员使用和穿戴。具体如下。

（1）建立和健全劳动保护机构和规章制度。专业管理与群众管理相结合，把安全工作贯穿到仓库作业的各个环节，对一些特殊工种要建立保健制度，实行专人、专事、专责管理，推行安全生产责任制。并要建立群众性的安全生产网，大家管安全，使劳动保护收到良好效果。

（2）结合仓库业务和中心工作，开展劳动保护活动。要根据上级指示和仓库具体情况，制定有效的预防措施。做到年度有规划，季度有安排，每月有纲要，使长计划与短安排结合。同时还要经常检查，防止事故的发生。仓库要经常开展安全检查，清查潜在的不安全因素，及时消除事故的隐患，防患于未然。

(3) 还要经常组织仓库职工开展文体活动，丰富职工精神生活，增强体质，改善居住条件等。除此之外，采用具有较高安全系数的作业设备，作业工具应适合作业要求，作业场地必须具有合适的通风、照明、防滑、保暖等适合作业的条件。不进行冒险作业，在大风、雨雪环境下，暂缓作业，避免人员带伤病作业。

(4) 要批判“事故难免论”的错误思想。重要的是要提高各级领导干部的安全思想认识，增加安全技术知识，增强各班组安全员的责任心，使他们认识到不安全因素是可以被认识的，事故是可以控制的，只要思想重视，实现安全作业是完全可能的。

三、库区的安全管理

库区的安全管理主要包括仓储技术区的安全管理、库房的安全管理、货物装卸与搬运中的安全管理等。

（一）仓储技术区的安全管理

仓储技术区是库区重地，应严格进行安全管理。仓储技术区周围应设置高度大于2米的围墙，围墙上放置高1.7米以上的钢丝网，并设置电网或其他屏障。仓储技术区内道路、桥梁、隧道等应畅通、平整。仓储技术区出入口设置日夜值班的门卫，对进出人员和车辆进行检查和登记，严禁带入易燃易爆物品和火源。仓储技术区内严禁进行危及货物安全的活动，如吸烟、鸣枪、烧荒、爆破等，未经上级部门的批准，不准在仓储技术区内进行参观、录像或测绘等。

（二）库房的安全管理

经常检查库房结构情况，对于地面裂缝、地基沉降、结构损坏，或防水防潮层和排水沟堵塞等情况，应及时维修和排除。此外，库房钥匙应妥善保管，实行多方控制，严格遵守钥匙领取手续。对于存放易燃易爆、贵重货物的库房，要严格执行两人分别掌管钥匙和两人同时进库的规定。有条件的库房，应安装安全监控装置，并认真使用和管理。

（三）货物装卸与搬运中的安全管理

仓库机械应实行专人专机，建立岗位责任制，防止丢失和损坏，操作者应做到“会操作、会保养、会检查、会排除一般故障”。根据货物尺寸、重量、形状来选用合理的装卸、搬运设备，使用设备时严禁超高、超宽、超重、超速以及进行其他不规范操作。不能在库房内检修机械设备。在出入狭小通道、库房或接近货物时，应减速鸣号。

四、仓库的其他安全管理

（一）防台、防汛

在受台风、汛期影响比较频繁的仓库，应注意做好防台、防汛工作。防台、防汛是仓

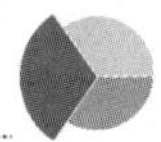

储部门的重要工作。仓库防台、防汛的主要措施如下。

1. 建立防台、防汛组织

重点单位要组织抢险突击队，由分管领导负责，并指定专人具体负责相关事宜。在强台风、大雨、暴雨期间，要组织人员昼夜值班巡逻，发现险情立即向上级有关部门报告并组织抢救，避免或减少损失。

2. 改善商品储存条件，及时维修仓库

对漏雨的库房及破损门窗应尽早修好，排水沟要疏通，地势低洼的仓库要建防涝池，必要时要做挡水坝，库房要做闸门，汛期时尽量减少商品库存，露天货垛尽可能转移到库内，无法转移的商品应垫高盖密，封严捆紧。

3. 备足、备好防汛物资设备

防汛所需的物资，如抽水设备、草包、麻袋、土、石料等，要按实际需要尽早落实调运。险情大而又有条件的，应做永久性的预防工程，如开挖较大的水池，配备电动机和柴油抽水泵等设备。

（二）防雷

仓储企业应在每年雷雨季节来临之前，对防雷设备进行全面检查。主要检查的方面有：建筑物维修或改造后是否改变了防雷装置的保护情况；有无因挖土方、铺设管线或种植树木而挖断接地装置；各处明装导体有无开焊、锈蚀后截面过小而导致损坏、折断等情况；接闪器有无因接受雷击而熔化或折断；避雷器磁套有无裂缝、碰伤、污染、烧伤等；引下线距地 2 米一段的绝缘保护处理有无被破坏；支持物是否牢固，有无歪斜、松动；引下线与支持物的固定是否可靠；断接卡子有无接触不良；木结构接闪器支柱或支架有无腐蚀；接地装置周围土壤有无塌陷；测量全部接地装置的流散电流。

（三）防震

仓储企业应做好仓库防震工作。首先，在仓库建筑上，要以储存物资的价值大小为依据，审视其建筑物的结构、质量状况，从保存物资的实际需要出发，合理使用物力、财力，进行相应的加固。新建的仓库，特别是多层建筑，更要结合当地地质结构类型，预见地震的可能性，在投资上予以考虑，做到有所准备。其次，在情报信息上，要密切注视毗邻地区及地震部门的预测和预报资料。最后，在组织抢救上，要做充分的准备。当接到有关部门地震预报时，要建立必要的值班制度和相应的组织机构，当进入临震时，仓库领导要通盘考虑，全面安排，合理分工，各负其责，做好宣传教育工作，动员职工全力以赴，做好防震工作。

（四）防静电

爆炸物和油品应采取防静电措施，安排具有相应技术的专人管理，并配备必要的检测仪器，发现问题及时采取措施。每年应对防静电设施进行 1 ～2 次的全面检查，测试应当在干燥的气候条件下进行。

第三节　特殊物品的管理与控制

特殊物品是指对储存场所和储存条件有特殊要求的物品。与一般物品不同，特殊物品对仓库结构、库区布局和储存条件等方面的要求较高。

一、危险品

（一）危险品的概念及分类

《危险货物分类和品名编号》规定，危险货物指具有爆炸、易燃、毒害、感染、腐蚀、放射性等危险特性，在运输、储存、生产、经营、使用和处置中，容易造成人身伤亡、财产损毁或环境污染而需要特别防护的物质和物品。

根据危险货物具有的危险性或最主要的危险性，可将其分为 9 个类别，如表 6－1 所示。

表 6－1　　危险货物分类

类别	品类	项目	具体内容
第 1 类	爆炸品	1.1 项	有整体爆炸危险的物质和物品
		1.2 项	有迸射危险，但无整体爆炸危险的物质和物品
		1.3 项	有燃烧危险并有局部爆炸危险或局部迸射危险或这两者危险都有，但无整体爆炸危险的物质和物品
		1.4 项	不呈现重大危险的物质和物品
		1.5 项	有整体爆炸危险的非常不敏感物质
		1.6 项	无整体爆炸危险的极端不敏感物品
第 2 类	气体	2.1 项	易燃气体
		2.2 项	非易燃无毒气体
		2.3 项	毒性气体
第 3 类	易燃液体		
第 4 类	易燃固体、易于自燃的物质、遇水放出易燃气体的物质	4.1 项	易燃固体、自反应物质和固态退敏爆炸品
		4.2 项	易于自燃的物质
		4.3 项	遇水放出易燃气体的物质
第 5 类	氧化性物质和有机过氧化物	5.1 项	氧化性物质
		5.2 项	有机过氧化物

续表

类别	品类	项目	具体内容
第 6 类	毒性物质和感染性物质	6.1 项	毒性物质
		6.2 项	感染性物质
第 7 类	放射性物质		
第 8 类	腐蚀性物质		
第 9 类	杂项危险物质和物品，包括危害环境物质		

（二）危险品的包装

包装在物流活动中主要用于保护商品以便于运输。危险品的包装是保证其安全的重要手段，主要保护危险品不受损害和避免外界的直接影响，保持危险品的使用价值，防止危险品对外界造成损害，避免发生重大危害事故。

包装的材质、种类、密封方式应与所装危险品的性质相适应，要具有一定的强度，能经受一定范围内的温湿度变化。包装的标识必须简明清晰、易于辨认，涂刷、粘贴部位要适当。例如，对于易碎、需防湿、防颠倒等物品，应在包装上用醒目图形或文字标明“小心轻放”“防潮湿”“此端向上”等。

（三）危险品仓库布局

危险品仓库是储存易燃易爆、有毒、有害货物等危险品的场所。这类仓库一般设置在郊区较为空旷的地方，远离居民区、供水源、主要交通干线、农业保护区、河流、湖泊等，且处于当地常年主导风向的下风处，并且设有专门的隔热、降温设施，实时调节货物的最高温度和最大相对湿度，从而保证货物的安全。

危险品仓库只能进驻专门设置的物流园区，不得布置在一般的物流园区内。

1. 危险品仓库的类型

（1）按其隶属和使用性质分为甲、乙两类。甲类危险品仓库是商业、仓储业、交通运输业物资管理部门的危险品仓库；乙类危险品仓库为企业自用的危险品仓库。甲类危险品仓库储量大、品种多，因此，危险性也较高。

（2）根据规模又可分为三类：面积大于 9000 平方米的为大型危险品仓库；面积在 550 平方米至 9000 平方米的为中型危险品仓库；550 平方米以下的为小型危险品仓库。

（3）根据危险品仓库的结构形式可分为地上危险品仓库、地下危险品仓库和半地下危险品仓库。

2. 危险品仓库的布局结构

危险品仓库布局应严格按照公安部颁布的《建筑设计防火规范》设置防火安全距离。大、中型危险品仓库与邻近居民点和公共设施应保持至少 150 米的间距，与企业、铁路干线间距应大于 100 米，与公路间距应大于 50 米。在库区内，库房间防火间距应根据货物特性取 20～40 米，小型危险品仓库的防火间距为 12～40 米。易燃货物最好储存在地势较低的位置。

储存化学危险品的建筑物不得有地下室或其他地下建筑，其耐火等级、层数、占地面积、安全疏散和防火间距应符合国家有关规定，并应在危险品仓库明显处张贴《危险化学品安全管理条例》。《常用化学危险品贮存通则》对危险品仓库的布局结构做出了明确规定。

（1）储存地点及建筑结构的设置。储存地点及建筑结构的设置除了应符合国家的有关规定外，还应考虑对周围环境和居民的影响。

（2）储存场所的电气安装。

①化学危险品储存建筑物、场所消防用电设备应能充分满足消防用电的需要，并符合《建筑设计防火规范》的有关规定。

②化学危险品储存区域或建筑物内输配电线路、灯具、火灾事故照明和疏散指示标志，都应符合安全要求。

③储存易燃易爆化学危险品的建筑，必须安装避雷设备。

（3）储存场所通风或温度调节。

①储存化学危险品的建筑必须安装通风设备，并注意设备的防护措施。

②储存化学危险品的建筑通风系统应设有导除静电的接地装置。

③通风管应采用非燃烧材料制作。

④通风管道不宜穿过防火墙等防火分隔物，如必须穿过时应用非燃烧材料分割。

⑤储存化学危险品建筑采暖的热媒温度不应过高，热水采暖不应超过 80℃，不得使用蒸汽采暖和机械采暖。

⑥采暖管道和设备的保温材料，必须采用非燃烧材料。

3. 库场使用

危险化学品必须储存在专用仓库、专用场地或者专用储藏室内。对危险品专用仓库的要求，不仅包括专区专用，不能存放普通货物，还包括不同种类的危险品应分类存放在不同的专用仓库内，各仓库存放确定种类的危险品。危险品仓库改变用途或改存放其他危险品时，必须报由相应的管理部门审批。

（四）危险品仓库管理

1. 入库管理

仓库管理人员对货物按照危险品运输规则的要求进行抽查，做好相应记录，并在危险品入库两天内完成验收。危险品存放应按其性质分区、分类、分库储存。对不符合要求的危险品应与货主联系并拒收。

危险品入库验收，以感官验收为主，仪器和理化验收为辅。仓库管理人员应严格按照验收程序进行危险品入库验收。

（1）检查危险品的在途情况，如是否发生过混装。

（2）检查危险品的外包装上是否沾有异物。

（3）检查危险品的包装、封口和垫衬物。看包装标识与运单是否一致；容器封口是否

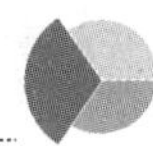

严密；衬垫是否符合该危险品运输、储存的要求。

(4) 危险品质量检查。看是否有挥发、变色、变质的情况。对出现的问题，以书面形式告知并提出改进意见及时解决，待问题解决后方可入库。

2. 养护

不同种类危险品之间可能会发生化学反应，所以必须分区隔离储存，即使同类危险品，虽其性质互不抵触，但也应视其危险程度进行分区储存。对危险品实行分类、分堆存放，堆垛不宜过高，货垛之间，货垛与墙之间应有一定的距离。堆码要整齐、稳固，垛头应悬挂危险品的标识、编号、品名、性质等相关信息。

危险品的装卸、搬运，必须轻装轻卸，使用不产生火花的工具（用铜制或包铜的器具），禁止摔、碰、重压、震动、摩擦和倾斜。对怕热、怕潮的危险品，在装运时应采取必要措施。装卸场地和道路必须平坦、畅通。若夜间装卸，必须有足够亮度的安全照明设备。在装卸、搬运操作中，应根据危险品的性质和操作要求，穿戴相应合适的防护服和防护用具。

危险品仓库应实行定期检查制度，检查间隔不宜超过5天。检查中发现的问题要及时上报并处理。保持仓库内整洁，随时清扫残余化学物品。

危险品仓库实行专人管理，剧毒化学药品实行双人保管制度。仓库存放剧毒化学品时，须向当地公安机关备案，一旦发生丢失、被盗等事故，应立即向当地公安机关报案。

3. 出库发运

一次性出库量超过0.5吨时，要发出场证，交运货员配送出场。仓库管理人员应按“先进先出”的原则组织危险品出库，并认真做好清点工作。车辆运送时，应严格按照危险品分类要求分别装运。

4. 消防安全管理

根据危险品的特性和仓库条件，必须配置相应的消防设施、设备和灭火药剂，并配备经过安全培训的专职和兼职的消防人员。危险品仓库还要根据条件安装自动监测和火灾报警系统。

二、油品

油品是指原油、成品油（汽油、柴油、煤油等）和液化石油气等。油品具有易燃易爆炸、易蒸发、易带电、易膨胀、易流动、易渗透、易漂浮等特点。这些特性决定了其物理性质很不稳定，需要采用特殊的仓储方式。

（一）油品仓库的类型

1. 根据管理和业务关系区分

根据管理和业务关系的不同，油品仓库可以分为公共油库和企业附属油库两种。

公共油库是为社会和军事服务的，独立于油品生产和使用部门。它包括民用油库和军用油库两类。

企业附属油库指企业为了满足自身生产需要而设置的储存设施。它可分为油田原油库、炼油厂油库、交通企业自备油库以及一些大型企业的附属油库等。

2. 根据建筑形式的不同区分

根据建筑形式的不同，油品仓库可以分为地下油库、地面油库和半地下油库三种。

地下油库指其油罐内最高液面低于附近地面最低标高 0.2 米的油库。这种油库始于军事需要，具有较好的隐蔽性，可以防止敌人的攻击。

地面油库是指油罐底面等于或高于附近地面最低标高，且油箱的埋入深度小于其高度的一半的油库。目前多数油库属于此类。

半地下油库是指油罐底部埋入地下且深度不小于罐高的一半，罐内液面不高于附近地面最低标高 2 米的油库。

3. 根据油库总容量区分

根据油库总容量，油品仓库可以分为 5 个等级。Ⅰ级油库的库容量大于 100000 立方米；Ⅱ级油库的库容量为 50000～100000 立方米；Ⅲ级油库的库容量为 30000～50000 立方米；Ⅳ级油库的库容量为 10000～30000 立方米；Ⅴ级油库的库容量小于 10000 立方米。

（二）油品仓库的库区布置

为了便于管理，保障油品安全，油品仓库的结构应该根据防火和工艺要求进行分区布局。按其作业要求，油品仓库可分为收发区、储油区、油罐车作业区、辅助作业区。

1. 收发区

收发区有铁路收发区和水路收发区。铁路收发区主要进行铁路油罐车的油品装卸作业。区内设施有铁路专用线、油品拆卸栈桥、装卸油罐管、相应的输油管道以及装卸油泵房等。铁路收发区应布局在油库的边缘地带，不可与库内道路交叉，并与其他建筑物保持一定的距离。水路收发区是油船进行油品装卸作业的区域，主要设施有码头、运输船、装卸油臂等。对于油桶的装卸，还需配备专用的机械设备。

2. 储油区

储油区为油品安全储存的区域。主要设施为油罐，此外还有防火、防静电和安全监视装备以及降低油品损耗的设备。应在距离装卸房较近处安排重质油罐，较远处安排轻质油罐，各种油罐之间须留有足够的安全距离。

3. 油罐车作业区

油罐车作业区是给用户直接供油的场所，一般设有油罐车灌油间、灌桶间、桶装站台、桶装油库和油品调配间等。

4. 辅助作业区

辅助作业区内有油品生产配套的辅助设施，如锅炉房。

（三）油品仓储和安全管理

1. 油品仓储管理

油品仓储管理包括油品的入库验收、在库储存保养、出库发送全过程。

油品入库时，要对油品进行计量、化验，以证明其质量合格和数量相符。油品接卸时，要派专人巡视管线，谨防混油、溢油、跑油、漏油情况的出现，严禁从车上摔下，若需沿滑板滑下时，应避免前后两桶相撞。在油品从油桶向油罐倒装时，应注意防止桶罐间

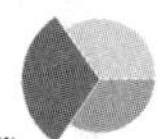

的撞击。

在油品储存期间，对油品装卸、转运时，应按其性质不同分组进行。实行按组专泵、专管作业。在输油完毕后，应及时用真空泵进行管道清扫。油品储藏时，根据牌号和规格分开存放。对油罐应尽可能地保持较高的装满率，并且少倒罐，以防止氧化，减少蒸发，在夏季还需采取降温措施。对不同规格、品种、包装的油品，要实行分类堆码，建立货堆卡片，定期盘点数量，检验质量。油罐改储其他品种油品时，要按规定进行清洗。

油品出库时，必须根据发货凭证，检查核对发货油品的质量和数量。车船到达后，要检查车船状况、包装容器的完好程度，符合要求再进行装运。发出的桶装油品，要标记清晰，桶盖紧密无渗漏。对于出库的油品，要严格执行“四不发”原则，即油品变质不发，无合格证不发，对经过调配加工过的油品无技术证明和使用说明的不发，车罐、船舱或其他容器内不清洁的不发。装货完成后，要按规定进行计量，办理出库手续。

2. 油品安全管理

（1）控制可燃物。杜绝储油容器溢油；严禁将油污、油泥、废油等倒入下水道排放；清除油罐、库房及作业车间等建筑物附近的一切可燃物。

（2）清除着火源。不准携带火种进入油库和油品作业区，动用明火作业时，一定要事先报告有关部门并获得批准，同时采取安全防范措施。

（3）防静电。油品的储存、输送设施设备，都必须有良好的接地装置，及时把静电导入地下；油品装卸时，输油管必须插入接近容器底部的位置；在高温、干燥季节，灌油速度要适当放慢；船舶装卸油品时，要使出油口与进油口保持金属接触状态；油库内工作人员不得穿化纤服装。

（4）防止电火花引起燃烧和爆炸。油库内使用的一切电气设备，必须是防爆型的，安装要合乎要求；油库上空，严禁高压电线跨越；储油区与电线的距离，必须大于线杆长度的 1.5 倍；通入油库的铁轨，必须在入库口前安装绝缘隔板，防止金属摩擦产生火花。

（5）防止油蒸汽积聚引起燃烧和爆炸。未经洗刷的储油容器，严禁修焊；储油区内严防油品渗漏，保持良好的通风，避免油气积聚。

三、冷藏品

冷藏品是指需要在低温的条件下储存的物品。新鲜肉类、水果等生鲜食品在常温或温度较高的情况下会发生变质，因此，对于生鲜食品的储存和运输大多在低温环境下进行。由于在低温环境中，细菌等微生物繁殖速度降低，新陈代谢变缓，从而能够延长有机体的保鲜时间。对于在低温时能凝固成固态的液体物品，采取冷藏的方式有利于运输和销售。

（一）冷藏储存的原理

根据控制温度的不同，冷藏储存分为冷藏和冷冻两种方式。冷藏是将温度控制在 0～7℃进行物品保存，在该温度下水分不致冻结，不破坏食品的组织，具有保鲜的作用，但是微生物仍然还有一定的繁殖能力，因而保存时间较短。冷冻则是将温度控制在 0℃以下，使水分冻结，微生物停止繁殖，新陈代谢基本停止，从而实现防腐。

（二）冷藏仓库的类型

1. 按冷藏仓库的用途分类

（1）生产性冷库。生产性冷库设在生产企业内部，用于储存半成品或成品，如肉类生产企业、制药企业内设置的冷库。这类冷库只对成品或半成品作短期储存，就进入下一工序或出厂，储存的对象一般是零进整出。生产性冷库的规模要结合生产能力和运输能力来确定。

（2）流通储存性冷库。在商品流通过程中，为了保持市场供应的连续性或降低成本，要将商品冷却或冷冻保存一段时间。为此要建立能使商品保持一定温湿度的冷库。这类冷库一般建在大中型城市或人口众多和商品集中的地区。冷库的储量比较大，当商品从生产企业出来后，运达冷库进行储存，然后以批发的形式进入市场。

（3）综合性冷库。综合性冷库功能强大，可以满足大容量产品的储藏及冷加工，是配套于城市的综合供应体系。

2. 按冷藏仓库的设计温度分类

（1）冷藏库。冷藏库指库温维持在产品冻结温度以上的低温仓库。一般而言，生鲜品的冻结点在 2℃左右，库温与产品的温度按各类产品性质的不同而有所差异，但大多保持在 4℃以上。

（2）冷冻库。冷冻库指库温维持在产品冻结温度以下的低温仓库。一般温度保持在－18℃以下。

（3）特殊冷藏库。该类仓库储藏需同时控制库内温度与湿度的产品，如新鲜蔬果、粮米等。另外，苹果等需要同时控制温湿度及空气中各项气体含量的产品亦储存在该类仓库内。

3. 按储量和规模分类

（1）大型冷库。储量在 1000 吨、库容在 1000 立方米以上。

（2）中型冷库。储量在 500～1000 吨、库容在 500～1000 立方米。

（3）小型冷库。储量在 500 吨以下，库容在 500 立方米以下。

（三）冷藏仓库的仓储和安全管理

1. 冷藏仓库的仓储管理

（1）冷藏仓库的合理使用。冷藏仓库使用时应按库房的设计用途合理选择。当冷库改变用途时，必须按照所改变的用途对保温材料、设施设备等进行改造，确保完全满足新的用途。

为保证冷藏仓库能力的充分发挥，确保货物安全，应设立专门的库房管理小组，责任到人。冷藏仓库要防水、防潮、防热、防漏，以及保持清洁。为此，库内不得出现积水，严禁库内带水作业，对库内的冰、霜、水应及时清除，对未进行冻结处理的热货不准直接进入冷藏仓库。

冷冻库投入使用后，要经常进行维修，必须保持制冷状态，即使没有存货，冷冻库也要保持在 0℃以下。而对温度较高的冷藏库，应将温度保持在露点温度以下，以防受潮滴水。

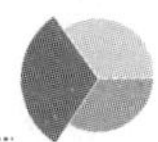

（2）按要求安排货物出入库。在货物入库时，除了进行通常的检验、清点外，还要测量温度，检验货物内部状态，并记录在案，对已霉变的货物不得接收入库。货物入库前必须进行预冷处理，未经预冷的货物不得直接进入冷库。

货物出库时，要认真核对标识、编号、数量、质量、批次等项目，防止错发。对出库时需升温处理的货物，应按照作业程序加热处理，不得采用自然升温。为了减少冷耗，货物的出入库作业应选择在气温较低的时间段进行，如早晨、傍晚、夜间。

出入库作业应集中力量进行，尽可能缩短作业时间。装运车辆要停靠在距离库门最近的位置，以缩短搬运距离。若货物出入库时库温升高，应停止作业，封库降温。出入库搬运应采用推车、叉车、输送机等机械作业的方式，以加快作业速度。冷藏仓库应设专职的卫生检疫人员，对出入库货物进行检查，以保证货物无污染、无霉菌、无异味、无鼠害、无冰霜。

（3）严格控制库房温度、湿度，满足货物储存特性要求。冷藏仓库的温度恒定是保证货物储存质量的重要条件之一。对含水货物应减少干耗，对食用品应加强卫生检疫。

（4）合理堆放。冷藏仓库中的货物堆放要尽量紧密，以提高库房利用率，不同类别的货物放置在不同的地方，没有包装的货物不要和有包装的货物放在一起，味道差异比较大的货物不要放在一起。

（5）定期检查。冷藏仓库中的货物要经常检查，检查货物是否按照出入库要求先进先出，货物存放时间是否过长而发生质量变化，货物表面是否结冰、结霜等。

（6）减少货物搬动次数。冷藏仓库中由于作业环境的关系，应尽量减少货物搬动的次数。搬运次数的增加会使货物破损率和人工作业成本增加。通常可以采用整板出货、整层出货的方法减少人工搬运货物的机会。

2. 冷藏仓库的安全管理

冷藏仓库的作业环境与其他作业环境有相当大的差别，所以，应加强冷藏仓库作业人员的安全管理，提高作业人员的安全意识。

（1）加强防护，避免冻伤。冷藏仓库作业人员必须穿符合要求的保温工作服、保温鞋，戴手套，要在规定时间内作业，并且连续作业时间不能超过 30 分钟。冷藏仓库作业人员身体的裸露部位不得接触库内的物品，包括货物、排管、货架、作业工具等。

（2）防止人员缺氧窒息。冷藏仓库内的植物和微生物的呼吸作用使二氧化碳浓度增加，会使得库房内氧气不足，造成人员窒息。人员在进入库房前，尤其是长期封闭的库房，需进行通风，排除氧气不足的可能。

（3）避免人员被封闭在库内。冷藏仓库门在关闭之前一定要确认库内没有人员滞留。冷藏仓库应有逃逸门、逃逸指示，并且要保持正常使用状态。

（4）加强培训，安全作业。要加强冷藏仓库作业人员的培训，使每一个作业人员都了解冷藏仓库的操作特点和要求。在冷藏仓库中，作业人员不能跑动，不能攀爬货架，并随时注意身边其他操作人员。

（5）妥善使用设备。冷藏仓库中所使用的设备和仪器必须有低温运行性能。灯也要用专用灯，一般的塑料托盘不能在冷藏仓库中使用。

四、粮食

粮食作为大宗货物，需要使用较大规模的仓储设施对其进行集中管理。粮食主要以散装形式运输和仓储，进入消费市场流通时才进行装袋包装，目的是降低粮食的储存成本和运输成本，并提高作业效率。对于大规模集中储存的粮食，需要根据粮食的特点，采用合理的仓储管理办法。

（一）粮食的特点

1. 呼吸性和自热性

粮食能够吸收氧气、释放二氧化碳。粮食和微生物能够通过呼吸作用产生热量，大量堆积的粮食，所产生的热量不能散发，致使粮堆内部温度升高。产生的热量大量积聚后，还会发生自燃。粮食堆积时，释放的二氧化碳会使空气中的氧气含量减少，造成人体窒息。粮食的呼吸性和自热性与含水量有关，含水量越高，自热能力越强。

2. 吸附性

粮食具有呼吸和吸收水分的性能，能将外界环境中的气味、有害气体、液体等吸附在内部，不能去除。粮食一旦受污染，就会因无法去除而损毁。

3. 吸湿性和散湿性

粮食本身含有一定的水分，空气干燥时，水分会向外散发；当空气湿度较大时，粮食又会吸收水分；在水分充足时还会发芽，导致粮食发霉、变质。

4. 散落流动性

散装粮食因为颗粒小，颗粒之间不会粘连，具有自动松散流动、散落的特性，当倾斜角度足够大时会流动。

5. 易受虫害

粮食是昆虫及老鼠的食物，保护措施不当，会吸引大量昆虫和老鼠，造成粮食损失。未经杀虫的粮食中，含有大量的细菌、昆虫和虫卵，在温度、湿度合适时会大量繁殖，形成虫害。

6. 粉尘易爆炸

干燥粮食的麸壳、粉碎的粮食粉末等在流动和作业时会扬尘，伤害人的呼吸系统。粮食及粮食粉尘局部易在热传导、热辐射或本身发热的作用下，使粉尘粒子表面受热，温度上升，粉尘粒子表面的分子产生热分解，形成高于环境空气温度的混合产物，这种混合产物与周围的可燃物继续进行化学反应，放出热量，温度很快增高，使反应气体发生放热反应，即发生爆炸。

（二）粮仓的安全管理

1. 保持粮仓干净整洁

粮仓必须保持清洁干净。为了达到粮食的清洁卫生条件，要尽可能用专用的立筒仓。采用通用仓库时，仓库应该能够封闭，仓内地面、墙面要进行硬化处理，不起灰、不扬尘、不脱落剥离，必要时使用木板、防火合成板固定铺垫。金属筒仓应进行除锈处理，如

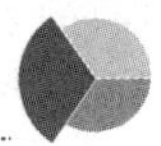

进行电镀、喷漆等。作业通道要进行防尘铺垫，在确保无污染物、无异味时才能够使用。

粮食入库前，仓库必须进行彻底清洁，清除异物、异味，待仓库内干燥、无异味时，粮食才能入库。将入库粮食按照品种、性质、生产年份、等级等进行分类存放。

2. 保持干燥，控制水分

保持干燥是粮食仓储的基本要求。粮仓内不能安装日用水源，消防水源应妥善关闭，洗仓水源应离仓库有一定的距离，并在排水沟的下方。粮仓旁的排水沟应保持畅通，确保无堵塞。

应随时监控粮仓内湿度，将其严格控制在合适的范围之内。仓内湿度升高时，要检查粮食的含水量，当含水量超过要求时，须及时采取除湿措施。粮仓通风时，要采取措施避免将空气中的水分带入仓内。

3. 控制粮仓温度

粮食本身具有自热性，温度、湿度较高时，自热能力也较强。在气温较高时，应每日监测粮食温度，特别是内层温度。当发现粮食自热升温时，要及时降温，可采用机械通风、内层放干冰等措施，必要时进行翻仓、倒垛散热。

粮食具有易燃特性，应加强吸尘措施，排除扬尘。粮食出入库、翻仓作业时，更应避免一切火源出现，特别要注意对作业设备的静电，粮食与仓壁、输送带的摩擦静电的消除。

4. 防霉变

粮食除了因为细菌、酵母菌、霉菌等微生物的污染分解而霉变外，还会因为自身的呼吸作用而霉变。要严把入口关，防止已霉变的粮食入库；避开潮湿货位，如通风口、仓库排水口；远离会淋湿的外墙，地面妥善衬垫隔离；加强仓库温湿度的控制和管理，保持低温和干燥；经常清洁仓库，特别是潮湿的地角；清洁仓库外环境，消除霉菌源；经常检查粮食和粮仓，发现霉变时，要立即清出霉变的粮食，并有针对性地在仓库内采取防止霉变扩大的措施。

5. 防虫鼠害

危害粮仓的昆虫种类很多，如蜘蛛、甲虫、米虫、白蚁等，它们的繁殖力很强，能在很短时间内造成损害。粮仓的虫鼠害主要表现在直接对粮食的耗损、虫鼠排泄物和尸体对粮食的污染、携带外界污染源入仓、破坏粮仓设备、降低保管条件、破坏包装物等。因此，必须做好粮仓的防虫鼠害工作。

（1）保持良好的仓库状态。门窗密闭严实并及时封堵建筑物出现的裂痕、孔洞。

（2）药物灭杀和物理灭杀。药物灭杀是使用高效低毒的药物，不直接释放在粮食中进行驱避或者使用无毒药物直接喷洒，熏蒸除杀。物理灭杀是使用诱杀灯、高压电灭杀，合理利用高温、低温、缺氧等手段灭杀。

第四节　案例分析及实习实训指导

案例分析

中储粮、中储棉仓储安全管理

一、企业档案

（一）中储粮

中储粮，即中国储备粮管理集团有限公司，是经国务院批准组建的涉及国家粮食安全和国民经济命脉的国有大型重要骨干企业。中储粮受国务院委托，具体负责中央储备粮的经营管理，对中央储备粮的总量、质量和储存安全负总责，同时接受国家委托执行粮油购、销、调、存等调控任务。中储粮在国家宏观调控和监督管理下，实行自主经营、自负盈亏。主业范围是：粮油仓储、加工、贸易，仓储技术研究、服务。中储粮实行两级法人、三级管理制度，总部位于北京，在全国设立24个分公司，人员、机构和业务覆盖全国31个省、自治区、直辖市，另有全资或控股的二级子公司4家。

（二）中储棉

中储棉，即中国储备棉管理总公司，是经营管理国家储备棉的政策性中央企业，承担国家储备棉的收、发、储工作，始终扮演着极其重要的角色。2003年3月28日，中储棉在国家对棉花市场逐步调控的改革中应运而生，并受国务院委托，具体负责国家储备棉的经营管理。

中储粮和中储棉都是在国家宏观调控和监督管理下，实行自主经营、自负盈亏的中央企业，可以说“两储”既是国家储备的“蓄水池”，又是“稳定器”。

“手里有粮，心里不慌”。粮食安全的重要性怎么强调都不为过，中储粮为维护国家粮食安全提供了坚实的物质基础，例如，成功应对了1998年长江流域洪灾、2008年南方雨雪冰冻灾害、汶川地震、2010年南方干旱等重大自然灾害。

而作为“亲生兄弟”的中储棉，具体负责国家储备棉的经营管理，同时，执行国家棉花政策，不断提高企业经营管理水平和经济效益。据公开数据显示，国家棉花储备体系初步建成，储备棉吞吐总量超过1100万吨。

二、中储粮直属库火灾事故

2013年5月31日下午，中储粮黑龙江林甸直属库由于配电箱短路打火引发火灾。当日13时15分，粮库更夫发现12号库南侧玉米堆上方冒烟并报告。粮库当即出动自备的一台消防车和60余人展开扑救，火情无法控制，同时向消防部门报告火情。当地气象部门提供的数据显示，火灾发生时室外温度34℃，风力7～8级，高温和大风使火情顺势蔓延，造成“连营火灾”。

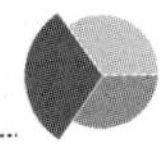

中储粮黑龙江林甸直属库共有78个储粮囤表面过火，储量4.7万吨。其中玉米囤60个，储量3.4万吨；水稻囤18个，储量1.3万吨。中储粮黑龙江林甸直属库负责人表示，火灾造成的直接损失大约为8000万元。有570名民兵和预备役、600余名乡镇干部群众、近200名消防队员和武警战士、邻近县区增援人员等总计约1600人参与了灭火救援活动。同时，紧急调集了100台大型运输车和200名装卸人员，将过火粮食转运到了邻近的大庆市、齐齐哈尔市和肇东市三地的11个粮库。

5月31日16时30分左右，明火基本被扑灭，火势得到有效控制。2013年6月1日早晨，大量人力对过火的粮囤进行清理，把表面烧焦和碳化的部分挑拣分离出来，同时清理过火点，防止死灰复燃。

三、中储棉储库火灾事故

2013年7月1日18时，山西省棉麻公司侯马采购供应站露天堆放的棉花垛因雷击引发火灾。中储棉山西仓库发生的火灾导致2.46万吨棉花全部烧毁，过火面积约1.05万平方米。接到火情报告后，侯马市、临汾市负责人第一时间赶到现场，启动应急预案，迅速疏散并妥善安置周边群众，切断附近供电、天然气源等。此外，临汾市公安消防支队调动全市消防力量及时赶赴现场，山西省公安消防总队调动太原、晋城、吕梁、运城消防力量增援，周边县市社会力量也积极参与救援。

经过24小时的全力扑救，截至2013年7月2日18时，火情得到有效控制，露天散垛区明火基本扑灭，清理工作仍在进行，6座棉库危情得到排除。

四、火灾事故分析

距中储粮失火仅一个多月，中储棉委托的收储仓库再次发生火灾。从表面上看，中储粮和中储棉的储库火灾是一个偶然现象，实则透过这些偶然的现象可以看出一些必然的规律。

事故暴露出该代储库安全管理责任不到位、防雷设施有效性不足、应急处置不得力等问题，同时存在代储库点多、面广，设施及管理参差不齐，北方特别是新疆地区露天存放的数量仍较大等问题。

目前，中储棉已要求各承储单位必须按《关于深刻吸取“山西省棉麻公司侯马采购供应站7·1火灾事故”教训　坚决防范各类储备棉安全事故的紧急通知》要求，加强整改和巡查。坚决防范各类储备棉安全事故。

中储粮和中储棉要深刻吸取事故教训，切实保护广大职工的生命财产安全，进一步加强储备棉安全生产工作。应从强化目标管理、细化目标分解、明细岗位职责和加大岗位监督四个方面完善内控机制。

建设与实施内部管控体系，既是国家的强制性要求，也是企业高效配置资源、有效管控风险、提升竞争能力的内生性需求。同时，要全面推进动态化、流程式监控体系。要变结果监控为动态化流程式监控，要从纪委对人的监控，监察对事的监控，审计对财产的监控，三位一体同步推进，改变各自“单军作战”的现象为实现做强做优中央企业、培育世界一流企业的目标，提供持续的动力。

此外，中央企业还要以国资委推行的管理提升活动为契机，进一步总结推广好的内部管控经验，并对照基本规范和配套指引查找不足和缺失，推动原有管理体制与内部控制机制有机融合、取长补短，全面提升管理水平和运行效率。

（资料来源：新华网）

案例思考题

1. 对案例中两家企业中储粮、中储棉所采用的安全保障措施进行评价。
2. 参照本案例，说明在粮食仓储管理中，要重点做好哪些防护措施？

实习实训

一、实训名称：仓库防火安全培训

二、实训目的

仓库防火安全是仓库安全管理的重要组成部分，本实训要求学生具备安全管理意识，通过具体的知识培训和实际演练，使学生掌握基本的消防常识，解决学生不会使用消防设备的问题。由于客观条件的限制，根据每个学校的具体情况，有条件的可以在仓库进行，没有条件的可以在学校进行，本实训最终目的是提高消防意识和增加消防知识。

三、实训操作指导

（一）演习步骤

第 1 步：前期准备阶段。

演习要求：①参与人员必须遵守纪律，听从安排，一切行动听指挥；②逃生组人员自带毛巾一条；③无故不参加者按旷课处理。

演习前期准备：准备学习资料，购置消防器材，准备训练场地，对预演、演习的时间进行讨论并确定，公布演习的程序和方法。

演习道具准备：大油桶（半截）2 个、木柴 1.5 方左右，柴油 30 升左右，打火机 2 个，废布头，废电器 1 个，消火栓，灭火器 20 个，空教室 3 间，路障，隔离带，每间教室准备 2 桶水。

第 2 步：专业培训阶段。

学习消防常识、安全常识、消防器材性能与构造等相关内容。开展器材使用训练，包括灭火器和消防水带的使用等。

第 3 步：综合演习阶段。

（1）分组。每组 6～10 人，设 1 名组长。包括总指挥组、教练组、灭火组、演练逃生组、秩序维护组和道具组。其中，总指挥组和教练组由教师和消防教官担任。

（2）演练自救逃生方法。

①手拿湿毛巾捂口鼻，低头弯腰走至安全出口位置。

②当浓烟弥漫时，呼吸困难，地面 1～20cm 高的空间内，浓烟较少，可匍匐扶墙逃生（当房屋倒塌、其他构建物倒塌时，靠墙较安全）。

③当被困无法逃生时，积极呼救，可采取在窗口挥手呼救、用彩色布条挥动呼救、夜间可用电筒晃动照射呼救等。

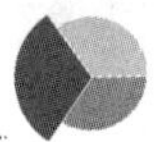

（二）注意事项

①火灾发生后，守门员打开并守着前后门，引导学生按讲解的方法快速有序地逃离教室。

②楼梯口安排人员引导学生逃生，下楼时扶墙或扶栏杆紧张有序地逃生，勿推挤，以防发生踩踏事件。

③在空旷的广场或空地集合，勿乱跑，待小组长查询有无人员被困。

④发生火灾时，不要走电梯逃生。

⑤三楼（含）以上不要考虑跳楼逃生。

⑥火灾发生后，非专业人员不得轻易进入火场。

⑦现实中火灾发生的时间、地点、条件具有不可预料性，逃生时应机智灵活。

（三）逃生演习

（1）各组报告人员就位，准备就绪，总指挥通知道具组点火，浓烟四起。

（2）约 1 分钟后，总指挥发令，道具组按响警铃。

（3）楼上值班老师按如下方法操作：两位老师打开教室前后门，守住门口，指引学生往安全出口逃生，防止学生惊慌失措，拥挤在门口逃不出去；两位老师在楼梯口和拐角处指引学生安全逃生；让学生手捂湿毛巾低头弯腰在值班老师指引下逃生；告诫学生不推挤，扶墙、扶栏杆、靠扶手下楼梯。

（4）学生在指定地点集合，组长清点人数，查明有无被困人员，并向总指挥报告。

（5）逃生演习结束，总结讲评。

（四）实操灭火

先后点燃 4 个具有代表性质的火堆。第 1 个火堆为固体可燃物（代表可燃物：木柴）；第 2 个火堆为液体可燃物（代表可燃物：柴油）；第 3 个火堆为气体可燃物（代表可燃物：煤气）；第 4 个火堆为电器类可燃物（代表可燃物：起火烧过的电器）。

按照先讲解后示范，再实操灭火，参演人员穿插演练的方式。使用不同的灭火器材对其进行扑灭，并说明正确的灭火方法和注意事项。

（五）演习结束，演习人员退场，道具组负责清理现场

四、实训考评

实训考评表如表 6 - 2 所示。

表 6 - 2　　**实训考评表**

考评人		被考评人	
考评地点			
考评内容		分值（分）	得分（分）
遵守演习纪律		20	
能够准确地掌握消防基本知识		30	
能够基本掌握消防器材的使用		20	

续表

考评内容	分值（分）	得分（分）
有针对突发事件的解决方法	20	
按时提交实训报告	10	
合计	100	

练习题

一、单项选择题

1. （　　）不导电、不腐蚀、毒性低，可用于扑救易燃液体、有机溶剂、可燃气体和电气设备的初起火灾。

A. 干粉灭火器　　B. 泡沫灭火器
C. 1211 灭火器　　D. 二氧化碳灭火器

2. 冷藏库的库内温度为（　　），冷冻库的库内温度为（　　）。

A. 0℃　　B. 0～7℃　　C. 0℃以下

3. 以下（　　）不是粮食的特点。

A. 呼吸性　　B. 吸湿性　　C. 挥发性

4. 与空气接触后，会因发生剧烈氧化反应而产生热量，当热量达到本身的燃点时就自行燃烧的危险品称为（　　）。

A. 自燃物品　　B. 遇水燃烧物品　　C. 易燃液体　　D. 氧化剂

5. 属于毒害品的物品是（　　）。

A. 一氧化碳　　B. 金属钾　　C. 硫黄　　D. 氰化钾

6. 油品安全管理的内容不包括（　　）。

A. 防静电　　B. 清除火源
C. 妥善使用设备　　D. 防止油蒸汽积聚

二、判断题

1. 气体火灾属于D类火灾。（　　）

2. 人力机械承重的限定范围应不超过800kg。（　　）

3. 库区的安全管理主要包括仓储技术区的安全管理、库房的安全管理、货物装卸与搬运中的安全管理等。（　　）

4. 危险品仓库一般设置在郊区较为空旷的地方，远离居民区、供水源、主要交通干线、农业保护区、河流、湖泊等。（　　）

5. 油品出库时，必须根据发货凭证，检查核对发货的质量和数量。车船到达后，无须检查车船体状况，符合要求后进行装运。（　　）

6. 泡沫作为灭火剂，其作用主要是隔离，同时也有一定的冷却作用。（　　）

三、简答题

1. 简述对危险品保管的要求。

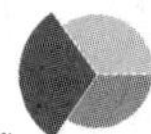

2. 简述冷藏储存的原理。

3. 简述仓库防火措施。

4. 简述仓储安全生产的要求。

5. 简述不同类型火灾的应对办法。

6. 1993年8月5日13时15分，深圳市安贸危险品储运公司清水河仓库4仓，因违规将过硫酸铵、硫化钠等化学危险品混储，引起化学反应而发生火灾爆炸事故。火灾蔓延导致连续爆炸，爆炸又使火灾蔓延。前后共发生了2次大爆炸、7次小爆炸，共有18处起火燃烧。这起火灾爆炸事故，死亡15人，受伤873人，其中重伤136人，烧毁、炸毁建筑物面积39000m^2，直接经济损失约2.5亿元。

请分析并回答以下问题。

（1）你认为危险品仓库应该怎样分区、分类储存？

（2）危险品堆码有哪些要求？

第七章　库存管理及库存控制

知识目标

1. 掌握库存的作用与库存总成本的构成。
2. 认识库存管理的目标与重要性。
3. 了解“牛鞭效应”与“零库存”技术。

能力目标

1. 熟悉库存总成本的构成。
2. 了解供应链环境下的“牛鞭效应”的解决办法。
3. 掌握“零库存”的实现途径。

×公司在库存管理中存在的问题

×公司是一家小型医疗仪器制造公司，随着业务规模的不断扩大，×公司也遇到了多数中小企业发展壮大中都遇到的问题，即伴随不断扩大的销售额而产生的日益增长的库存压力以及畅销产品时常缺货的问题。

据统计，2020年，公司的平均库存金额在400万元左右，而产成品及原材料则多达100多种。×公司2020年产成品销售收入及相关产成品及原材料库存金额如表7-1所示。

表7-1　×公司2020年产成品销售收入及相关产成品及原材料库存金额

产品名称	销售收入（万元）	销售收入百分比（%）	库存金额（万元）	库存金额百分比（%）
301型红外线治疗机	3500	70	40	10
302型红外线治疗机	700	14	40	10
303型红外线治疗机	300	6	40	10
其余产品	500	10	280	70
合计	5000	100	400	100

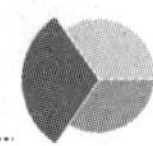

经过进一步调查发现，×公司在库存管理中，301 型红外线治疗机和 302 型红外线治疗机时常缺货，而其余几种产品，由于销售量不大，反而滞留了大量的原材料和产成品。在日常库存管理中，×公司针对各种物料采用统一的管理方法，即每月盘点一次库存，做到账物相符。

在原材料采购和生产中，×公司为每种材料设置了安全库存，若仓库发料后发现安全库存不足时，则通知采购部门按照固定的数量采购。由于不同原材料采购的提前期不同，因此，时常出现原材料到货时间不一致的情况，造成缺货停工或积压。

从案例中我们知道，库存管理对于企业的重要性。一个优秀的企业不应该孤立地看待库存问题，应该从库存管理、需求管理、订货管理等很多方面去解决库存问题。

第一节　库存的基本理论

一、库存的定义

库存是指要储存作为今后按预定的目的使用而处于闲置或非生产状态的物品。广义的库存还包括处于制造加工状态和运输状态的物品。狭义的库存仅指在仓库中处于暂时停滞状态的物品。

库存的产生是由于人们无法预测未来的需求变化，为防止物品短缺，降低企业缺货率，而不得已采用库存的手段，以应付外界的变化。库存具有“蓄水池”功能，库存物品就像“蓄水池”里的水，当有消耗需求的时候，就及时取出，满足需求。

二、库存的类别

（一）按其在生产加工中所处的状态分类

1. 原材料库存

原材料库存是指等待进入生产作业的原料与组件。企业从供应商处购进原材料，首先要进行质量检查，然后入库，生产需要时，发货出库进入生产流程。原材料库存可以放在两个储存点，即供应商或生产商。

2. 在制品库存

原材料出库后，依次经过生产流程中的不同工序，每经过一道工序，附加价值都有所增加，在完成最后一道工序之前，都称为在制品。在制品在工序之间的暂存就是在制品库存。

3. 产成品库存

在制品在完成最后一道工序后，成为产成品。产成品经质量检查后，入库等待出售，形成产成品库存。产成品库存可以有多个储存点，即生产企业、配送中心、零售店等，最后转移到最终消费者手中。

（二）按功能分类

1. 经常库存

经常库存又称周转性库存，是指在正常的经营环境下，企业为满足日常周转需要而建立的库存，即在前后两批货物正常到达之间，满足生产经营需要的储备库存。经常库存可以保证一定时期的供应，这种库存随着陆续的出库需要不断减少，当库存降低到某一水平时，就要通过订货来补充库存。

2. 安全库存

安全库存又称保险库存，是指用于防止因订货期间需求增长或到货期延误所引起的缺货而设置的库存。当仓库中某种货物每月的出库需求没有波动时，库存容易控制，通常不必考虑设置安全库存。可是，在实际经营中，不测情况常有发生，消费需求多多少少会超过预计数量；而库存的补充也会因交通等因素的影响造成交货延期，甚至还会发生如火灾、水灾、供应商因生产设备故障停工等导致供应中断的异常事件。这些情况一旦发生，会造成企业经济上和信誉上的损失，而安全库存可作为经常库存的后备以防不时之需，所以，安全库存又称为后备库存或被动库存。

3. 在途库存

在途库存是指企业已取得货物的所有权，但尚处于运输状态或为运输的目的而暂时处于储存状态的货物。在仓库库存量的计算中，这部分货物均计算在库存货物的范围内。在途库存的大小取决于运输时间以及该期间内的平均需求。

4. 投机性库存

投机性库存又称屏障库存。投机性库存是指企业为了预防货物（或物料）涨价，在低价时进行额外数量的购进而形成的库存。例如，企业生产中使用的煤、石油等价格易于波动的原材料，常常在价低时采购，以保证在高价时货物的价格稳定和获得销售利润。

5. 季节性库存

季节性库存是指为了满足特定季节中出现的特定需要（如夏天对冷饮的需要）而建立的库存，或指季节性生产的物品（如大米、棉花、水果等）在出产的季节大量收购所建立的库存。在某些季节，产品会供不应求；在其他季节，产品则会滞销。因此，需要在高峰季节来临之前开始生产，并保持一定量的库存。

6. 呆滞库存

呆滞库存是指因品质变坏而不再有效用的货物的库存或因滞销而卖不出的货物的库存。

（三）按客户的需求特性分类

1. 独立需求库存

所谓独立需求，是指用户对某种物品的需求与其他种类的物品需求无关，表现出对这种物品需求的独立性。一般用户对企业产成品和服务的需求为独立需求，如用户对汽车的需求就是独立需求。独立需求最明显的特征是需求的对象和数量不确定，只能通过预测方法粗略估计。从库存管理的角度来说，独立需求库存是指那些随机的、企业自身不能控

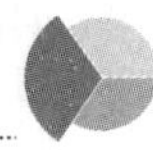

制，而由市场需求所决定的库存，这种库存与企业对其他库存物品所做的生产决策没有关系。

2. 相关需求库存

所谓相关需求，是指用户对某种物品的需求与其他需求有内在的相关性，是由其他需求派生而来的。例如，用户订购一辆汽车之后，相应地要配置若干个轮胎、反光镜、车用座椅等，它们是由汽车的需求状况所决定或派生出的需求，即为相关需求。通常，用户对企业产成品的需求一旦确定，根据产成品和零部件、原材料的相关性，企业可以精确地计算出相关需求的数量和时间，与该产品有关的零部件、原材料的需求也就随之确定了。由相关需求而形成的库存，就是相关需求库存。

三、库存的作用与弊端

（一）库存的作用

对于生产企业而言，为了保证生产活动的顺利进行，必须在各个生产阶段之间储备一定量的原材料、燃料、备件、工具、在制品和半成品等；对于销售企业、物流企业等流通企业而言，为了能及时满足客户的订货需求，就必须储存一定数量的物资。如果企业的存货不足，就会发生停工待料、供货不及时、供应链断裂、丧失交易机会或利润减少等情况。所以，库存对生产企业、销售企业和物流企业都是十分重要的。

（二）库存的弊端

库存在企业生产运作过程中是不可缺少的，但过高的库存量也给企业管理带来很多问题。

1. 占用大量资金

每一个库存物品根据其价值都会或多或少地占用资金。库存物品越多，满足客户需求的可能性就越大，但占用的资金也就越多。一般情况下，库存资金可能占流动资金的40%，甚至达到60%。因此，从占用资金的角度来看，由于库存的存在，使得资金的占用大量增加。如果没有库存或实现“零库存”，则可节省大量的资金占用量。

2. 增加库存成本

库存成本是指企业为持有库存所需花费的成本，如占用资金的利息、仓储费用、保险费用、库存物品价值损失费用等。库存量越高，库存成本就越高。

3. 造成管理问题

由于库存的存在，使许多问题无法及时暴露并得到及时解决，这样会带来一些管理上的问题。例如，库存掩盖了产品的制造质量问题。当废品率和返修率很高时，企业一种很自然的做法就是加大生产批量和在制品、产成品库存，库存掩盖了供应商所供应的原材料的质量问题、交货不及时问题等。

4. 增加建库投资和租赁费用

当现有仓储空间不足以消化现有库存时，就需要扩建或租赁仓库。无论是投资建库还是租赁仓库，都会占用现有流动资金，增加经营风险。

四、库存总成本的构成

（一）采购成本

采购成本是指购货及进货时所发生的全部费用。购货费用即购买货物的原价；进货费用即进货途中所付出的全部费用，包括运费、包装费用、装卸费用、租赁费用、延时费用、货损货差费用等。购货费用与进货费用都与订货批量无关。我们把这种与订货批量无关的费用称为固定费用，而把那些与订货批量有关的费用称可变费用。

设单位物资的进货费用为 c_1，单价为 p，T 期间内的总需求量（也即 T 期间内的总订货量）为 D，则总进货费用与购货费用为：

$$C_1=(c_1+p)D$$

为简化起见，可用 P 表示固定费用，则总进货费用与购货费用为：

$$C_1=(c_1+p)D=PD$$

（二）订货成本

订货成本是指订货过程中发生的全部费用，包括差旅费用、订货手续费用、通信费用、招待费用以及订货人员有关费用等。一次订货的订货成本与订货量的多少无关，若干次订货的总订货成本与订货次数有关。订货次数越多，总订货成本越多。

设一次订货的订货成本为 c_2，且每次订货成本都相等，如在 T 期间内共订了 n 次货，每次订货量为 Q^*，则总订货成本为：

$$C_2=n\cdot c_2=\frac{D}{Q^*}\cdot c_2$$

（三）储存成本

储存成本是指储存货物的过程中发生的一切费用。它包括出、入库时的装卸、搬运、堆码、检验费用；仓储工具、用料费用；仓库房租、水电费用；仓储人员有关费用；仓储过程中的货损货差费用；仓储货物资金的银行利息等。

储存成本与储存数量的多少和时间的长短有关。被储存货物的数量越多，储存时间越长，所承担的储存成本也就越高。

设单位时间的储存成本为 c_3，T 期间的平均库存量为 $\overline{Q}$，则总储存成本为：

$$C_3=\overline{Q}\cdot T\cdot c_3$$

对于瞬时到货（订货、进货都能够在很短的时间内完成，而且所订货物一次全部到货的情况），则平均库存量为：

$$\overline{Q}=Q^*/2$$

T 期间内的平均储存成本为：

$$\overline{C}_3=C_3/T=\frac{Q^*}{2}\cdot c_3$$

对于持时到货（订货、进货需要一段时间，所订货物逐渐到货入库，库存逐渐升高的

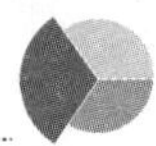

情况），设进货的速率为 S，销售的速率为 R，订货量为 Q^*，则所能达到的最高库存量 Q_{max} 为：

$$Q_{max}=Q^* \cdot \left(1-\frac{R}{S}\right)$$

T 时期的平均库存量为：

$$\overline{Q}=Q_{max}/2$$

所以，T 时期的平均储存成本为：

$$\overline{C}_3=C_3/T=\frac{Q_{max}}{2}\cdot c_3=\frac{Q^*}{2}\cdot\left(1-\frac{R}{S}\right)\cdot c_3$$

（四）缺货成本

缺货成本是指由于库存不足，无法满足用户需要而产生的费用。它包括由于赶工处理误期任务而产生的生产与采购费用；由于丢失用户而对企业的销售与信誉造成的损失；误期的赔偿费用。显然，缺货成本随缺货量的增加而增加。

第二节　库存管理

库存管理又称库存控制、存货控制。库存管理是指根据市场对物品的需求和企业订购的特点，预测、计划和执行补充库存的行为，并对这种行为进行控制的管理；也是在满足客户需求或生产需要的前提下，使库存数量和库存费用最小化的管理。库存管理的重点在于确定订货的方法、数量和时间，目的是减少资金的占用量，实现相关物流成本最小化，并提高服务水平。

一、库存管理的目标

库存管理是企业进行正常的生产经营活动时对需要的资源进行储存、配置的过程。合理的库存管理可以让一家企业的资源配置实现最优化，进而为企业的生产经营活动提供足够的保证；反之，如果在库存管理的过程中，企业的资源未能实现科学的储存与配置，势必将导致资源的浪费，甚至阻碍企业的正常活动。因此，库存管理在当今的企业管理中日益重要。可以说，科学的库存管理是每家企业都在追求的目标。

科学的库存管理至少包含三个目标：数量合理化、服务优质化、成本最低化。是否实现了这三个目标，是判断一家企业的库存管理是否科学的标准。

（一）数量合理化

之所以将数量合理化作为库存管理的首要目标，是因为库存管理的首要任务就是控制库存数量。

所谓库存数量合理化，主要指库存数量要保证三大需求。

1. 保证生产需求

生产需求是指企业进行产品生产时对物料、配件、半成品等的需求。保证生产需求的库存在数量上既要能够满足正常生产所需，又不能过多闲置。这与传统库存管理提倡物料“多多益善”的原则相反。

2. 保证经营需求

经营需求是指企业进行正常的活动时形成的供货需求。保证经营需求的库存一般体现为存货的形式。企业在日常生产经营中必须对用来出售的商品保有合理的存货量。存货量过少会造成供应不足；存货量过多则可能造成资源浪费，给企业带来沉重的经济负担。

3. 保证市场需求

在当前的市场环境下，客户需求具有多变性和个性化等特征，企业需要及时对产品结构、产品数量进行调整，以保持产品供应的灵活性，更加主动、更加积极地参与到市场竞争中。要达成这一目标，就需要科学地预测库存数量。

（二）服务优质化

企业的库存管理水平会直接影响企业的服务水平。库存管理水平高的企业，库存管理部门能够和其他部门相互协调、紧密联系，迅速处理客户要求，高效办理发货、退货等手续，适时、适地、适量地为客户提供优质服务。

（三）成本最低化

成本最低化目标的完成，一方面，可以通过科学计算订货量与订货周期，降低采购生产原料的成本；另一方面，可以通过库存管理实现资源的优化配置，实施“零库存”技术，将储存成本控制在最低水平。

库存管理追求的以上三个目标之间是相互联系、相互影响、相辅相成的，一定程度上存在效益背反。只有库存数量合理，才能保证企业的稳定运营，保证充足的市场供应，提升企业的服务水平，同时，也能保证企业的成本得以控制。

二、库存管理的重要性

在实际的生产经营活动中，客户需求量和企业生产量之间往往会出现差距。如果企业生产量远远超过客户需求量，那么就可能造成库存积压；反之，企业就可能丧失市场机遇。因此，库存管理的重要性不言而喻。

（一）库存管理是调节供需平衡的重要杠杆

合理的库存管理能够让企业的生产量与客户的需求量之间维持一个大致的平衡，避免出现供不应求而造成缺货和供大于求而造成库存积压的情况。另外，从整个市场经济活动来看，供求关系会影响产品价格，如果没有库存管理发挥调节作用，所有生产出来的产品直接流入市场，就会造成产品价格的大幅波动，这对生产者和消费者来说都不是一个有利的局面。

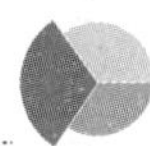

（二）库存管理在扩大市场份额的过程中扮演着重要角色

对比两个不同库存管理水平的企业，我们很容易得到的结论是：同样的产品，库存管理水平高的企业可以更快捷地将自己的产品送到客户手中。也就是说，该企业的产品能够更好地迎合消费者的需求，获得更多的认可。而库存管理水平低的企业，则不能尽快将产品送到客户手中。该企业的产品从出库到运输，再到送达客户手中需要漫长的时间，有时甚至会出现断货的现象。可见，库存管理水平低的企业在抢占市场份额方面明显处于劣势。这一点在电商高速发展的当下表现得尤为明显。

（三）库存管理影响生产计划的实施

原料库存和成品库存是计划和落实生产、销售的依据与保障。原料库存过低，则影响生产计划的实施。成品库存过低，则影响销售策略的实施以及销售合同的履行，直接关系企业的整体效益。原料库存和成品库存过高，则会导致库位紧张、消耗加大及占用现有流动资金等。很多中小型生产企业的库存管理并不科学，生产计划开始执行时，需要的物料还没有到位，导致生产计划延误，经营活动不能及时跟上市场需求。表 7 - 2 所示为合理的库存管理和不合理的库存管理的相关特征。

表 7 - 2　　合理的库存管理和不合理的库存管理的相关特征

项目	合理的库存管理	不合理的库存管理
成本	成本较低	成本过高
资金流转	促使资金流向其他项目	占用其他部门和其他项目的资金
对生产的影响	保证生产顺利进行，降低生产所需物料成本	无法确保正常生产运作；订购、储存物料失衡，成本增加
对销售的影响	商品供应可保证市场需求，商品利润可实现最大化	结构不合理导致商品积压或短缺，影响企业获取利润

三、库存管理的主要内容

随着市场经济的高度发展和日趋成熟，库存管理呈现信息化、市场化、立体化和合作化的特征。谁能适应库存管理发展的趋势，谁能根据市场的发展变化尽快建立起与竞争环境相适应的库存管理系统，谁就能够在竞争中取得有利的地位。

目前，一些企业缺乏库存管理的新技术，采购原料和储存货物时仅凭经验确定数量，库存货物分类模糊不清、不合理，仓储部门与企业内部的其他部门之间缺乏沟通。上述这些问题叠加起来，使得库存管理成了埋在企业内部的“定时炸弹”。

另外一些企业的管理者虽然知道库存管理中存在巨大的问题，却不知如何去健全、完善库存管理体系。很多人认为对库存管理体系的健全和完善就是对库存数量进行优化。如果将库存管理体系同企业其他管理体系割裂开来，仅在库存数量层面进行库存管理优化，不仅起不到完善库存管理体系的作用，有时还会适得其反。

库存管理并非只是数量优化那么简单，它包含从订购到运输再到储存、发货等多个层面的优化，具体内容包括以下四个方面。

（一）库存管理信息化

从企业来说，库存管理信息化的首要内容是技术更新。传统库存管理所依靠的技术已经无法满足互联网时代的库存管理要求。

运用传统方式管理库存物品时，初始信息来源于采购单、送货单等单据。这样做一方面占用了大量的人力，另一方面又容易造成信息误差，影响企业的决策速度。

库存管理的内容之一是以新的技术手段取代落后的技术手段，解放人力，保证物料、零部件、产品的种类结构与需求一致。这是企业内部能够针对各种情况快速做出反应的基础。另外，只有准确、及时的库存信息，才能为企业的订购业务提供参考，帮助企业以较低的成本购买更多的生产原料。同时优化库存物品的结构，是仓库实现快速出货的重要基础。

（二）库存管理市场化

从企业内部来说，库存管理市场化是指摆脱依靠经验进行库存管理的方法，以市场为导向，整理自身的产品数量和结构。

从企业外部来说，市场化是库存管理必须遵循的方向。库存是连接企业生产与销售的中间环节，如果库存管理不能发挥调节作用，那么产品就无法实现正常销售，交易就不能达成，产品的价值就无法实现。

（三）库存管理立体化

从企业内部来说，库存管理立体化的根本途径在于逐步确立一套完善的库存管理体系。在这个体系中，企业通过技术实现信息与物品的准确匹配，实现库存部门与企业相关部门之间的信息同步。

从企业外部来说，库存管理立体化的实现与物流、供应链紧密相连。对于大多数企业来说，在库存管理立体化的过程中，从制订生产计划，原料订购、配送，再到产品入库，接受销售订单，将产品传递到客户手中，出现问题后退货等，这些环节中涉及的库存管理都需要一套科学的库存管理方案进行整合，以实现协调作业。

（四）库存管理合作化

现在很多企业的库存管理是独立的，但在市场经济环境下，单独的库存管理活动只会给企业造成不必要的负担。所以，打破现状也是企业库存管理体系完善的内容之一。

从企业内部来说，库存管理合作化是指与其他部门，包括生产部门、市场部门、售后服务部门等，建立合作关系。只有与企业的其他部门相互协调，库存管理者才能够将库存数量维持在一个合理的水平，也只有如此，库存管理的作用才能够更好地体现。

从企业外部来说，库存管理合作化是“互联网+”的内在要求。同一产业链的不同企

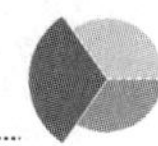

业之间的相互合作，有利于彼此经营活动的拓展。

库存管理四个方面的内容之间是互为基础、互相促进的关系。企业如果不通过库存管理信息化，就不能直接完成库存管理市场化，因为库存管理信息化是库存管理市场化的基础；同样，没有实现库存管理市场化的企业也很难实现库存管理合作化，因为库存管理市场化是实现库存管理合作化的外在条件；如果没有实现库存管理合作化，那么企业也很难实现库存管理立体化，因为实现库存管理合作化是库存管理立体化的根本途径；而库存管理信息化是企业实现库存管理立体化的物质条件。

第三节 “牛鞭效应”与“零库存”技术

一、“牛鞭效应”

供应链上的需求变异放大现象被形象地称为“牛鞭效应”。“牛鞭效应”指的是供应链上的信息流从终端客户向原始供应商端传递的时候，由于供应链各环节无法有效地实现信息的共享，使得需求信息在逐级向上游传递的过程中逐渐放大，导致需求信息出现越来越大的波动，以致需求信息传递到供应链上游终端时已不能准确反映市场的真实需求。

“牛鞭效应”的存在，加剧了供应链管理的难度，使得供应商的供应和库存风险加大，甚至扰乱制造商的计划与营销管理秩序，导致生产、供应、营销的混乱。解决“牛鞭效应”难题是企业进行有效的库存管理和提高顾客服务水平的必要前提。

（一）“牛鞭效应”产生的原因

在研究尿不湿的市场需求时，宝洁公司发现，该产品在零售端的零售数量相当稳定，并没有较大的波动性。宝洁公司又对分销商的订货情况进行了研究，发现需求的波动明显增大，进一步调查后发现，分销商的订货量是根据零售商的订货量汇总的。零售商订货量的确定，通常依据的是历史的销量和当前的销量，以及对未来一定时期内销量的预测。但是，考虑到顾客需求增量的变化，为了保证及时获得所确定的订货量，零售商往往会放大预测订货量，然后向分销商订货，而分销商会和零售商有同样的考虑，在对零售商订货量进行汇总后，也会再进行一定层次的放大后向宝洁公司订货。这样，虽然顾客需求量并没有大的波动，但经过零售商和分销商的放大后，订货量就逐级放大了。

“牛鞭效应”是供应链上普遍存在的现象，因为当供应链上各级供应商的供应决策只根据来自其相邻的下级销售商的需求信息进行时，需求信息的不真实性会沿着供应链逆流而上，产生逐级放大的现象，到达最上游的供应商，比如总销售商或者生产商，其获得的需求信息和实际消费市场中的顾客需求信息具有很大的偏差。受这种需求放大变异效应的影响，上游供应商维持的库存往往高于下游需求水平，以应对下游合作伙伴订货的不确定性，从而人为地增大供应链中的上游供应商的生产、供应、库存管理和市场营销的风险，甚至导致生产、供应、营销的混乱。

“牛鞭效应”的产生，主要有以下几方面的原因。

1. 需求预测修正

当供应链的成员将其直接的下游订货数据作为市场需求信息时，就会产生需求放大，这是由于供应链各成员都会对需求预测数据进行修正，再向上游传递。例如，一家零售商的历史最高月销量为1000件，但下月正逢销售旺季，为了避免缺货，会在月最高销量基础上再追加$A\%$，于是零售商向上级批发商下$1000\times(1+A\%)$件的订单。批发商汇总该区域的预计销量，假设为15000件，为了保证零售商的需要，又追加$B\%$，于是批发商向生产商下$15000\times(1+B\%)$件的订单。生产商为了确保批发商的需要，不得不按$15000\times(1+B\%)$件投产，并且对于生产商来讲，还必须要考虑毁损、漏订等情况，于是又加量生产，这样一层一层地增加预订量，从而导致“牛鞭效应”。

2. 批量订货策略

在供应链中，当某环节的企业向其上游订货时，基于采购价格的批量折扣和运输的规模经济等因素，通常会按照最佳经济规模加量订货。同时，频繁地订货对于供应商来讲也会增加他们的配送成本，供应商也往往要求下游合作伙伴在一定周期内订货或按一定数量订货，此时，下游合作伙伴为了得到货物，或者以备不时之需，往往会人为提高订货量。这样，批量订货策略就导致了“牛鞭效应”。

3. 价格波动

由于供应商的促销手段、经济环境突变、通货膨胀、自然灾害、社会动荡因素的存在，产品市场价格会存在波动。这些因素使得需求方为了规避价格上涨或下跌的风险而过量采购或者持币待购。这样购买方的订货信息就没有真实反映需求的变化，从而产生“牛鞭效应”。

4. 短缺博弈

当需求大于供应时，对于供应商来讲，理性的决策是按照订货量比例分配现有供应量，比如，总的供应量只有总订货量的40%，合理的配给办法就是按每家采购商订货的40%供货。此时，采购商为了获得更大份额的配给量，难免会故意夸大其订货需求。当需求下降时，订货又突然消失，这种由于短缺博弈导致的需求信息的扭曲最终导致“牛鞭效应”。

5. 库存责任失衡

为了促进销售，先向下游铺货，待下游销售商销售完成后再结算是供应商常见的做法。这种流通体制导致的结果是供应商需要在销售商结算之前按照销售商的订货量负责将货物运至销售商指定的地方，而销售商并不承担货物搬运费用。在发生货物毁损或者供给过剩时，供应商还需承担调换、退货及其他相关损失，这样，库存责任自然转移给供应商，从而使销售商处于有利地位。同时在销售商资金周转不畅时，由于有大量存货可作为资产使用，所以销售商会利用这些存货与其他供应商易货，或者不顾供应商的价格规定，低价出货，加速资金回笼，从而缓解资金周转的困境。另外，销售商拥有的库存，也可以作为与供应商进行博弈的筹码。因此，销售商普遍倾向于加大订货量，掌握主动权，这样也必然会导致“牛鞭效应”。

6. 环境变异

应付环境变异所产生的不确定性也是促使订货需求放大加剧的现实原因。自然环

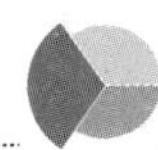

境和社会环境的变化都会增强市场的不确定性。销售商应对这些不确定性因素的主要手段之一就是保持库存，并且随着这些不确定性的增强，库存量也会随之增加。当对不确定性的预测被人为渲染，或者形成一种较普遍认识时，为了保持应付这些不确定性的安全库存，销售商会增加订货量，将不确定性风险转移给供应商，这样也会导致“牛鞭效应”。

（二）“牛鞭效应”的表现

在动态的外部环境中，“牛鞭效应”在供应链上的表现尤为强烈。在一个国际供应链管理专题会议上，一位与会者提及他在欧洲的日杂公司工作时，生产、供应环节发生着这样的现象：他们的原材料从渔场码头获得后，经过加工、配送，到产品被终端消费者购买需要150天，后来他们做了一个数据对比，惊讶地发现他们的产品加工的整个过程仅仅占用了150天中的45分钟。为什么供应链条被拖得这么长，而真正最有价值的只有45分钟，大部分时间是被如何浪费掉的呢？

在供应链上，零售商、批发商、分销商和制造商每一个节点企业的订单都会产生波动，需求信息都会被扭曲放大，并且这种扭曲是不可避免的，只是大小的问题。美国著名供应链管理专家李效良是这样解释“牛鞭效应”的：尽管特定产品的顾客需求变动不大，但这些产品的库存和延期交货波动水平却非常大。

之所以产生这样的现象是因为在传统的供应链管理中，供应链的每一个环节都是自己管理库存，各自有各自的库存控制策略。各环节相互之间缺乏信息共享，彼此独占库存信息，从而导致需求信息的扭曲和时滞，使得供应商无法快速准确地满足用户需求。

（三）“牛鞭效应”的解决办法

从供应商的角度看，“牛鞭效应”实质是供应链上各层级销售商转嫁风险的结果，这一结果导致生产无序、库存增加、成本上升、通路不畅、市场混乱、风险增大，因此，妥善解决“牛鞭效应”就能规避风险。解决“牛鞭效应”问题，企业可以从以下几个方面着手展开。

1. 订货分级管理

对于供应商来讲，所有销售商的地位和作用并不都是相同的。按照帕累托法则，可以将他们划分为关键销售商、一般销售商和不重要销售商。关键销售商的比例占到总销售商数量的20%，其销量却占到总销量的80%。因此，供应商应该按照一定标准将销售商进行分类，划分不同的等级，对他们的订货实行不同的策略。比如，对关键销售商实行“完美”管理，对一般销售商实行“充分”管理，对不重要销售商实行“满足”管理。这样，就可以通过对关键销售商的重点管理减少变异，在供应短缺时，优先确保关键销售商的订货。同时，通过分级管理的策略，供应商还可以在合适时机剔除不合格的销售商，维护销售商和渠道管理的统一性和规范性。

这种方法在一些企业已经得到很好的应用，效果显著，如3M公司为其关键客户提供完美订货服务。为了提高服务的质量，3M公司推行了一种称为“白金俱乐部”的服务措施。3M公司对“白金俱乐部”的成员实行各种意外事故保障措施，以便在主要供货地点缺货时，“白金俱乐部”的成员能够获得所需的存货。这些保障措施包括从次要的储备地点将存货转移出来，以及在世界范围内搜寻 3M 公司其他仓库中的存货。一旦这些应急措施就绪，立即利用溢价运输服务来安排直接递送，甚至在特殊情况下，3M 公司还会借用已出售的货物来供给“白金俱乐部”的成员，这样做的目的就是要保证在任何情况下都能为关键客户提供完善的订货服务，增强销售商的信心，营造良好的市场氛围，减少订货需求放大。

2. 加强信息共享

避免供应链上需求变异的一个有效方法是让上游企业可以获得下游企业的真实需求信息，这样，上下游企业可以根据相同的数据来制订供需计划。比如，苹果、惠普、IBM 等公司在与合作伙伴的合作协议中明确要求分销商将零售商中央仓库中产品的出库情况反馈给上游企业。

使用电子数据交换系统等现代信息技术对销售情况进行实时跟踪也是解决“牛鞭效应”的重要方法。比如，戴尔利用互联网、内联网、电话、传真机等，组成一个高效的信息网络，当订单产生时，即时传递给戴尔的信息中心，然后，信息中心将订单进行分解，并通过企业间信息网络将生产任务分派给各区域中心，各区域中心按戴尔的电子订单进行组装，并在约定的时间内准时供货，从而使订货、制造、供应环节协调一致，有效防止“牛鞭效应”的产生。

3. 缩短订货提前期

通常来讲，订货提前期越短，订单量越准确，因此，缩短订货提前期也是破解“牛鞭效应”的一个不错的方法。

沃尔玛曾做过一个调查，结果显示：如果订货提前期为 26 周，需求预测误差为 40%；如果订货提前期为 16 周，则需求预测误差为 20%；如果在销售时点开始时进货，则需求预测误差为 10%。并且，通过现代信息技术的应用可以及时获取销售信息和货物流动状态，同时通过多批次、小批量的联合送货方式，可以实现需求驱动的订货，从而使需求预测的精度进一步提高。

4. 避免短缺情况下的博弈行为

在供应短缺时，客户对供应商的供应能力缺乏了解，就加剧了短缺时的博弈程度。与客户共享供应能力和库存信息能减轻销售商对于短缺的担心，从而在一定程度上可以防止他们参与博弈。但是，共享这些信息并不能完全解决问题，如果供应商在销售旺季来临之前帮助销售商做好订货工作，他们就能更好地设计生产能力和安排生产进度以满足需求，从而降低产生“牛鞭效应”的概率。

5. 参考历史资料对订货量进行适当修正

供应商根据历史销售数据和当前环境进行分析，适当增减订货量，同时为保证需求，供应商可使用联合运输方式多批次发送，这样，在不增加成本的前提下，也能够满足订货需求。

6. 提前回款期

提前回款期、根据回款比例安排物流配送是消除订货量虚高的一个好办法，因为这种方法只是将期初预订数作为一种参考，具体的供应与回款挂钩，从而保证订购和配送。

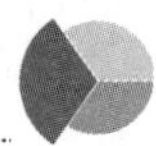

提前回款期的具体方法是将会计核算期分为若干期间，如一个月分为三个期间或者四个期间，每个期间 10 天或者 7 天，在每个期间的期末进行一次回款，对于在期末之前积极回款者给予价格优惠。

二、“零库存”技术

（一）“零库存”技术的概念

“零库存”技术是在生产和流通领域按照准时制组织物品供应，使整个过程库存最小化的技术总称。“零库存”技术可以解决库存管理的一系列问题，降低仓库建设费用、库存管理费用、存货维护费用、装卸费用、搬运费用，解决库存占用流动资金以及库存物品老化、损失、变质等问题。

“零库存”管理方法可追溯到 20 世纪 60 年代，当时，日本丰田公司实行准时制生产，在管理手段上应用看板管理，以单元化生产技术实行拉式生产，以实现在生产过程中基本没有积压的原材料和半成品。这种前道工序按后道工序需求生产的制造流程，不但极大降低了生产过程中的资金占用和库存积压，而且在这个过程中，提高了生产活动的效率。在“零库存”管理中，物料（原材料、半成品和产成品）在采购、生产、销售等经营环节中，不以仓库储存的形式存在，而是处于周转的状态。这就意味着，“零库存”的关键不再是是否拥有库存，而在于库存是停滞还是周转状态。

“零库存”的管理方法能给企业带来很大收益。如果企业能够在不同环节实现“零库存”，就能够减少库存占有资金，优化应收和应付账款，加快资金周转，降低库存管理成本，以及规避市场的变化及产品的更新换代而产生的降价、滞销等风险。

（二）“零库存”的实现方法

1. 委托“第三方仓库”储存货物

“第三方仓库”是一种专业化、社会化程度比较高的仓库。委托这样的仓库储存货物，从表面上看，就是把所有权属于用户的货物存放在专业化程度比较高的仓库中，由后者代理用户保管和发送货物，用户则按照一定的标准向受托方支付服务费。采用这种方式存放和储备货物，在一般情况下，用户自己不必再过多地储备货物，甚至不必再单独设立仓库进行货物的维护、保管等活动，在一定范围内便可以实现“零库存”和进行无库存式生产。

2. 准时制生产

准时制生产，即在需要的时候，按需要的量生产所需的产品。这是在日本丰田公司生产方式的基础上发展起来的一种先进的管理模式，它是一种旨在消除一切无效劳动，实现企业资源优化配置，全面提高企业经济效益的管理模式。看板方式是准时制生产方式中的一种简单有效的方式，也称传票卡制度或卡片制度。看板方式要求企业各工序之间或企业之间或生产企业与供应商之间采用固定格式的卡片为凭证，由下一环节根据自己的生产节拍，逆生产流程方向，向上一环节指定供应，其主要目的是在同步化供应链计划的协调下，使制造计划、采购计划、供应计划能够同步进行。在具体操作过程中，可以通过增减看板数量的方式来控制库存量。

3. 按订单生产

按订单生产是一种需求拉动的生产方式，在该方式下，企业在接到客户订单后才开始生产，企业的一切生产活动都是按订单来进行采购、制造、配送的，仓库不再是传统意义上的储存物资的仓库，而是物资流通过程中的一个“枢纽”，是物流作业中的一个节点。物资是按订单信息要求而流动的，因此从根本上消除了呆滞物资，从而也就消灭了“库存”。

4. 配送方式合理化

一般来说，在没有缓冲库存的情况下，生产和配送作业对送货时间不准更敏感。无论是生产资料还是成品，物流配送在一定程度上影响其库存量。因此，通过建立完善的物流体系，实行合理的配送方式，企业及时地将按照订单生产出来的物品配送到用户手中，并在此过程中通过合理安排物品的在途运输和流通加工活动，可以减少库存。企业可以通过采用标准的“零库存”供应运作模式和合理的配送制度，使物品在运输中实现储存，从而实现“零库存”。

（三）“零库存”与企业战略

由于受到不确定供应、不确定需求和生产连续性等诸多因素的制约，企业的库存不可能为零，所以众多商家才确定了基于成本和效益最优化的安全库存作为企业库存的下限。从库存概念上来理解的话，“零库存”永远只是各个生产商、代理商的追求，因为从操作意义上来说，“零库存”是不可能真正实现的。但是，通过有效的运作和管理，企业可以最大限度地逼近“零库存”。而我们就是从理论上以及众商家的实施程度上来讨论现实中的“零库存”运作方案。

1. 美的与准确信息反馈

“零库存”的实现有一个前提，在排除物流运作的因素之后，首先要考虑的就是信息交换问题。因为只有信息及时、准确，供应商才能准确预测出物料的需求量以及供求时间。

美的有这样一个理念：宁可少卖，不多做库存。这句话体现了美的控制库存的态度以及决心。不同的生产模式对应企业不同的库存控制方法，也就成就了全球那些拥有经典库存控制方法的成功企业。

缩短流通渠道长度或者利用信息技术实现信息共享是解决“牛鞭效应”的重要方法。目前，美的的分销渠道仍然是一级分销商、二级分销商、零售商的模式。但是，美的的产品通过第三方物流公司直接运送给指定的二级分销商和零售商，如此，缩短了与市场的距离。

2. 海信与快速响应

海信“零库存”管理也值得我们学习，其核心是快速研发制造出好的产品，并借助快速响应的营销体系，把产品交付给消费者，加快库存周转，降低库存成本。库存周转速度加快，意味着资金周转速度的提高，很好地降低了经营风险。海信“零库存”管理是以数字化为基础的。每年，海信都会做好下一年度的年度计划。产品一共有多少个型号，每个

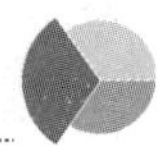

型号仓库里有多少台，分公司仓库里有多少台，以及分公司下属网点有多少台，海信都有精确的统计数据。而且，海信投巨资建设了遍布全国的完善网络，能够及时掌握终端的实时销售数据。同时，为了保证管理政策的落实，他们还实行百分制考核，对每个人的任务完成情况实时监控，并及时反馈。

“零库存”管理其实也就是库存控制的升华。这就意味着，对于任何企业，要想做好“零库存”战略，要从头开始，做好最基本的库存控制，重视库存管理，为将来“零库存”目标的实现积累丰富的经验、打下坚实的基础。

3. 戴尔与需求定制模式

直销是戴尔的主要营运方式，在业界号称“零库存、高周转”。在直销模式下，戴尔接到订货单后，按订单将电脑零部件组装成整机，而大多数的企业是根据市场预测进行批量生产。真正按顾客需求定制生产，需要在短时间内交付订单，这在速度和精度方面给戴尔提出了挑战。戴尔的做法是，利用信息技术全面管理生产过程。通过互联网，戴尔和其上游配件制造商能迅速对客户订单做出反应，当订单传至戴尔的控制中心，控制中心把订单分解为子任务，并通过网络分派给各独立配件制造商进行排产。各制造商按戴尔的电子订单进行生产组装，并按戴尔控制中心的时间表来供货。戴尔所需要做的只是在成品车间完成组装和系统测试。

通过各种途径获得的订单被汇总后，供应链系统软件会自动地分析出所需原材料，同时比较公司现有库存和供应商库存，创建一个供应商材料清单。而戴尔的供应商仅需要 90 分钟准备所需要的原材料，并将它们运送到戴尔的工厂，戴尔再花 30 分钟卸载原材料，并严格按照制造订单的要求将原材料放到组装线上。由于戴尔仅需要准备手头订单所需要的原材料，因此工厂的库存时间仅有 7 个小时，而这 7 个小时的库存也能在某种程度上看作处于周转过程中的产品。

“零库存”的前提是实施按需定制的“工厂—订户”模式，订一台产一台，产一台卖一台。如果按照固定型号进行量产，就一定会产生库存。而戴尔在中国的广告，仍然只宣传主打的几款产品，而不强调按需定制。戴尔在中国不采用直销模式和中国的物流有关。中国物流的效率难以支持戴尔在美国提出的将产品三天内从工厂送到用户手中的方案，而且，一般的中国用户也不想为了享受一次上门服务，多承受几百块的成本。同时，选择这样的销售模式主要是考虑中国人的消费习惯。中国的消费者购买商品喜欢货比三家，对于电脑这类大件商品，不但要看到实物，还要体验一下才能买得踏实。

中国的文化和用户购买习惯决定了戴尔的销售模式。戴尔在中国采用分销和直销结合的模式，多渠道经营。戴尔高水平的产品质量和服务，使其成为电脑市场有力的竞争者。分销是戴尔适应市场的行为，而合理的库存战略，则是支持和推动其发展的强力后援。

第四节　案例分析及实习实训指导

案例分析

戴尔—用信息代替库存

对生产和流程的精益追求，是戴尔决胜千里的唯一秘诀，而非秘密，因为这个秘诀早已经外化到整个供应链的各个环节。

事实上，戴尔的运作模式并不神秘，通常情况下，客户通过电话下单，也可以通过戴尔的网站下单，“这有点儿像给病人看病，开处方，”戴尔中国的李元钧这样解释，“销售人员依据客户的个性需求提供的配置就是处方，这些信息会被存储到戴尔的数据中心。”戴尔在厦门的客户中心永远是一片繁忙的景象，除了1000台24小时运转的服务器外，看起来和其他工厂并无太大的区别，每隔1.5小时，生产区的进货门会打开一次，物料进入后被分配到生产笔记本和服务器的生产线上，流水线前端的工人根据处方抓药，即通过系统自动生成的配置清单选料，并将物料放进一个长方形的塑料盒子里，物料经过扫描确认后，传送到装配工人那里。“戴尔并不是流水线生产，而是单元制生产。”戴尔中国的张飒英介绍说。而在生产区的楼上，就是销售中心，销售人员不停地接电话，并不断地输入新的信息，这就是戴尔的销售生产流程图，数据中心每隔1.5小时会运行一次，统计这段时间内的清单，并列出所需零部件的清单，采购部门会根据这张清单进行采购。同时，这张清单会直接转到一个由独立的第三方物流公司管理的公共仓库，第三方物流公司会在1小时之内把货配好，20分钟后，所需的全部零部件将运抵戴尔的工厂。理论上来说，在客户没有下单之前，戴尔工厂的车间里是没有工料的，而每个能被拉进来的零部件早就已经确定了买主，一旦整机组装完成后，马上可以发货运走。这就解释了戴尔为什么能做到成品“零库存”之外，零部件几乎也达到了“零库存”的水平。对于戴尔来说，如果非要找出库存的话，那只能是在公路上高速行驶的大型货车里。

事实上，戴尔快速反应的供应链中，“零库存”并不是终极目标，生产出“零缺陷”的产品才是戴尔和所有供应商的理想目标。而这要求，戴尔与它的供应商彼此忠诚，“戴尔会派出驻厂工程师进驻供应商的工厂，此外戴尔还有一个专门的团队负责全球供应商的质量监督，每开始研发一个新品时，戴尔会要求自己的供应商从实验室阶段就介入相关工作。”李元钧这样解释，“因为无论供应商有任何库存或是不精益的地方，最终影响的是整个供应链。”戴尔管理供应商有一个重要原则，就是“少数及密切配合供应商”，它把整体供应商的数量控制在一定范围内，并且在商品管理、质量和工艺管理等方面为供应商提供培训，帮他们改善内部流程。戴尔还把品质管理等工具分享给供应商，使其自身采购的管

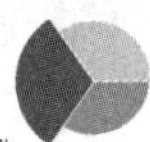

理水平也得到提高。每个季度戴尔会对供应商进行考核，优胜劣汰，实现良性循环。这种模式的固化成果很明显，在最近 3 年中，戴尔遍布全球的 400 多家供应商中，最大的供应商只变动了两三家。

戴尔围绕客户需求构建企业，而传统电脑公司则是围绕供货商和分销商构建企业。戴尔从一开始就与传统工厂不一样。传统工厂努力完成工艺，戴尔的客户中心的最终目的则是把符合客户配置和质量要求并带有服务的产品及时送到客户那里。戴尔在全球市场上组织和配置资源，在产品和服务上选择全球最具竞争力的资源。李元钧举例说，比如客户需要一台主机、一个显示器、一个照相机和一个打印机。我们不生产相机，但是我们可以给客户提供一连串的名单，告诉他们怎样和戴尔的产品相互兼容。如果客户在上海，显示器的供应商也在上海附近，我们就没必要把显示器调到厦门再一起打包给客户，我们会告诉我们的物流商顾客的订单号，由物流商负责一起打包后运输给顾客。在这个以认识顾客需求为起点、满足顾客需求为终点的闭环中，戴尔始终站在市场的最前沿，“所以戴尔是整个产业中最了解顾客的，我们和顾客之间没有任何隔膜。在许多技术确定过程中，戴尔往往会成为行业标准的主席机构，就是这个原因。”张飒英说。

实习实训

一、实训名称：“牛鞭效应”实验——啤酒游戏

二、实训目的

（1）能够模拟供应链上制造商、批发商、零售商等不同节点企业的订货需求变化。

（2）认识供应链中需求异常放大现象（“牛鞭效应”）的形成过程。

（3）分析“牛鞭效应”的产生原因。

（4）找出解决“牛鞭效应”问题的方法。

三、实训要求

（1）每个角色根据客户需求和经营数据，制定订货策略，向供应商订货。

（2）每个角色计算自己的经营业绩。

（3）每个小组画出订货需求变化曲线图，揭示“牛鞭效应”。

（4）分析“牛鞭效应”产生的原因。

（5）分析策略改进后“牛鞭效应”的变化。

（6）找出解决“牛鞭效应”问题的对策。

四、实训原理

营销过程中的需求变异放大现象被通俗地称为“牛鞭效应”，指供应链上的信息流从最终客户向原始供应商端传递的过程中，由于无法有效地实现信息共享，使得信息扭曲而逐渐放大，导致需求信息出现越来越大的波动。“牛鞭效应”是市场营销中普遍存在的现象，增大了供应商的生产、供应、库存管理和市场营销的不稳定性。

五、实训方案设计

1. 产品

该游戏的供应链只涉及一种产品：可乐。

2. 供应流程结构

供应链为直线形供应链，有制造商、批发商、零售商、消费者 4 个节点，商品与订单仅仅在相邻的两个节点之间传递，不能跨节点，如图 7－1 所示。

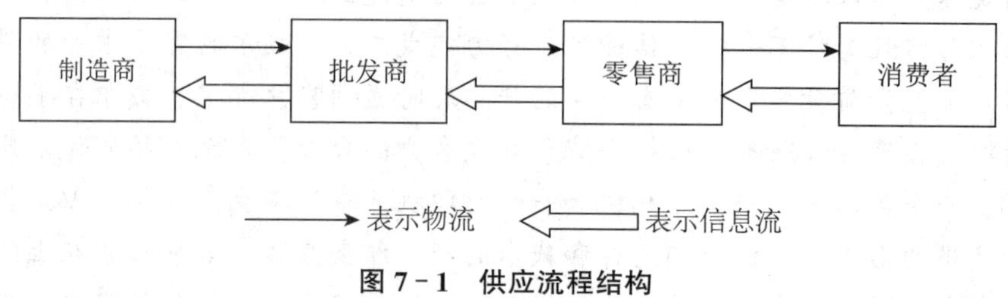

图 7－1 供应流程结构

3. 分组实验

学生分组进行实验，共进行 3 次实验。每次实验，每组学生分别扮演供应链上的制造商、批发商、零售商等角色，从事可乐的制造和销售活动，每轮（每次实验控制在 15 轮以内）每个角色根据客户的需求（抽取的纸牌数）和给定的经营数据，运用订货模型相关知识制定订货策略，向其上游供应商订货，使其既能满足客户需求，又能实现利润最大化。每次实验结束后，每个角色要计算自己的经营业绩，每个小组（每条供应链）要分析订货需求的变化情况，画出订货需求变化曲线图。第 1 次实验完成后，订货提前期缩短后做第 2 次实验，信息共享后做第 3 次实验。全部实验结束后，每个小组要分析订货需求变化的原因。

六、实训操作指导

1. 分组

4 人为一组，给每个同学分配角色，分别为制造商、批发商、零售商和物流商。制造商、批发商和零售商分别分配 30 张扑克牌作为其起始库存，每人一张记录表，记录订购及销售等相关信息。

2. 规则

进行 3 轮游戏，每一轮游戏都执行以下规则。

（1）分轮进行游戏，一轮就代表一个工作日，一次游戏共进行若干轮。

（2）每轮都会有顾客到零售商那里买可乐，购买的数量随机生成（5 罐到 10 罐之间）。零售商从自己的柜台里拿出可乐给顾客，然后再向批发商订货，每轮有一次向批发商订货的机会。零售商以每罐 3 元的价格卖给顾客，进货价是每罐 2 元。如果柜台里的可乐不够的话，就是缺货，需要当作迟延订单处理。也就是说，如果零售商的库存不足以满足顾客的需求，那么零售商可以延迟发货，不过对不足的部分，要对顾客做出赔偿，每罐 1 角。如果下一轮还是货不够，就继续顺延，等货到以后再发。零售商下的订单当天不会到货，要过两天才会收到。就是说零售商第一轮下的订单，要到第三轮才会进入零售商的柜台。还有零售商每次向批发商订货要交手续费、运输费，共计 2 元一次。

（3）批发商的责任就是卖可乐给零售商，2 元一罐。批发商有一个仓库，每轮都可以从自己的库存中尽可能满足零售商的订单。同时，每轮有一次向制造商订货的机会，订货价是

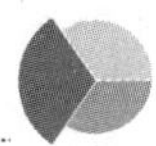

每罐 1.5 元。不过，所订的货也要过两轮才会到达批发商的仓库。同时批发商也需要负担订货成本，运输费和手续费共计 3 元一次。缺货时需要对零售商做出每罐 1 角的赔偿。

（4）制造商或者说是可乐厂，其他一切条件和规则都和上面一样，唯一不同的是，制造商不是向别人订货，而是自己生产可乐。当然，由于制造可乐需要很多车间和生产工序，所以，每个轮次下的生产订单也要等两轮才能完工并进入成品仓库。而且，每次启动生产线都有一个启动成本 3 元，但是制造商的生产量没有限制，也就是说，不管下多大的生产订单，工厂都会如期生产出来。制造商以每罐 1.5 元的价格卖给批发商，而制造商自己的生产成本则是每罐 1.1 元。缺货时需要对批发商做出每罐 1 角的赔偿。

（5）仓库里储存可乐也是有成本的，这个成本包括资金占用成本、仓库租赁费用、管理费用、雇员的工资等费用。零售商的仓储成本按每天每罐可乐 1 角计算；批发商因为仓库比较大，有规模效益，所以每天每罐可乐的仓储成本是 2 分；制造商的厂房在乡下，面积最大，而且资金的机会成本相对较低，每天每罐可乐的仓储成本是 1 分。还有在途的可乐，有两天的反应时间，也作为订货者的存货计算储存成本。当然，其数量不一定就是订货量，可能因为供应商发生缺货，不能全部满足订单，只发了一部分可乐。

（6）游戏开始时每个角色有 30 罐可乐的库存，而游戏结束时每个角色也会有结余的库存，记账员要把结余的库存作价 50%清算掉，然后把亏损记录到毛利中。游戏参与者必须记录每轮自己的销售和库存情况，记账员据此来计算每个角色各自的利润。

3. 记录

记录并分析这 3 轮游戏的数据，列成表格，每个角色都进行数据分析。

4. 分析

（1）分析“牛鞭效应”的产生原因。

（2）分析策略改进后“牛鞭效应”的变化。

（3）找出解决“牛鞭效应”问题的对策。

七、实训考评

实训考评表如表 7－3 所示。

表 7－3　　实训考评表

<table>
<tr><td>考评人</td><td></td><td>被考评人</td><td></td></tr>
<tr><td>考评地点</td><td colspan="3"></td></tr>
<tr><td colspan="2">考评内容</td><td>分值（分）</td><td>得分（分）</td></tr>
<tr><td colspan="2">实验过程中所使用库存情况及经营业绩的排名</td><td>20</td><td></td></tr>
<tr><td colspan="2">“牛鞭效应”产生的原因分析</td><td>20</td><td></td></tr>
<tr><td colspan="2">针对解决“牛鞭效应”问题的策略建议</td><td>20</td><td></td></tr>
<tr><td colspan="2">新策略的可行性及效果分析</td><td>20</td><td></td></tr>
<tr><td colspan="2">数据分析、图表绘制及实验报告撰写情况</td><td>20</td><td></td></tr>
<tr><td colspan="2">合计</td><td>100</td><td></td></tr>
</table>

练习题

一、单项选择题

1. 库存管理的基本目标就是（　　）。

A. 防止缺货和超储　　B. 消除供需双方的空间差异

C. 实现联合管理库存　　D. 协调与供应商的关系

2. 库存能够使企业实现规模经济，下面的描述中，不属于其具体表现的是（　　）。

A. 大批量采购可以获得更多的价格折扣，降低采购成本

B. 大批量采购可以和物流商建立更牢固的合作关系，降低物流费用

C. 运输方面，大批量采购可以实现整车运输，从而降低采购运输费用

D. 制造方面，产成品库存可使大批量制造发挥制造的规模经济，降低制造成本

3. 对库存进行管理，首先要进行（　　）。

A. 需求识别与需求预测　　B. 存货编码与识别

C. 订购批量与订购时间的确定　　D. 采购提前期的管理

4. 在以下关于库存管理的目标的描述中，错误的描述是（　　）。

A. 指定一个标准的库存水平，使库存占用的资金带来的收益比投入其他领域的更高

B. 在达到顾客期望的服务水平的前提下，尽量将库存成本减少到可以接受的水平

C. 在企业现有资源的制约下，以最合理的成本为用户提供所期望水平的服务

D. 决定一个合适的库存水平，使库存占用的资金带来的收益比投入其他领域的更高

二、简答题

1. 什么是在途库存？决定在途库存大小的因素是什么？

2. “零库存”的实现途径有哪些？

3. “牛鞭效应”产生的原因及解决途径是什么？

4. 库存的作用与弊端分别是什么？

第八章　库存控制方法及应用

知识目标

1. 了解 ABC 分类法的原理和步骤。
2. 掌握经济订货批量的确定。
3. 熟悉定量订货法和定期订货法的原理。
4. 理解 MRP、JIT 库存控制法。
5. 了解供应链环境下的库存控制方法。

能力目标

1. 掌握一系列库存控制法，并能熟练运用。
2. 了解供应链环境下的库存控制方法。

Spices 改善库存控制

Spices 是美国一家中等规模的调味品、提取物、蛋糕材料、沙司材料及色拉调料生产商，其产品销售渠道有超市、杂货店、食品外卖店等。该公司在印第安纳波利斯有一个工厂，该工厂制造的产品经过印第安纳波利斯和丹佛的两间库房中转销往 10 个州。

Spices 的员工发现，无论何时，持有库存差不多都价值 20 万美元，理想的库存价值应该接近 8 万美元。同时，即使库存水平很高，各种细项也会产生经常性的缺货。陈列品库存量太多与有效库存不足的矛盾成为改善库存控制的重要原因。

针对以上问题，Spices 在库存管理上采取了以下措施。

1. 进行库房检查

每年都对所有的库房进行两次检查，采用实地计数的方式。同时，工作人员每周五去印第安纳波利斯的库房，检查耐用品的库存情况，然后，为各种细项计算相应的再订货点。再订货点记录在卡片上，同时记录的还有产品与供应商信息。如果某细项达到了再订货点，订单就会发放出去。

2. 确定耐用品库存

耐用品库存包括75种不同型号的陈列品，有木制的、金属的、塑料的。产品与陈列品的迅速变化意味着库存中既有最近设计的新样品，也有出于替换目的的旧样品。供应商们的提前期一般是：金属产品8周，木制产品或塑料产品4周。

（资料来源：《仓储管理与库存控制：案例、习题与解答》）

第一节　ABC分类法

一、ABC分类法原理

ABC分类法的全称为ABC分类库存管理法，又称帕累托分析法、ABC重点管理法、主次因分析法等。它是指将库存物品按照设定的分类标准和要求分为特别重要的库存（A类）、一般重要的库存（B类）和不重要的库存（C类）三个等级，然后针对不同等级的库存分别进行控制的管理方法。

一般来说，企业的库存物品种类繁多，每个品种的价格不同，且库存数量也不等。有的物品品种不多但价值很高，有的物品品种很多但价值不高。由于企业的资源有限，对所有的库存物品均给予相同程度的重视和管理是不可能，也是不切实际的。为了使有限的时间、资金、人力、物力等企业资源能得到更有效的利用，在进行存货控制时，应对库存物品进行分类，将管理的重点放在重要的库存物品上，依据库存物品的重要程度分别管理。

ABC分类法是库存管理中常用的方法。应用该方法对库存进行管理，可以压缩总库存量，释放被占用的资金，使库存结构合理化，节约管理的时间成本和精力成本。

二、ABC分类法的标准和原则

（一）ABC分类法的标准

ABC分类法是运用数理统计的方法，按影响因素、事物属性、所占比重等不同要求，把管理对象划分为A、B、C三类，分别给予不同程度的管理。管理对象的划分，并没有一个固定的标准，每个企业可以按照各自的具体情况来确定。三类划分的界限也根据具体情况而定。

一般来说，对应到库存管理中，ABC分类管理就是将库存物品按品种和价值的多少分为特别重要的A类、一般重要的B类和不重要的C类三个等级。列入A类的物品，其价值占库存总价值的70%～80%，品种数通常为总品种数的5%～15%；列入B类的物品，其价值占库存总价值的15%～25%，品种数通常为总品种数的20%～30%；列入C类的物品，其价值占库存总价值的5%～10%，品种数通常为总品种数的60%～70%，如表8-1所示。

表 8－1　库存物品 ABC 分级比重

类别	品种数占总品种数比例（%）	价值占库存总价值比例（%）
A	5～15	70～80
B	20～30	15～25
C	60～70	5～10

（二）ABC 分类法的原则

实施 ABC 分类法时，应该遵循一定的原则。否则，不仅不会降低成本，还可能适得其反，给库存控制工作增添麻烦。一般来说，实施 ABC 分类法时要遵循下面三个原则。

1. 成本—效益原则

对企业来说，无论采用何种方法，只有付出的成本能够得到完全补偿的情况下才可以施行。为此，企业对库存进行 ABC 分类时要遵循成本—效益原则。比如，对于一个规模不大、存货少的企业，不必花费太多的人力、物力就可以把库存管理好的话，就没必要进行 ABC 分类管理；但对于一个大、中型企业来说，库存品种成千上万种，实施 ABC 分类管理就十分必要。

2. “最小最大”原则

我们要在追求 ABC 分类管理的成本最小的同时，也追求其效果最优。库存管理就是以最小的成本获得最大效益。

3. 适当原则

对企业的库存进行 ABC 分类并没有一定的标准，企业在施行 ABC 分类管理时，要注意结合自身实际，通过对存货情况的详细统计分析，找出适合自己的划分标准。

三、ABC 分类法的具体步骤

ABC 分类法实施的一般步骤如下。

1. 收集数据

根据分析对象和分析内容，收集有关数据。如拟对库存物品进行年销售额分析，则需要收集各个品目物品的年销售量、单价等数据。

2. 处理数据

对收集来的数据资料进行整理，按要求计算和汇总，如品目数累计、品目数累计百分数等。

3. 制作 ABC 分析表

ABC 分析表栏目构成如下：第一栏物品名称；第二栏品目数累计，即每一种物品皆为一个品目数，品目数累计实际就是序号；第三栏品目数累计百分数，即累计品目数占总品目数的百分比；第四栏物品单价；第五栏平均库存数量；第六栏为第四栏物品单价乘第五栏平均库存数量，为各种物品的平均资金占用额；第七栏为平均资金占用额累计；第八栏平均资金占用额累计百分数；第九栏为分类结果。表 8－2 为 ABC 分析表。

表 8-2　　ABC 分析表

物品名称	品目数累计	品目数累计百分数（%）	物品单价（元）	平均库存数量（千件）	平均资金占用额（千元）	平均资金占用额累计（千元）	平均资金占用额累计百分数(%)	分类结果

制表按下述步骤进行。将已算出的平均资金占用额，以大排队方式，由高至低填入表 8-2 中第六栏。以此栏为准，将相应物品名称填入第一栏，物品单价填入第四栏，平均库存数量填入第五栏，在第二栏中按序编号，则为品目数累计。此后，计算品目数累计百分数，填入第三栏；计算平均资金占用额累计，填入第七栏；计算平均资金占用额累计百分数，填入第八栏。

按 ABC 分析表确定分类，观察第三栏品目数累计百分数和第八栏平均资金占用额累计百分数。将品目数累计百分数为 5%～15%，而平均资金占用额累计百分数为 70%～80%的物品，确定为 A 类；将品目数累计百分数为 20%～30%，而平均资金占用额累计百分数为 15%～25%的物品，确定为 B 类；其余的为 C 类，其品目数累计百分数为 60%～70%，而平均资金占用额累计百分数仅为 5%～10%。

4. 绘制 ABC 分析图

以品目数累计百分数为横坐标，以平均资金占用额累计百分数为纵坐标，按 ABC 分析表第三栏和第八栏所提供的数据，在坐标图上取点，并连接各点，绘成 ABC 分析曲线。

按 ABC 分析曲线对应的数据，制成 ABC 分析图，如图 8-1 所示。

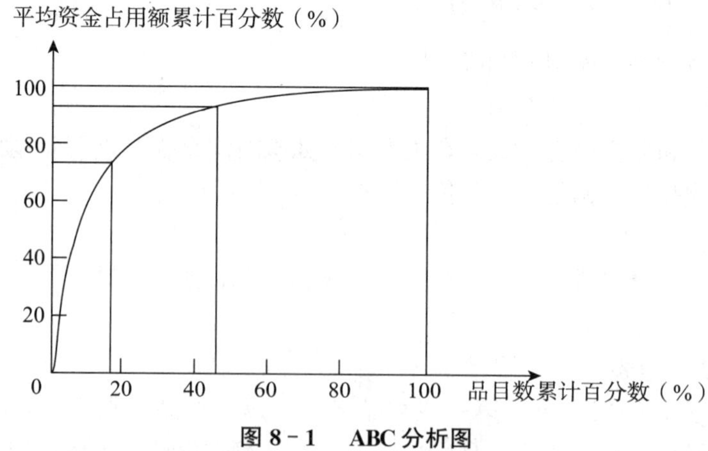

图 8-1　ABC 分析图

四、ABC 分类库存管理

对库存进行 ABC 分类之后，要根据企业的经营策略对不同级别的库存进行不同的管

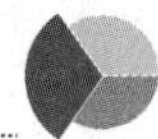

理和控制。

A 类库存物品品目数虽少，但对企业最为重要，需要严格管理和控制。企业必须对这类库存定时进行盘点，详细记录并经常检查物品使用情况、存量增减、品质维持等信息，加强进货、发货、运送管理。在满足企业内部需要和顾客需要的前提下，维持尽可能低的经常库存量和安全库存量，加强与供应链上下游企业的协同合作以降低库存水平，加快库存周转速度。

B 类库存物品的状况处于 A 类库存物品和 C 类库存物品之间，因此对这类库存的管理强度介于 A 类库存物品和 C 类库存物品之间。对 B 类库存物品进行正常的例行管理和控制即可。

C 类库存物品品目数最多，但对企业的重要性最低，因而被视为不重要的库存。对于这类库存，一般进行简单的管理和控制。

第二节　经济订货批量控制法

一、经济订货批量的概念

根据国家标准（GB/T 18354—2021），经济订货批量（Economic Ordering Quantity，EOQ），是通过平衡采购进货成本和保管仓储成本核算，以实现总库存成本最低的最佳订货量。经济订货批量是固定订货批量模型的一种，可以用来确定企业一次订货（外购或自制）的数量。当企业按照经济订货批量来订货时，可实现订货成本和储存成本之和最小。

二、与库存有关的成本

与库存有关的成本主要包括取得成本、储存成本、缺货成本。

1. 取得成本

取得成本是指为取得某种库存货物而支出的成本，包括订货成本和采购成本。

2. 储存成本

储存成本是指为保持库存而发生的成本，包括库存占用资金应付的利息以及使用仓库、保管货物、货物损坏变质等支出的各项费用，也分为固定成本和变动成本。

3. 缺货成本

缺货成本是指由于存货供应不足导致供应中断而产生的损失，如失去销售机会的损失、停工待料的损失以及不能履行合同而缴纳的罚款等。

三、经济订货批量模型

（一）经济订货批量模型的基本假设

经济订货批量模型的基本假设如下。

（1）外部对库存系统的需求速率已知、需求速率均匀且为常量。

（2）一次订货批量无最大最小限制。

（3）采购、运输均无价格折扣。

（4）订货提前期已知且为常量。

（5）订货费与订货批量无关。

（6）维持库存费是库存量的线性函数。

（7）不允许缺货。

（8）补充率为无限大，全部订货一次交付。

（9）采用固定量系统（订货点和订货批量都为固定量）。

经济订货批量模型下的库存量的变化可以用图8－2表示。

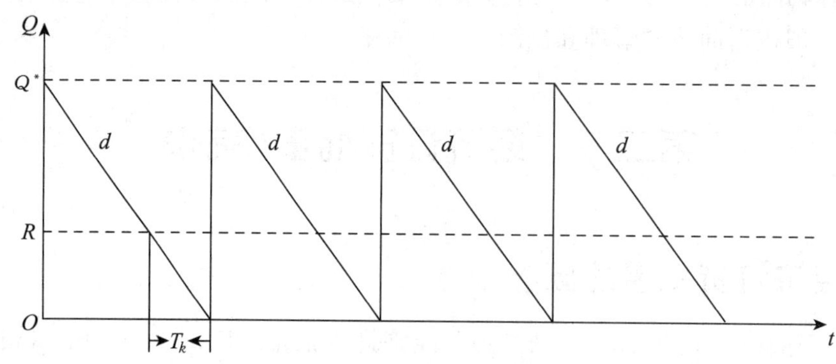

图8－2　经济订货批量模型下的库存量的变化

在图8－2中，Q^* 表示经济订货批量，d 表示需求速率，R 表示订货点，T_k 表示订货提前期。

根据假设条件，由于不允许缺货，年总成本为：

年总成本＝年采购成本＋年订货成本＋年储存成本

即：

$$TC=DC+\frac{D}{Q}S+\frac{Q}{2}H$$

式中：TC——年总成本；

D——年需求量；

C——单位产品的成本（即产品的价格）；

Q——每次的订货批量（最佳订货批量即经济订货批量，用 Q^* 表示）；

$\frac{Q}{2}$——平均库存量；

S——单次生产准备成本或订货成本；

H——单位产品的年平均储存成本。

因此，DC 表示年采购成本，$\frac{D}{Q}S$ 表示年订货成本，$\frac{Q}{2}H$ 表示年储存成本，它们之间的关系可以用图8－3表示。

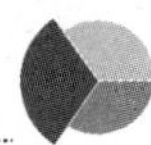

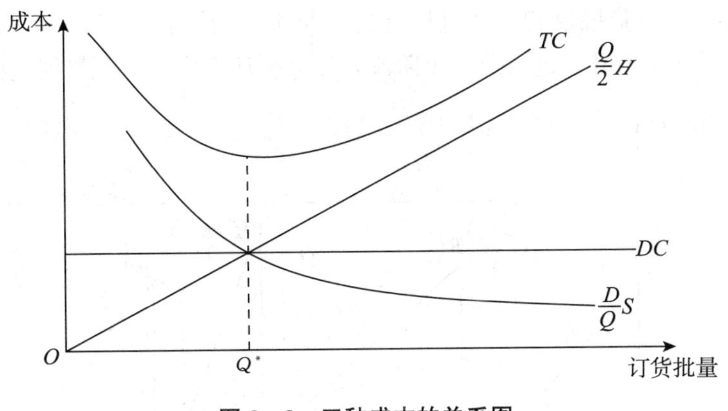

图 8-3　三种成本的关系图

(二) 经济订货批量的确定

在图 8-3 中，年总成本曲线斜率为零的点就是使年总成本最小的经济订货批量 Q^*。具体计算过程是：

$$TC=DC+\frac{D}{Q}S+\frac{Q}{2}H$$

等式两端对 Q 求导：

$$\frac{\mathrm{d}TC}{\mathrm{d}Q}=0-\frac{DS}{Q^2}+\frac{H}{2}=0$$

求得经济订货批量为：

$$Q^*=\sqrt{\frac{2DS}{H}}$$

第三节　定量订货法与定期订货法

一、定量订货法

定量订货法是指当库存量下降到预定的最低库存量（订货点）时，立即按经济订货批量进行订货的一种库存管理方法。它主要靠控制订货点和经济订货批量两个参数来控制订购进货，达到既能满足库存需求，又能使总费用最低的目的。

(一) 定量订货法原理

定量订货法模型如图 8-4 所示，事先确定订货点 R，订货批量 Q。在第一阶段，库存量以 d_1 的速率下降，当库存量下降到订货点 R 时，即按预先确定的订货批量 Q 发出订单，经过订货提前期（订货至到货间隔时间）T_{k_1}，库存量继续下降，到达安全库存量 Q_s 时，收到订货 Q，库存水平上升，进入第二个销售阶段。设第二阶段以 d_2 的速率下降，当库存下降

到 R 时，又发出一个订货批量 Q，经过订货提前期 T_{k_2}，库存量下降到 C_s 时，第二次的订货到货，库存水平再次上升。进入第三个阶段，如此循环下去，库存量就这样周期性变化。

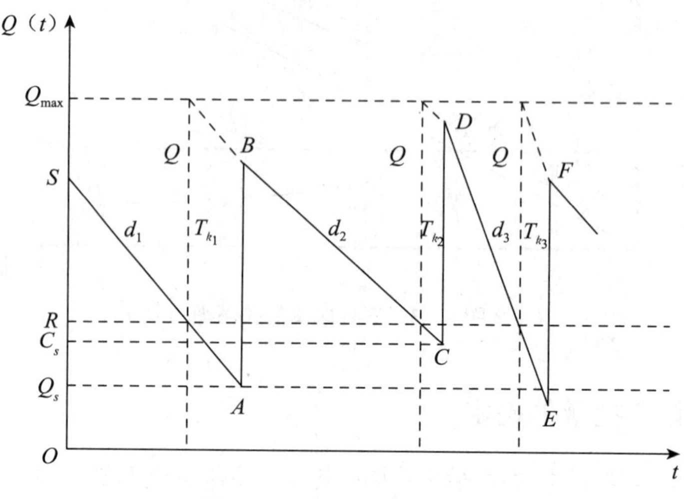

图 8-4　定量订货法模型

（二）定量订货法参数的确定

采用定量订货法需要确定两个参数：一个是订货点，即订货点库存量；另一个是订货批量，即经济订货批量。

1. 订货点的确定

订货点是控制库存水平的关键。订货点要适中，如果订货点太高，则订货物品送来了，原有的库存物品还没有卖完，这样新旧物品合在一起，库存量就高；如果订货点太低，则订货物品还没到，库存物品就没有了，这样就造成缺货。

影响订货点的因素有订货提前期、平均需求量和安全库存量。根据这三个因素就可以简单地确定订货点。

在平均需求量和订货提前期确定的情况下，不需要设置安全库存量，此时订货点为：

订货点＝订货提前期×(年需求量÷360)

即：

$$R = T_k \times (D \div 360)$$

在平均需求量和订货提前期都不确定的情况下需要设置安全库存量，此时订货点为：

订货点＝订货提前期×平均需求量＋安全库存量

即：

$$R = T_k \times (D \div 360) + Q_s$$

式中：D——年需求量；

T_k——订货提前期；

Q_s——安全库存量。

订货提前期是指从发出订货到所订物品到达所需要的时间，它取决于供货时间的长

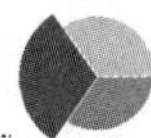

短，与成品生产时间、运输路途远近和运输速度有关。安全库存量又称保险库存量，是指为防止和减少由于不确定因素引起的缺货而设置的库存。

2. 订货批量的确定

在定量订货法中，对每一个具体的物品而言，每次订货批量都是相同的，所以对每种物品都要制定一个订货批量，通常利用经济订货批量来确定订货批量。

（三）定量订货法的适用范围

（1）单价比较便宜，不便于少量订货的物品，如螺栓、螺母等。

（2）需求预测比较困难的维修材料，如马达的机修配件等。

（3）品种数量多、库房管理事务量大的物品。

（4）消费量计算复杂的物品。

（5）通用性强、需求量比较稳定的物品。

（四）定量订货法的优点

定量订货法的优点主要包括以下几个方面。

1. 手续简单，管理方便

控制参数一经确定，实际操作就变得非常简单。在实际中经常采用“双堆法”来处理，即将某物品库存分为两堆，一堆为安全库存，另一堆为订货点库存，当消耗完订货点库存，就开始订货，并使用安全库存，不断重复操作。这样可以减少盘点库存的次数。

2. 节省作业量

当订货批量确定之后，物品的验收、入库、保管和出库业务可以利用现有规格化器具和计算方式进行，减少搬运、包装等方面的作业量。

3. 节约成本

经济订货批量的作用被充分发挥，可降低库存成本，节约费用，提高经济效益。

（五）定量订货法的缺点

定量订货法的缺点主要包括以下几个方面。

（1）要随时掌握库存动态，对安全库存和订货点库存进行严格控制，占用了一定的人力和物力。

（2）订货模式过于机械，缺乏灵活性。

（3）订货时间不能预先确定，对于人员、资金、工作业务的计划安排具有消极影响。

（4）受单一订货的限制，采用此方法进行多品种联合订货时还需进行灵活处理。

二、定期订货法

定期订货法是按预先确定的订货时间间隔进行订货，以补充库存的一种库存控制方法。如每间隔三天订一次货，或每间隔一个月订一次货，而每次订货数量根据实际需要都有所不同。

（一）定期订货法原理

定期订货法是一种基于时间的订货控制方法，它通过设定订货周期和最高库存量来达到控制库存的目的。它的原理是：预先确定一个订货周期和最高库存量，周期性地检查库存，根据最高库存量、实际库存、在途订货量和待出库货量，计算出每次订货量，发出订货指令，组织订货。

定期订货法模型如图 8－5 所示。

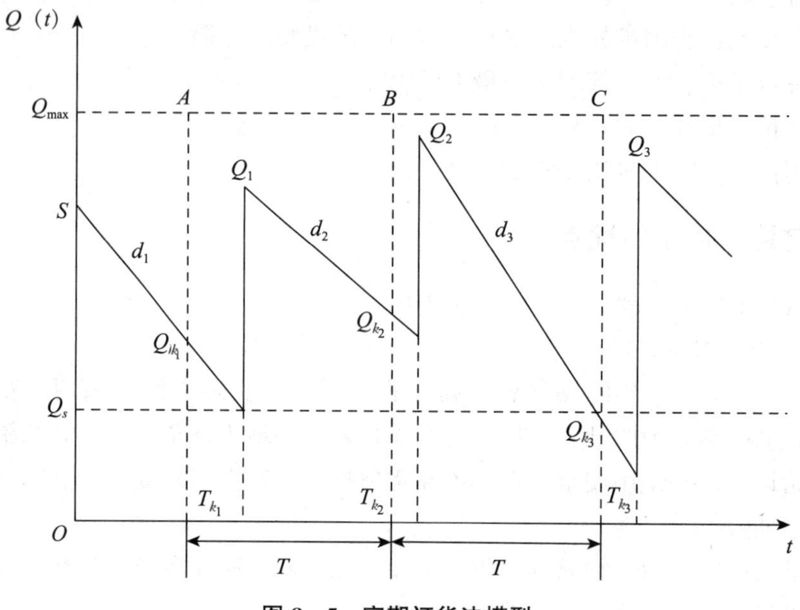

图 8－5　定期订货法模型

在定期订货法模型中，纵轴为数量轴，横轴为时间轴，Q_{max} 为最高库存量，Q_s 为安全库存量。如图 8—5 所示，在第一个周期，库存以 d_1 的速率下降，因为预先已经确定了订货周期 T，也就是规定了订货的时间。到了订货时间，不论库存还有多少，都要发出订货指令，所以当到了第一次订货的时间点 A 点时，检查库存，求出实际库存量 Q_{k_1}，结合在途订货量和待出库货量，发出一个订货批量 Q_1，使库存上升到 Q_{max}。然后进入第二个周期，经过 T 时间再次检查库存，得到此时库存量 Q_{k_2}，并发出一个订货批量 Q_2，使库存再次回到 Q_{max}。如此反复循环。

（二）定期订货法参数的确定

定期订货法实施的关键是要解决三个问题：确定订货周期，确定最高库存量，确定订货批量。

1. 订货周期的确定

在定期订货法中，订货周期实际上就是定期订货点，其间隔时间总是相等的。订货周期的长短直接决定最高库存量的大小，即库存水平的高低，进而也决定了库存成本的多

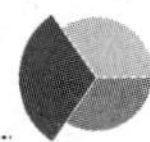

少。所以，订货周期不能太长，否则会增加库存成本；也不能太短，否则会增加订购次数，进而增加库存总成本。从成本角度出发，如果要使库存总成本达到最小，采用经济订货周期的方法来确定订货周期。其计算公式为：

$$T^{*}=\sqrt{2S/DH}$$

式中：T^{*}——经济订货周期；

S——单次订货成本；

H——单位产品的年平均储存成本；

D——年需求量。

实际操作过程中，经济订货周期可通过结合供应商的生产周期和供应周期来调整，从而确定一个切实可行的订货周期；也可以结合人们比较习惯的时间单位，如天、周、旬、月、季等来确定经济订货周期，从而吻合企业的生产计划和工作计划。

2. 最高库存量的确定

最高库存量要满足订货周期加上其后一个订货提前期的时间内的库存需求，所以以 $T+T_k$ 期间的库存需求量为基础，考虑随机发生的不确定库存需求，再设置一个安全库存量，这样就可以简化地求出最高库存量。其计算公式如下：

$$Q_{\max}=\overline{Q}(T+T_k)+Q_s$$

式中：$Q_{\max}$——最高库存量；

$\overline{Q}$——$T+T_k$ 期间的库存需求量平均值；

T——订货周期；

T_k——订货提前期；

Q_s——安全库存量。

3. 订货批量的确定

在定期订货法中，每次的订货批量一般都是不一样的。订货批量的多少是由当时的实际库存量决定的，考虑到订货时的已订未到货量和已售出但还未提货量，每次订货的订货批量可以由下式确定：

$$Q_i=Q_{\max}-Q_{N_i}-Q_{k_i}+Q_{M_i}$$

式中：Q_i——第 i 次订货的订货批量；

$Q_{\max}$——最高库存量；

Q_{N_i}——第 i 次订货点的在途订货量；

Q_{k_i}——第 i 次订货点的实际库存量；

Q_{M_i}——第 i 次订货点的待出库量。

（三）定期订货法的适用范围

（1）消费金额高、需要实施严格管理的重点物品，如 ABC 分类法中的 A 类物品。

（2）根据市场的状况和经营方针，经常调整生产数量或采购数量的物品。

（3）需求量变动幅度大，但变动具有周期性，而且可以正确判断其周期的物品。

（4）受交易习惯的影响，需要定期采购的物品。

（5）取得时间很长的物品或定期生产的物品。

（6）制造之前需要人员和物料的准备，只能定期制造的物品。

（四）定期订货法的优缺点

1. 定期订货法的优点

定期订货法的优点主要包括以下几个方面。

（1）可以一起出货，减少订货费。

（2）定期订货的周期盘点和循环盘点比较彻底、精确，减少了工作量，提高了工作效率。

（3）库存管理计划性强，对于工作计划的安排十分有利。

2. 定期订货法的缺点

定期订货法的缺点主要包括以下几个方面。

（1）安全库存量不能设置太少，因为它的保险周期较长，其间的需求量也较大，需求标准偏差也较大，因此需要设置较大的安全库存量来保障需求。

（2）每次订货批量不一致，无法制定出经济订货批量，运营成本降不下来，经济性较差，只适合分类中重点物品的库存控制。

三、两种订货法的比较

定量订货法与定期订货法的比较如表8-3所示。

表8-3　定量订货法与定期订货法的比较

<table>
<tr><th colspan="2">项目</th><th>定量订货法</th><th>定期订货法</th></tr>
<tr><td colspan="2">管理要点</td><td>①降低购买经费
②为防止库存不足，供应增加</td><td>①缩减周转资金
②为防止库存不足，供应增加</td></tr>
<tr><td rowspan="2">特征</td><td>订货批量</td><td>固定</td><td>不固定</td></tr>
<tr><td>订货时间</td><td>不固定</td><td>固定</td></tr>
<tr><td rowspan="6">适合对象</td><td>单价</td><td>便宜（B类、C类）</td><td>高（A类）</td></tr>
<tr><td>订货批量</td><td>比较稳定</td><td>不稳定</td></tr>
<tr><td>消耗量</td><td>高</td><td>不确定</td></tr>
<tr><td>共用性</td><td>大</td><td>小</td></tr>
<tr><td>前置时间</td><td>不确定</td><td>比较长</td></tr>
<tr><td>预测性</td><td>不可预测</td><td>可预测</td></tr>
<tr><td colspan="2">优点</td><td>①事务处理简单，管理容易
②订货费用减少</td><td>①能够对应需求的变化
②库存量减少
③可同时订购许多物品</td></tr>
</table>

续表

项目	定量订货法	定期订货法
缺点	①不能对应需求的变化 ②容易流于形式 ③由于期限不定，可能增加费用	①事务处理繁杂 ②事务量不固定 ③必须加强管理
运用要点	①讨论确定订货批量和安全库存量的基准值 ②和制造部门密切联系	做正确的需求预测和生产计划

第四节　MRP、JIT 库存控制法

一、传统的库存控制方法的缺陷

订货点法是传统的库存控制方法，其基本思想是根据过去的经验预测未来的需求，根据物料的需求情况来确定订货点和订货批量。订货点法的基本假设是：各种物料的需求是相互独立的；物料的需求是稳定的、连续的；订货提前期是已知的、固定的。订货点法适合用于需求比较稳定的物料的库存控制与管理。然而，在实际生产中，随着市场环境的变化，需求常常是不稳定的、不均匀的，在这种情况下使用订货点法便具有一些明显的缺陷。

1. 盲目性

由于需求的不均衡，企业不得不维持较大数量的安全库存来应对需求的变化。这样盲目地维持一定量的库存会造成资金积压，产生浪费。例如，某零部件的需求如表 8－4 所示，假设通过经济订货批量模型计算出该零部件的订货批量为 50 件。那么，在情况 1 下，第 1 周需要 10 件，若一次订 50 件，则余下 40 件还要存放 9 周，但到第 10 周真正需要时，余下的 40 件又不够，必须再订 50 件。对于情况 2 和情况 3 也存在类似情况。

表 8－4　　某零部件的需求

周次	1	2	3	4	5	6	7	8	9	10
情况 1	10	0	0	0	0	0	0	0	0	50
情况 2	10	0	50	0	0	0	0	0	0	0
情况 3	10	0	0	10	0	0	0	50	0	0

2. 高库存与低服务水平

传统的订货点法使得低库存与高服务水平不可兼得。一般认为，要达到高服务水平，必须保持高库存。即使保持高库存，也会造成零部件的积压与短缺共存的局面。例如，装配一个部件，需要 5 种零部件，当以 95%的服务水平供给每种零部件时，每种零部件的库存水平很高。装配该部件时，5 种零部件都不发生缺货的概率是 $(0.95)^5 \approx 0.774$，大致每

4次就有一次会发生缺货。

3. 形成“块状”需求

订货点法的假设条件是均匀需求，但在制造过程中物料的需求是“块状”的，即不需要的时候为零，需要的时候为一批。采用订货点法加剧了这种不均匀状态。企业的产品、零部件和原材料都采用订货点法进行控制。一般来说，市场对产品的需求较稳定，呈“锯齿状”。当产品的库存下降到订货点以下时，企业开始组织该产品的装配。当装配产品时，需要从零部件库中取出各种零部件，这样零部件库存陡然下降，当没达到零部件订货点时，零部件不必订货，也不需要进行零部件的生产，这时原材料也不必订货。随着产品库存再次下降到订货点以下，再次需要进行产品装配时，又要消耗一部分零部件的库存，如果零部件库存下降到订货点以下，需要订购零部件，就要进行零部件的生产，就要从原材料库中领取原材料，致使原材料库存降到订货点以下。由此可以看出，在产品需求均匀的条件下，由于采用订货点法，造成对零部件和原材料的需求率不均匀，呈“块状”。“块状”需求与“锯齿状”需求相比，平均库存水平几乎提高一倍，因而，占用了更多的资金。

订货点法之所以有这些缺陷，是因为它没有按照各种物料真正需要的时间来确定订货日期。于是，人们便思考怎样才能在需要的时间，按需要的数量得到需要的物料，从而消除盲目性，实现低库存与高服务水平的目标。

二、MRP库存控制方法

物料需求计划（Material Requirements Planning，MRP）是一种制造企业的物料计划管理模式，根据物品结构、各层次物品的从属和数量关系，以每个物品为计划对象，以完工日期为时间基准倒排计划，按提前期长短区别各个物品下达计划的时间先后顺序的管理方法。它起源于20世纪60年代初，最初是针对当时制造企业生产管理中存在的普遍问题以及传统库存控制方法的不足而提出的一种生产组织管理方法。它是以控制整个生产过程中的库存水平为出发点，以物料为中心组织生产的一种新的生产方式，也是一种新的库存控制思想。

MRP的主要内容包括客户需求管理、主生产计划、物料计划和库存记录。其主要作用是及时取得生产所需的原材料和零部件，保证尽可能低的库存，使企业各部门采购、生产的零配件在时间和数量上与生产需要精确衔接。

（一）MRP的基本思想

物料需求计划是为解决传统库存控制方法的不足，在不断探索新的库存控制方法的过程中提出的。

MRP的基本思想是围绕物料转化组织制造资源，实现按需要准时生产。制造企业的生产是将原材料转化为产品的过程，如图8-6所示，即将原材料制成毛坯，毛坯加工成零部件，零部件组装成部件，部件总装成产品。

按上述的生产过程，如果确定了产品的需求数量和需求时间，就可以确定产品的装配数量和装配时间。确定了产品的装配数量和装配时间，就可以按产品的结构确定产品所需的零部件的出产数量和出产时间，进而可以确定零部件的投入数量和投入时间，直至确定原材料的需求数量和需求时间。具体过程如图8-7所示。

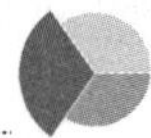

图 8-6　从原材料到产品的生产过程

可见，MRP 是以物料为中心来组织的。以物料为中心体现了以客户需求定产和按需定产的思想。这里物料是一个广义的概念，泛指原材料、零部件以及产品。以物料为中心组织生产，要求上道工序应该按下道工序的需求进行生产，各道工序做到既不提前完工，也不延迟完工。

如果一个企业的经营活动从产品销售到原材料采购，从零部件的加工到外协零部件的供应，从工具和工艺装备的准备到维修，从人员的安排到资金的筹措与运用，都围绕 MRP 的这种基本思想进行，就可以形成一整套新的方法体系，该方法体系涉及企业的每一个部门、每一项活动。因此，人们又将 MRP 看作一种新的生产方式。

图 8-7　原材料的需求数量和需求时间的确定过程

（二）MRP 的处理逻辑

MRP 的基本原理就是由产品的交货期展开成零部件的生产进度日程以及原材料的需求数量和需求时间。MRP 的处理逻辑是通过主生产计划明确“我们制造什么?”；要制造必须有相应的物料，因此通过物料清单明确“我们需要什么?”；而需要的物料可能已经存放在仓库中，因此，要通过库存状态文件了解“我们有什么?”。通过 MRP 的处理，可以得出生产作业计划和采购计划。在生产作业计划中，规定了每一项自制零部件的需求数量、开工日期和完工日期；在采购计划中，规定了每一项外购零部件的需求数量、订货日期和到货日期。MRP 的处理逻辑如图 8-8 所示。

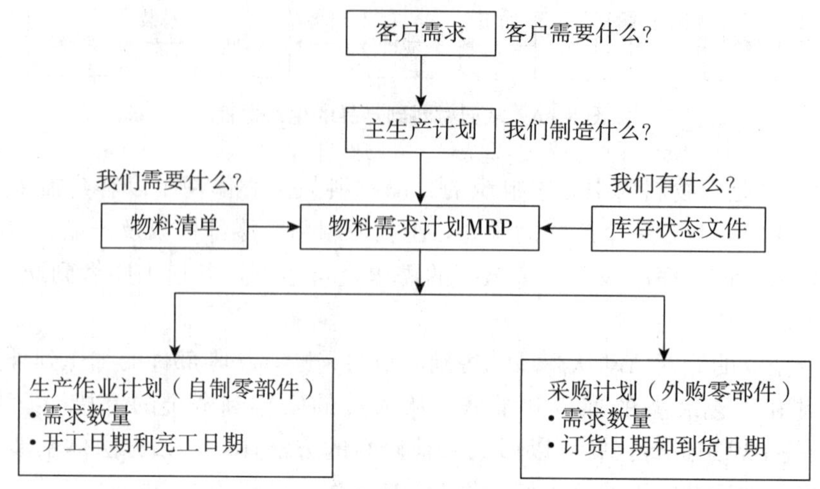

图 8－8　MRP 的处理逻辑

MRP 需要处理的问题和需要的信息如表 8－5 所示。

表 8－5　MRP 需要处理的问题和需要的信息

需要处理的问题	需要的信息
我们制造什么？	切实可行的主生产计划
我们需要什么？	准确的物料清单
我们有什么？	准确的库存状态文件
还缺什么？何时需求？	MRP 的计算结果（生产作业计划和采购计划）

1. 输入信息

通过上述 MRP 的处理逻辑，可以看出 MRP 涉及三个输入信息：主生产计划、物料清单和库存状态文件。

（1）主生产计划。主生产计划是 MRP 的主要输入，是 MRP 运行的驱动力量。

（2）物料清单。物料清单表示产品的组成及结构信息，包括所需零部件的清单、产品项目的结构层次、制成最终产品的各个工艺阶段的先后顺序。

（3）库存状态文件。库存状态文件保存了每一种物料的有关数据，包括订购什么、订购多少、何时发出订购等重要信息。

2. 输出信息

MRP 的输出信息较多，其中关键的是零部件投入出产计划、原材料需求计划和库存状态记录。

（1）零部件投入出产计划。零部件投入出产计划规定了每个零部件的投入数量和投入时间，出产数量和出产时间。

（2）原材料需求计划。原材料需求计划规定了每个零部件所需的原材料的种类、需要数量和需要时间，并按原材料的品种、型号、规格汇总，以便物资部门进行采购。

（3）库存状态记录。库存状态记录包括各种零部件、外购件以及原材料的库存状态数

据，以便进行生产进度控制和采购计划控制。

（三）MRP 系统下的库存控制

下面举一个简单的例子来说明 MRP 系统的库存控制思想。MRP 系统中物料的库存状态数据如表 8-6 所示。

表 8-6　　MRP 系统中物料的库存状态数据

	时区 1	时区 2	时区 3	时区 4	时区 5	时区 6
毛需求量		15		45		40
预计入库量			30		20	
现有库存量	20	5	35	0	20	0
净需求量				10		20
计划订货量				10		20
计划订单下达		10		20		

从表 8-6 可以看出，时区 2、时区 4 和时区 6 有收到顾客的需求，通过检查预计入库量、现有库存量，得出净需求量，这个数量就是我们需要的再订货数量。同时由于存在订货提前期，所以尽管在时区 4 和时区 6 分别需要 10 单位和 20 单位物料，但仍然需要在时区 2 和时区 4 下达订单。这样就确定了两个问题：一是下达订单的时间，即时区 2 和时区 4；二是一次订单的数量，时区 2 的订单数量是 10 单位，时区 4 的订单数量是 20 单位。这样综合考虑了再订货数量和订货时间及现有库存量等因素，可以保证满足顾客在特定的时间需要特定数量的商品，而且也没有造成现有库存量的额外增加。MRP 系统的库存控制思想实质就是根据需求来决定订货数量和订货时间，整个生产过程没有产生新的库存。

在以上过程中，假定初始库存量为零，一样不会影响顾客需求的满足，只是改变了订货时间和订货数量。但是为什么 MRP 系统不能做到“零库存”呢？因为 MRP 系统存在两个很关键的问题。一是订货提前期，我们假定订货提前期是固定的，因而 MRP 系统总是可以准确地定出再订货的时间，不会造成早订货、物料积压、库存增加。但是，实践中由于不能完全保证订货提前期是固定不变的，因此为了应对变化的订货提前期，就需要增加一些库存，预防在规定的订货提前期内物料没有及时到达，造成不能按时完成生产，顾客的需求得不到满足。二是 MRP 系统没有考虑生产能力的状况，尽管再订货数量和订货时间能够确定，但是，如果在一段时间内预定数量物料按时到达，但由于企业的生产能力受到限制，仍然不能满足顾客的需求，这时就需要保持一定的库存来平衡生产能力，让设备能够在一定时间内保持均衡的产出。

（四）MRP 的发展

MRP 的发展经历了从订货点法到 MRP，从 MRP 到闭环 MRP，再到 MRPⅡ和 ERP 的过程。

1. 闭环 MRP

闭环 MRP 与 MRP 的最大区别在于闭环 MRP 增加了能力需求计划的平衡功能。在 MRP 中，尽管按 MRP 的处理逻辑可以形成生产作业计划和采购计划，但生产作业计划和采购计划的可执行性很大程度上受车间生产能力的约束以及仓储的限制。为此，必须进行能力需求计划的平衡。如果能力需求计划可行，那么就可执行相应的主生产计划和物料需求计划，否则，必须重新调整主生产计划和物料需求计划，使计划具有可行性。闭环 MRP 在初期 MRP 的基础上补充了以下内容。

（1）编制能力需求计划。

（2）建立了信息反馈机制，使计划部门能及时从供应商、车间作业现场、库房管理员、生产计划员那里了解计划的实际执行情况。

（3）计划调整功能。

2. MRPⅡ

MRPⅡ（制造资源计划）是在 MRP 的基础上，增加了营销、财务和采购等功能，对企业制造资源和生产经营各环节实行合理有效的计划、组织、协调与控制，达到既能连续均衡生产，又能最大限度降低各种物品的库存量，进而提高企业经济效益的管理系统。

制造资源计划代表了一种新的生产管理思想。MRPⅡ的基本思想就是把企业看作一个有机整体，从纵向和横向两个角度体现其管理思想。在纵向上，一方面，向下体现出从决策层、计划层到控制执行层对企业经营计划的层层分解，迅速下达，并具体落实到车间和班组，责任明确；另一方面，通过向上反映，从控制执行层、计划层到决策层的计划执行情况信息的及时反馈，为计划的及时调整提供依据。在横向上，体现出企业的核心——计划控制系统与财务系统的集成关系，它们之间的联系桥梁是信息的管理，即生产基础数据的管理。通过信息系统将基础数据集成为一体，形成一个资金流、物流、人员流等的集成系统。

3. ERP

企业资源计划（Enterprise Resource Planning，ERP）是在 MRPⅡ的基础上，通过前馈的物流和后馈的售出流、资金流，把客户需求和企业内部的生产经营活动以及供应商的资源整合在一起，体现完全按用户需求进行经营管理的一种全新的管理系统。

由于企业的生产经营活动不仅需要对企业内部资源进行计划控制，同时也需要与外部企业保持密切合作，而 MRPⅡ仅局限于企业内物流、资金流和信息流的管理，由此产生了企业资源计划的概念。企业资源计划将企业的运营流程当作一条紧密连接的供应链，将链上的所有环节集成为一体化系统。与 MRPⅡ相比较，ERP 具有如下的特点。

（1）扩充了企业经营管理功能。ERP 相对于 MRPⅡ，在原有功能的基础上进行了拓宽，增加了质量控制、运输、分销、售后服务与维护、市场开发、人事管理、实验室管理、项目管理、配方管理、融资投资管理、获利分析、经营风险管理等功能子系统。它可以实现全球范围内的多工厂、多地点的跨国经营活动。

（2）面向供应链扩充了企业经营管理的范围。ERP 把客户需求和企业内部制造活动以及供应商的制造资源整合在一起，强调对供应链上所有环节进行有效管理。

（3）模拟分析和决策支持的扩展，支持动态的监控能力。为企业制订计划和进行决策

提供多种模拟功能，在企业级的范围内提供了对质量、客户满意、绩效等关键问题的实时分析功能。

（4）系统功能模块化。运用应用程序模块对供应链上的所有环节实施有效管理。"物流"类模块对供应、生产、销售整个过程和各个环节所需的物料进行管理。"财务"类模块提供一套通用记账系统，它能够进行资产管理，提供有关经营成果的报告，使企业管理决策建立在客观、及时的信息基础之上。"人力资源"类模块提供一个综合的人力资源管理系统，综合了诸如人事计划、新员工招聘、工资管理和员工个人发展等各项业务活动。

三、JIT 库存控制方法

（一）JIT 原理

JIT（Just In Time，准时生产）是精确制定生产各工艺环节作业效率的前提下，以消除一切无效作业与浪费为目标而制订准确计划的一种管理模式。在此基础上发展而来的 JIT 库存控制方法，可以确保上游产品在规定的时间内准确及时地满足下游产品生产的需求，杜绝超出规定或者不合理的库存。

传统的生产系统采用的是由上游向下游推动式的生产方式，即由原材料仓库供应原材料，进行加工和生产，由此向后推，直到制成成品转入产成品仓库，等待销售。在这种生产系统中，大量原材料、在制品、产成品的存在，必然导致大量生产费用的占用和浪费。

JIT 的基本思想正好与传统生产系统相反，它以顾客（市场）为中心，根据顾客需求来组织生产。JIT 是一种拉动式生产方式。企业根据顾客的订单组织生产，根据订单要求的产品数量，上道工序就应该提供相应数量的组件，更前一道工序就应该提供相应的配件，再前一道工序提供需要的零部件或原材料，由供应商保证供应。整个生产是动态的，由下游拉动上游。上道工序在适当的时间向下道工序提供适当数量的产品。JIT 模式下，企业的供、产、销各环节紧密配合，极大降低了库存，进而降低了成本，提高了生产效率和效益。

JIT 是一种旨在降低库存，消除整个生产过程中的浪费，优化企业资源，全面提高企业生产效率的管理哲学，更是一种先进的生产组织方式。JIT 的思想认为，凡是不增加价值的任何活动都是浪费，如搬运、质量检查等，换种说法就是，凡是超出增加产品价值所必需的绝对最少的物料、机器和人力资源的部分都是浪费。"零库存"和"零缺陷"是 JIT 生产追求的目标。一个企业中所有的活动只有当需要进行的时候才进行，才不至于造成浪费。库存是万恶之源，库存可以将许多矛盾掩盖起来，使问题不被发现而得不到及时解决。

JIT 不仅是库存管理的一场革命，也是整个企业管理思想的一场革命。JIT 体现了以市场为中心，以销定产的理念，牢牢抓住市场的营销观念。

（二）JIT 的实施条件

JIT 的实施需要以下条件。

（1）市场经济环境完善，信息技术发达。

（2）可靠的供应商，适时、适质、适量地供应。

（3）生产区域组织合理，生产线设计科学、易于产品流动。

（4）柔性的生产系统，为改变产品品种而进行的生产设备调整时间接近于零。

（5）科学合理的设备维修、检修和保养制度。

（6）完善的质量保证体系，无返工，次品率、不合格品率为零。

（7）人员生产高度集中，各类事故发生率为零。

（三）JIT系统的实施步骤

JIT系统的建立是一个长期的系统性工程，需要对企业文化和管理方式进行巨大的变革。JIT系统的实施通常遵循如下几个步骤。

1. 人力资源培训

准备阶段的主要工作是人员培训，包括高级管理人员的培训和一般员工的培训。企业的高级管理人员对JIT系统的支持是实施JIT的首要条件，因此企业的高级管理人员能否深刻理解和领会JIT思想，对JIT系统能否成功实施尤其重要。对一般员工也要进行培训和激励，使所有人员都能参与JIT系统的建设。

2. 实施全面质量管理

全面质量管理与JIT系统紧密联系。JIT系统的各个环节需要在全面质量管理的思想指导下，才能协调一致。也只有在全面质量管理的作用下，才能把好每一个环节上的质量关，以实现“零缺陷”，进而实现“零库存”。

3. 现行系统分析

在实施JIT系统之前，首先要对现行的制造系统进行仔细分析，找出现行系统存在的缺陷，明确改进目标。

4. 工艺和产品设计

JIT系统的运行要求企业生产工艺流程具有足够的柔性。目前一些高科技企业成功地把JIT系统与柔性制造系统结合在一起，产生了巨大的经济效益。JIT系统要求尽可能采用标准件，以降低生产系统的复杂性。

5. 供应商整合

把企业JIT系统与供应商的JIT系统联结在一起，使供应商的JIT系统成为企业JIT系统的一部分，将有利于保证物料供应的及时性和可靠性。

6. 持续改进

JIT系统的实施过程是一个持续改进的过程。JIT系统的理想目标是“零机器调整时间”“零库存”“零缺陷”“零设备故障”，而这些目标的实现是以企业各项工作不断改进和完善为前提的，因而JIT系统的实施过程是一个永不停止的持续改进的过程。

第五节　供应链管理环境下的库存控制

近年来，供应链管理在国内外受到人们的关注和重视，越来越多的企业开始探讨这种

新的管理理念在库存管理中的应用。

供应链是指生产和流通过程中，涉及将产品和服务提供给最终用户所形成的网链结构。对供应链涉及的全部活动进行计划、组织、协调和控制称为供应链管理。供应链管理是以信息技术为依托，在供应链各节点间建立一种战略伙伴关系，实现从原材料供应商、制造商、分销商、零售商直到最终用户的商流、物流、信息流、资金流在整个供应链上畅通无阻地流动，最终达到双赢甚至是多赢目的的过程。

在供应链管理环境下，供应链各个节点企业的活动都应该是同步进行的。而在传统的供应链上，基于交易关系的各节点企业都是自己管理自己的库存，在追求本企业利益最大化的前提下，每个企业都独自制定了自己的库存目标和相应的库存控制策略。这种孤立运作导致企业之间缺乏信息沟通，进而不可避免地会产生库存信息和需求信息的扭曲和时滞，往往使得库存信息和需求信息在从供应链的下游向上游的传递过程中被逐级放大，从而大大增加了供应链的整体库存，在很大程度上削弱了供应链的整体竞争实力。而供应链管理的目标就是通过各节点企业之间的密切合作，以最小的成本提供最好的服务，这就要求供应链上各节点企业的活动同步进行，库存管理职能也应当进行必要的整合。

供应商管理库存（Vendor Managed Inventory，VMI），联合库存管理（Joint Managed Inventory，JMI），协作计划、预测和补货方法（Collaborative Planning Forecasting and Replenishment，CPFR）正是适应市场变化的要求，体现供应链的集成化思想的库存管理方式。

一、供应商管理库存

（一）供应商管理库存模式的内涵和特点

供应商管理库存模式是按照双方达成的协议，由供应链的上游企业根据下游企业的需求计划、销售信息和库存量，主动对下游企业的库存进行管理和控制的库存管理方法。它是一种用户和供应商之间的合作策略，具体来说，这是一种以用户和供应商双方都获得最大利益为目的，在一个共同的协议下由供应商管理库存，并不断监督协议执行，修正协议内容，使库存管理得到持续改进的合作策略。

同传统的库存控制法相比，供应商管理库存模式主要有以下几个特点。

1. 互信性

成功实施供应商管理库存模式，前提是供应链上各节点企业能够相互信任。

2. 互利性

供应商管理库存模式的目的是通过合作降低总成本，使合作双方都能从中获益。

3. 响应性

供应商管理库存模式需要各节点企业在合作时采取积极响应的态度，以快速反应降低因信息不通畅所造成的过高库存费用。

4. 协议性

供应商管理库存模式要求各节点企业目标一致，并明确各自的责任和义务。合作的具体细节都通过框架协议明确规定，以提高操作的可行性。

（二）选择供应商管理库存模式的原因

供应商管理库存模式已经成为供应链管理环境下库存控制模式的最佳选择。其优点包括以下两点。

1. 能够实现供应链的上下游企业的双赢

供应商管理库存模式对供应链下游企业的好处是显而易见的，它克服了下游企业自身技术和信息系统的局限。随着供应链各节点企业核心业务的迅猛发展，供应链上游企业对下游企业的后勤管理（包括库存管理）也提出了更高的要求。实施供应商管理库存模式之后，库存由供应链上游企业管理，下游企业可以进行核心业务的开发。同时，供应商管理库存模式还可以满足下游企业降低成本和提高服务质量的需要。与下游企业自己管理库存相比，供应商在对自己的产品管理方面更有经验、更专业化，而且供应商可以提供包括软件、专业知识、后勤设备和人员培训等一系列服务，下游企业的存货投资也会大幅度减少。

在供应商管理库存模式下，供应商能够获得下游企业的必要经营数据，直接接触真正的需求信息。这些信息可帮助供应商消除预期之外的短期产品需求所导致的额外成本。同时，下游企业对安全库存的需求也大大降低。供应商管理库存模式的实施，可以大大缩短供需双方的交易时间，使上游企业更好地控制其生产经营活动，提高整个供应链的柔性。

2. 供应商管理库存模式具备供应链减“负”功能

从本质上看，供应商管理库存模式的管理理念源于产品的市场全过程管理思想，即只要一个产品没有被最终消费者购买并得到满意的消费，那么这个产品就不能算作已经销售，并构成供应上的一种潜在风险，供应商同样负有监控该产品的流通状况的责任，而不管该产品的产权归属是怎样的。正是基于这种思想，供应商管理库存模式是以供应商掌握的销售资料和库存量作为市场预测和库存补货的依据，进而得到准确的消费需求信息。这样，供应商就可以更有效、更快速地对市场变化和消费者需求做出快速反应。而且供应商与供应链下游企业分享重要资讯，可以改善各自的需求预测结果、补货计划、促销管理过程和运输装载计划等，而对整个供应链来说，就可以降低库存总量并且改善库存周转，进而维持最佳库存量，使库存管理水平得到显著提高。

（三）供应商管理库存模式的运作

假定供应链由供应商、批发商、零售商、消费者构成。企业可以从以下几个方面进行供应商管理库存模式运作。

1. 技术基础构建

供应商管理库存模式的实现需要满足两个条件。一是用户库存状态透明化，即供应商能随时对零售商的库存状态进行跟踪控制。二是业务处理标准化，主要指订单业务处理的标准化。做好这两点都需要技术支持。

随着互联网的日益普及，供应商通过高速数据专用线与互联网实现联网，通过路由器

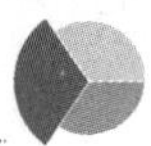

与用户的内联网相连，为供应商的库存管理部门提供各种信息存取等服务。另外，供应商还可以利用条码技术对商品进行编码，通过获得商品的标识代码，来实现对用户商品的准确识别，以便随时跟踪和检查用户的库存状况，对用户需求做出快速反应。为了确保供应商与用户之间订单传递等业务的安全可靠性，供应商可以采用统一标准的 EDI（Electronic Data Interchange，电子数据交换）报文，及时进行商品数据交换。为提高供应链的整体运作效率，供应商还可采用基于标准 EDIFACT（Electronic Data Interchange For Administration Commerce and Transport，行政、商业与运输电子数据交换）的库存报告清单来实施库存控制，以提高供应商对用户库存的监控效率。

2. 建立专门的用户管理职能部门

供应商在实施供应商管理库存模式后，为了集成用户的库存控制功能，需要把用户管理职能从传统的财务管理部门中分离出来，专门用以处理供应商与用户之间的订货业务、供应商对用户的库存控制和其他的相关业务。

3. 建立供应商与用户之间的目标框架协议

供应商应当和用户通过协商来确定库存检查周期、库存的维持水平、订货点等有关库存控制的核心问题，以及合作双方之间如何进行信息的交流和存取、订单的传递和处理等有关业务流程的问题。

4. 构建完善的销售管理系统

供应商要有效地管理用户库存，必须能快速了解市场需求动态和商品的需求信息，以便有针对性地及时进行商品补给，从而既能加快供应商响应用户需求的速度，又能减少用户的库存量。因此，一方面，供应商可以通过建立用户档案信息库来快速掌握用户需求的变化，增强需求预测分析的准确性，在一定程度上解决因“需求放大效应”造成的库存量过大的问题；另一方面，供应商可采用 ERP 系统软件，通过运用互联网/内联网技术建立完善的销售网络管理系统，加快供应链上的信息传递和实时处理速度。

（四）供应商管理库存模式实施过程中应注意的问题

要注意供应商管理库存模式的适用范围，并对企业实施供应商管理库存模式的可行性进行分析。一般来说，供应商管理库存模式适用某些特定的情况，比如，供应商经济实力雄厚，有较强的储存、运输、配送能力，以及稳定、可靠的信息来源；批发商的库存设施有限，自己难以有效地管理库存；供应商与批发商的合作关系密切等。此外，在实施供应商管理库存模式的过程中，要注意配合使用其他先进的库存控制法，以最大限度地降低库存成本，提高企业的竞争力，如可采用联合库存管理。

二、联合库存管理

（一）联合库存管理的含义

联合库存管理，是一种在供应商管理库存的基础上发展起来的供应商与客户同时参与、共同制订库存计划，实现利益共享与风险分担的供应链库存管理策略。其目的是解决供应链系统中由于各企业相互独立运作库存模式所导致的需求放大现象，提高供应链的

效率。

联合库存管理模式体现了供应商联盟的新型企业合作关系，强调了供应链企业之间互利合作的关系。联合库存管理模式把供应链系统管理进一步集成为上游和下游两个协调管理中心，库存连接的供需双方以供应链整体的观念出发，共同制订库存计划，实现供应链的同步化运作，从而消除部分由于供应链节点企业之间的需求信息扭曲导致的供应链库存波动的问题。

联合库存管理模式有效地控制了供应链库存风险，体现了供应链的集成化管理思想，适应市场变化的要求，是一种新的、有代表性的库存管理思想。

（二）联合库存管理的实施

1. 建立供应链协调管理机制

为了发挥联合库存管理的作用，供应链各节点企业应从合作的角度出发，建立供应链协调管理机制，明确各自的目标和责任，为联合库存管理提供有效的管理机制。没有一个协调的管理机制，就不可能进行有效的联合库存管理。

建立供应链协调管理机制，要从以下几个方面着手。

（1）建立供应链共同愿景。首先供应链各节点企业必须本着互惠互利的原则，建立共同的合作目标。为此，要理解供需双方在市场目标中的共同点和冲突点，通过协商形成共赢的愿景。

（2）建立联合库存的协调控制方法。联合库存管理中心担负着协调供应链各节点企业利益的角色，具有协调整个供应链的作用。联合库存管理中心需要明确库存优化的方法，内容包括库存如何在多个需求商之间调节与分配，最高库存水平、最低库存水平、安全库存的确定，需求的预测等。

（3）建立利益的分配、激励机制。要有效运行基于联合库存管理中心的库存管理，必须建立一种公平的利益分配制度，并对参与联合库存管理中心的各个企业、各级供应部门进行有效的激励，防止机会主义行为，增加协作性和协调性。

2. 建立信息沟通渠道

为了提高整个供应链的需求信息的一致性和稳定性，减少由于多重预测导致的需求信息扭曲，提高供应链各方对需求信息获得的及时性和透明性，应建立信息沟通渠道，将条码技术、扫描技术、POS（电子付款机）系统和 EDI 集成起来，使所有的信息同步，进而提高供应链各节点企业的协作效率，降低成本，提高服务质量。

3. 发挥第三方物流的作用

联合库存管理的实现可借助第三方物流具体实施，这样可使企业更加集中于自己的核心业务，增加供应链的敏捷性和协调性，提高服务水平和运作效率。

4. 选择合适的联合库存管理模式

供应链联合库存管理有以下两种模式。

（1）各个供应商的零部件都直接存入核心企业的原材料库中，就是变各个供应商的分散库存为核心企业的集中库存。该模式要求供应商的运作方式是：按核心企业的订单或订货看板组织生产，产品完成时，立即实行小批量、多频次的配送方式直接送到核心企业的

仓库中补充库存。在这种模式下，库存管理的重点在于核心企业根据生产的需要，保持合理的库存量，使之既能满足需要，又要使库存总成本最小。

（2）供应商和核心企业都不设立库存，核心企业实行无库存的生产方式。此时供应商直接向核心企业的生产线进行连续小批量、多频次的供货，实行同步生产、同步供货，从而实现在需要的时候把所需要品种和数量的原材料送到需要的地点。这种准时化供货模式完全取消了库存，因此效率最高、成本最低。但是对供应商和核心企业的运作标准化、配合程度要求也高，操作过程要求也严格，而且二者的空间距离不能太远。

（三）联合库存管理的优势

联合库存管理是解决供应链系统中独立库存模式导致的需求放大问题，大大改善供应链的供应水平和运作效率，提高供应链同步化程度的一种有效方法。实行联合库存管理，具有以下几个方面的优势。

1. 信息优势

信息是企业的一项重要资源，缺乏信息沟通是库存管理出现问题的主要原因。联合库存管理通过在上下游企业之间建立一种战略性的合作伙伴关系，实现企业间库存管理上的信息共享。这样既能保证供应链上游企业可以通过下游企业及时准确地获得市场需求信息，又可以使各个企业的一切活动都围绕顾客需求的变化开展。

2. 成本优势

联合库存管理实现了从分销商到制造商到供应商之间在库存管理方面的一体化，让三方都能够实现准时采购（即在恰当的时间、恰当的地点，采购到恰当数量、恰当质量的物品）。准时采购不仅可以减少库存，还可以加快库存周转，缩短订货和交货提前期，从而降低企业的采购成本。

3. 物流优势

传统的库存管理存在各自为政的弊端，上下游企业都是各自管理自己的库存，这就不可避免地会出现需求预测扭曲现象，产生“牛鞭效应”，极大地降低了企业的运作效率，并增加了企业的成本。联合库存管理则打破了传统的各自为政的库存管理局面，体现了供应链的一体化管理思想。联合库存管理强调各方的同时参与，共同制订库存计划，共同分担风险，有效消除库存过高以及“牛鞭效应”等问题。

4. 战略联盟的优势

联合库存管理的有效实施既能加强企业间的联系与合作，又能保证这种独特的由库存管理带来的企业间的合作模式不会轻易地被竞争者模仿，为企业带来竞争优势。

三、协作计划、预测和补货方法

协作计划、预测与补货，是一种协同式的供应链库存管理技术，它在降低销售商的存货量的同时，也增加了供应商的销售额。

（一）CPFR 的含义

CPFR 是应用一系列的信息处理技术，通过共同管理业务过程和共享信息来改善零售商和供应商之间的计划协调性，提高预测精度，最终达到提高供应链效率、减少库存和提高客户满意程度的供应链库存管理策略。

（二）CPFR 的特点

1. 协作

CPFR 这种新型的合作关系要求双方长期承诺公开沟通、信息分享，从而确立协作性目标的经营战略。

正是因为如此，所以协作的第一步就是保密协议的签署、纠纷机制的建立、供应链计分卡的确立以及共同激励目标的形成。应当注意的是，在确立这种协作性目标时，不仅要建立双方的效益目标，更要确立协作的营利驱动性目标，只有这样才能使协作性能够体现在流程控制和价值创造的基础之上。

2. 计划

CPFR 为消费品行业推动双赢的供应链管理奠定了基础，此后当 VICS（美国产业共同商务标准协会）定义项目公共标准时，认为需要在已有的结构上增加合作计划以及合作财务。此外，为了实现共同的目标，还需要双方协作制订促销计划、库存政策变化计划、产品导入和中止计划以及仓储分类计划。

3. 预测

任何一个企业都能做出预测，但是 CPFR 强调买卖双方必须做出最终的协作预测。基于季节因素和趋势管理信息等这类信息的协作预测能大大减少整个价值链体系的死库存，促进产品销售，节约整个供应链的资源。

与此同时，最终实现促销计划是提高预测精度的关键。CPFR 所推动的协作预测还有一个特点是它不仅强调供应链双方共同做出最终预测，同时也强调双方都应参与预测反馈信息的处理和预测模型的制定和修正，特别是如何处理预测数据的波动等问题。只有把数据集成、预测和处理的所有方面都考虑清楚，才有可能真正实现共同的目标，使协作预测落在实处。

4. 补货

根据 VICS 的 CPFR 指导原则，协作运输计划也被认为是补货的主要因素。此外，例外状况的出现也需要转化为存货的百分比、预测精度、安全库存水准、订单实现的比例、前置时间以及订单批准的比例，所有这些都需要在双方公认的计分卡基础上定期协同审核。潜在的分歧，如基本供应量、过度承诺等，双方事先应及时加以解决。

（三）CPFR 的实施

1. CPFR 的体系结构

决策层：主要负责管理合作企业，包括制定企业联盟的目标和战略、建立跨企业的业务流程等。

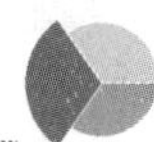

运作层：主要负责合作业务的运作，包括制订联合业务计划等。

内部管理层：主要负责企业内部的运作和管理，包括商品的分类管理、库存管理、商店运营等。

系统管理层：主要负责维护供应链运营的支撑系统和环境管理。

2. CPFR 实施的框架和步骤

（1）识别可比较的机遇。CPFR 有赖于数据间的比较，既包括企业间计划的比较，又包括一个组织内部新计划与旧计划、计划绩效与实际绩效之间的比较。这种比较越详细，CPFR 的潜在收益越大。

在识别可比较的机遇方面，关键在于以下几点。

①订单预测的整合。CPFR 为补货订单预测提供了整合、比较的平台。CPFR 参与者应该收集所有的数据资源，进行一对一比较。

②销售预测的协同。CPFR 要求企业在周计划促销的基础上再做出客户销售预测，这样将这种预测与零售商的销售预测相对照，就可能有效地避免销售预测中没有考虑促销、季节因素等产生的差错。

CPFR 的实施要求 CPFR 与其他供应系统和需求系统相整合。对于零售商而言，CPFR 需要整合比较的资源有商品销售规划、分销系统、店铺运作系统。对于供应商而言，CPFR 需要整合比较的资源有 CRM（客户关系管理）、APS（高级计划与排程）以及 ERP。

（2）数据资源的整合运用。

①不同层面的预测比较。不同类型的企业由于各自的利益不同，计划的关注点也各不相同，进而造成信息的来源不同。CPFR 要求协作团队寻找不同层面的信息，并确定可比较的层次。例如，一个供应商提供四种不同水果香味的香水，但是零售商不可能对每一种香味的香水进行预测，这时供应商可以输入每种香味的预测数据，CPFR 解决方案将这些数据收集起来，并与零售商的品类预测相比较。

②商品展示与促销包装的计划。CPFR 系统在数据整合运用方面的一个最大突破在于它对每一个产品进行追踪，并且销售报告以包含展示信息的形式反映出来，这样预测和订单的形式不再是需要多少产品，而且包含了不同品类、颜色及形状等特定展示信息的东西，这样数据之间的比较不再是预测与实际绩效的比较，而是建立在单品基础上包含商品展示信息的比较。

③时间段的规定。CPFR 在整合利用数据资源时，非常强调时间段的统一。由于预测、计划等行为都是建立在一定时间段基础上的，所以，如果交易双方对时间段的规定不统一，就必然造成交易双方的计划和预测很难协调。

（3）组织评判。一旦供应链参与方有了可比较的数据资源，他们必须建立一个企业特定的组织框架体系，以反映产品和地点层次、分销地区的特征。通常企业采用多种组织管理方法，CPFR 能在企业清楚界定组织管理框架后，支持多体系的并存，体现不同框架的映射关系。

（4）商业规则界定。当所有的业务规范和资源的整合以及组织框架确立后，最后在实施 CPFR 的过程中，需要决定供应链参与方的商业行为规则，这种规则主要表现在例外情况的界定和判断。

第六节　案例分析及实习实训指导

案例分析

安科公司对库存产品实施ABC分类

一、公司概况

安科公司是一家专门经营进口医疗用品的公司，2001年，该公司经营的产品有26个品种，共有69个客户购买其产品，总销售额为5799万元人民币。对于安科公司这样的贸易公司，其进口产品交货期较长、库存占用资金大，库存管理就显得尤为重要。

二、ABC分类法在安科公司的应用

安科公司按销售额的大小，将其经营的26种产品排序，划分为A类、B类、C类。排在前3位的3种产品的销售额占到总销售额的97%，因此，把它们归为A类产品；第4、5、6、7种产品的销售额占总销售额的2%，把它们归为B类；其余的19种产品的销售额占总销售额的1%，将它们归为C类。其库存产品的ABC分类如表8-7所示。

表8-7　安科公司库存产品的ABC分类

类别	库存产品（种）	销售额（万元）	销售额占总销售额的比例（%）	库存产品占总库存的比例（%）
A	3	5625	97	11.5
B	4	116	2	15.4
C	19	58	1	73.1

从安科公司库存产品的ABC分类表可以看出：A类产品的库存只占总库存的11.5%，而A类产品的销售额占总销售额的97%；B类产品的库存占总库存的15.4%，B类产品的销售额占总销售额的2%；C类产品的库存占总库存的73.1%，C类产品的销售额占总销售额的1%。

在此基础上，安科公司对A类的3种产品实行连续性检查策略，即每天检查其库存情况。但由于该公司每月的销售量不稳定，所以每次订货的数量不相同。另外，为了防止预测不准确及工厂交货不准时，该公司还设定了一个安全库存，根据案例资料显示，该类产品的订货提前期为2个月，即如果预测在6月销售的产品，应该在4月1日下订单给供应商，才能保证产品在6月1日出库。该公司对A类产品的库存管理方案如下。

安全库存＝下一个月的销售预测数量的1/3。当月实际的存货数量＋在途产品数量＝下两个月的销售预测数量＋安全库存时，开始下订单给供应商。订货数量＝第三个月的销

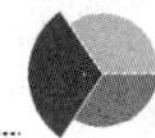

售预测数量。

安科公司对B类产品的库存管理采用周期性检查策略。每个月检查一次库存并订一次货，目标是每月检查库存时应有以后两个月的销售数量在库里（其中一个月的销售数量视为安全库存），另外在途还有一个月的销售预测数量。每月订货时，再根据当时剩余的实际库存决定需订货的数量，这样就会使B类产品的库存周转率低于A类。

对于C类产品，该公司采用定量订货的方法。根据历史销售数据，得到的产品的半年销售量为该种产品的最高库存，并将其两个月的销售数量作为最低库存。一旦库存达到最低库存时就订货，将其补充到最低库存。这种方法比前两种更省时间，但是库存周转率更低。

安科公司在对产品进行ABC分类以后，该公司又对其客户按照购买量进行了分类。发现在69个客户中，排名前5位的客户购买量占全部购买量的75%，将这5位客户定为A类客户；到第25位客户时，累计购买量已达到95%。因此，把第6～25位客户定为B类客户，第26～69位客户定为C类客户。对于A类客户，实行供应商管理库存，一直与他们保持密切的联系，随时掌握他们的库存状况；对于B类客户，以需求预测作为订货的依据；而对于C类客户，有的是新客户，有的一年也只购买一次，因此只在每次订货数量上多加一些，或者用安全库存进行调节。

三、进行ABC分类后，安科公司库存管理的效果

首先，该公司经营的产品种类繁多且各产品的需求量变化幅度较大，对其产品进行ABC分类，有利于库存管理、销售量的统计、需求预测、订货计划的编制、成本控制及会计核算等的实施。对其产品进行重点控制，这样大大降低了库存管理成本，提高了此类产品的库存周转率。

其次，在ABC分类的前提下，该公司对A类产品实行连续性检查策略，这样防止了由于A类产品缺货造成的缺货损失，同时也避免了盲目进货带来的不必要的储存成本。由于A类产品的订货周期为2个月且销售额占总销售额的97%，所以对A类产品实施重点控制和管理是有必要的，也可以尽可能地把库存成本降至最低。

再次，该公司对客户也进行了ABC分类管理，这一方案的实施不但有利于掌握重要客户的市场信息，而且还可以增强这类客户的满意程度。除此之外，更有利于公司对未来市场的需求预测，从而避免了信息的不对称带来的盲目预测销售量而使公司蒙受损失的情况。

最后，安科公司对其产品和客户进行ABC分类后，该公司的内外经营环境得到了很大的改善，提升了企业的市场竞争力。综上所述，ABC分类以后，安科公司的库存管理效果主要体现在以下几方面。

（1）降低了库存管理成本，减少了库存占用资金，提高了主要产品的库存周转率。

（2）避免了缺货损失、过度超储等情况。

（3）提高了服务水平，增强了客户的满意程度。

（4）树立了良好的企业形象，增强了企业的竞争力。

案例思考题

1. ABC分类的依据是什么？

2. ABC分类以后，安科公司库存管理的效果如何？

实习实训

一、实训名称：ABC分类法技能操作实训指导

二、实训目的

在库存管理中，对种类繁多的商品实施有效的管理非常必要。采用ABC分类法，对库存商品进行分类，在管理中做到突出重点，以便有效地节约人力、物力和财力。通过本项目的实训，学生能掌握ABC分类法应用于库存控制中的操作方法和操作步骤，并能针对不同类别商品进行合理有效的管理。

三、实训要求

某企业年底对仓库中的10种商品进行盘点，它们的平均库存数量和单价情况如表8－8所示。试将其进行ABC分类，以便更好地管理与控制。

表8－8　平均库存数量和单价情况

序号	产品代码	平均库存数量（千件）	单价（元）
1	X—30	50	8
2	X—23	200	12
3	K—9	6	10
4	G—11	120	6
5	H—40	7	12
6	N—15	280	9
7	Z—83	15	7
8	U—6	70	8
9	V—90	15	9
10	W—2	2	11

实训准备：

①知识准备，了解ABC分类法的基本思想以及分类标准；

②工具准备，仓储商品资料、纸、笔、计算器、绘图尺。

四、实训操作指导

第1步：收集数据。收集分析对象的有关数据。本实训项目中需要收集10种商品在统计期内的平均库存数量及单价，以便对库存商品占用资金的情况进行分析和计算，从而

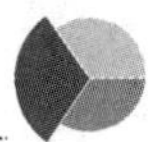

实施分类重点管理（本实训任务已经给出相关数据）。

第 2 步：处理数据。将收集的数据资料进行计算、汇总，整理出所需要的数据。所需要的数据包括各类商品的品目数累计、品目数累计百分数、平均资金占用额、平均资金占用额累计和平均资金占用额累计百分数。

第 3 步：绘制 ABC 分类表，并将处理数据填入表格（见表 8-9）。

表 8-9　　ABC 分类表

物品名称	品目数累计	品目数累计百分数（%）	物品单价（元）	平均库存数量（千件）	平均资金占用额（千元）	平均资金占用额累计（千元）	平均资金占用额累计百分数（%）	分类结果
①	②	③	④	⑤	⑥=④×⑤	⑦	⑧	⑨
N—15	1	10	9	280	2520	2520	36.0	A
X—23	2	20	12	200	2400	4920	70.2	A
G—11	3	30	6	120	720	5640	80.5	B
U—6	4	40	8	70	560	6200	88.5	B
X—30	5	50	8	50	400	6600	94.2	B
V—90	6	60	9	15	135	6735	96.1	C
Z—83	7	70	7	15	105	6840	97.6	C
H—40	8	80	12	7	84	6924	98.8	C
K—9	9	90	10	6	60	6984	99.7	C
W—2	10	100	11	2	22	7006	100	C

填表步骤要求如下。

（1）将计算出的平均资金占用额的数据从大到小进行排序，并从高到低依次填入表 8-9 中的第六栏。

（2）以第六栏为准，依次在第一栏填入相应的物品名称，在第四栏填入对应的物品单价，在第五栏填入对应的平均库存数量。

（3）在第二栏填入品目数累计，然后计算品目数累计百分数，并填入第三栏。

（4）依据第六栏计算平均资金占用额累计，并将计算结果填入第七栏。

（5）计算平均资金占用额累计百分数，填入第八栏。

第 4 步：分类。依据 ABC 分类表中第三栏和第八栏的数据，将商品分成 A、B、C 三大类，并将分类结果填入第九栏。

第 5 步：绘制 ABC 分类管理图。

绘图要求：以品目数累计百分数为横坐标，以平均资金占用额累计百分数为纵坐标，按 ABC 分类表第三栏和第八栏提供的数据在直角坐标图上取对应点，连接各点，画出 ABC 分类曲线（见图 8-9）。

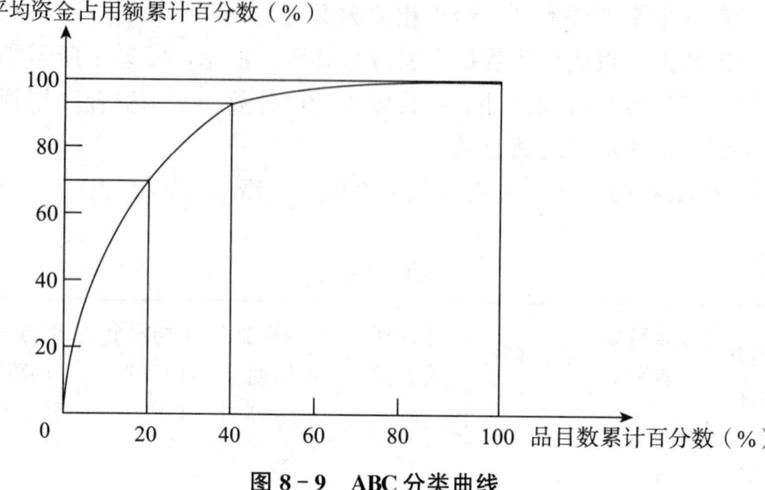

图 8-9　ABC 分类曲线

第 6 步：确定不同类别商品的管理方法。

（1）A 类商品的管理方法。

①按最优批量，采用定期订货法。

②重点管理，经常进行检查和盘点。

③提高商品的机动性，把商品放在易于搬运的地方。

④恰当选择安全系统，尽可能降低仓库的安全储备量。

⑤与供应商保持密切联系。

⑥与用户保持密切联系，及时了解用户需求的动向。

（2）C 类商品的管理方法。

①按经济订货批量，一般采用比较粗放的定量订货法。

②一般管理，定期进行检查和盘点，周期可以长一些（年度或季度）。

③给予最低的优先作业次序。

④为防止缺货，安全库存要多一些，或减少订货次数以降低费用。

（3）B 类商品管理方法。

①按经济订货批量进行订货，以定量订货方式为主，定期订货方式为辅。

②正常控制与管理，检查和盘点周期介于 A 类商品和 C 类商品之间。

五、实训考评

实训考评表如表 8-10 所示。

表 8-10　实训考评表

考评人		被考评人	
考评地点			
考评内容		分值（分）	得分（分）
遵循 ABC 分类法的基本操作步骤		20	

续表

考评内容	分值（分）	得分（分）
按要求处理数据，计算准确，填表准确	30	
会绘制 ABC 分类曲线	20	
能针对不同类别商品提出有效的管理措施	20	
操作认真、积极，团队合作情况良好	10	
合计	100	

练习题

一、单项选择题

1. 在库存管理中，ABC 分类法一般是以（　　）。

A. 产品生命周期为基础　　B. 库存价值为基础

C. 订货提前期为基础　　D. 库存品种为基础

2. 在 ABC 分类中，存货的品种占总品种种类的 10%左右，但价值占存货总价值的 70%左右的存货为（　　）。

A. ABC 类存货　　B. B 类存货　　C. A 类存货　　D. C 类存货

3. 经验显示，MRP 系统具有很高应用价值的企业，通常（　　）。

A. 每年只生产少量产品　　B. 以装配作业为中心

C. 产品的结构较复杂　　D. 生产昂贵的产品

4. 关于 MRPⅡ，下列描述中错误的是（　　）。

A. MRPⅡ是一种与 MRP 完全不同的新技术

B. MRPⅡ在内容和能力上有了很大扩充，涵盖了企业整个生产经营活动

C. MRPⅡ集成了生产、财务、销售、工程技术、采购等子系统

D. MRPⅡ系统的核心部分是物料需求计划

二、简答题

1. 简述 MRP 的特点。

2. 简述 JIT 的特点。

参考文献

［1］陈胜利，李楠．仓储管理与库存控制［M］．北京：经济科学出版社，2015.
［2］沈玮烨，闫星臣．冷链物流仓储管理信息系统设计［J］．软件工程，2020，23（9）：43－45.
［3］刘焱．物联网技术在现代仓储业格式化管理中的应用［J］．物流技术，2015，34（10）：222－224.
［4］李育蔚．仓储物流精细化管理全案：超值珍藏版［M］．北京：人民邮电出版社，2015.
［5］徐健．物料与仓储管理：图解版［M］．北京：人民邮电出版社，2015.
［6］何庆斌．仓储与配送管理［M］．2版．上海：复旦大学出版社，2015.
［7］真虹，张婕姝，胡蓉．物流企业仓储管理与实务［M］．3版．北京：中国财富出版社，2015.
［8］赵小柠．仓储管理［M］．北京：北京大学出版社，2015.
［9］杨叶勇，姚建凤．仓储与配送管理实训教程［M］．2版．北京：北京大学出版社，2015.
［10］傅莉萍．仓储管理［M］．北京：清华大学出版社，2015.
［11］王海军，张建军．仓储管理［M］．武汉：华中科技大学出版社，2015.
［12］李颜峰．仓储的变革——云仓［J］．中国储运，2018（6）：40－41.
［13］梅艺华，吴辉，李海波．仓储管理实务［M］．北京：北京理工大学出版社，2010.
［14］马骏，刘亮．仓储实务［M］．2版．北京：中国财富出版社，2015.
［15］杨莉．仓储作业实务［M］．北京：中国财富出版社，2015.
［16］王华林．仓储与配送实务［M］．北京：中国财富出版社，2015.
［17］谷岩．仓储管理实务［M］．北京：首都经济贸易大学出版社，2020.
［18］白世贞，李腾．现代仓储管理［M］．2版．北京：科学出版社，2016.
［19］李作聚，陈伊菲，宋晓黎．仓储系统规划与管理［M］．北京：中国建材工业出版社，2015.
［20］金汉信，王亮．仓储与库存管理［M］．2版．重庆：重庆大学出版社，2020.
［21］耿富德．仓储管理与库存控制［M］．北京：中国财富出版社，2016.
［22］张敏，刁宏冬，李阳，等．库存控制与仓储管理现状及优化措施分析［J］．中国物流与采购，2020（16）：94－95.
［23］李旭，陆天．改善供应链库存管理绩效的系统思考——以啤酒游戏为例［J］．系统管理学报，2019，28（2）：361－368.

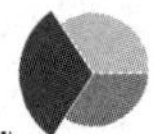

[24] 宋鸿芳．基于供应链管理的动态定价与库存控制研究综述［J］．现代管理科学，2018（5）:106－108.

[25] 刘乃荣．浅谈库存管理和控制库存成本的方法［J］．科技情报开发与经济，2005（24）：161－162.